经典天天读. 哲学经典

查拉图斯特拉如是说

Also Sprach Zarathustra

[德]尼　采◎著　[台]余鸿荣◎译

哈尔滨出版社
HARBIN PUBLISHING HOUSE

黑版贸审字08-2015-010号

图书在版编目（CIP）数据

查拉图斯特拉如是说／（德）尼采著；余鸿荣译.
—哈尔滨：哈尔滨出版社，2015.7（2015.8重印）
（经典天天读．哲学经典）
ISBN 978-7-5484-2022-4

Ⅰ．①查… Ⅱ．①尼… ②余… Ⅲ．①超人哲学
Ⅳ．①B516.47

中国版本图书馆CIP数据核字（2015）第070680号

书　　名：查拉图斯特拉如是说

作　　者：［德］尼　采 著　［台］余鸿荣 译
责任编辑：颜　楠　赵　芳
责任审校：李　战
装帧设计：回归线视觉传达

出版发行：哈尔滨出版社（Harbin Publishing House）
社　　址：哈尔滨市松北区世坤路738号9号楼　　邮编：150028
经　　销：全国新华书店
印　　刷：哈尔滨市石桥印务有限公司
网　　址：www.hrbcbs.com　www.mifengniao.com
E-mail：hrbcbs@yeah.net
编辑版权热线：（0451）87900271　87900272
邮购热线：4006900345（0451）87900345　或登录蜜蜂鸟网站购买
销售热线：（0451）87900201　87900202　87900203

开　　本：680mm×960mm　1/16　印张：25.75　字数：270千字
版　　次：2015年7月第1版
印　　次：2018年5月第3次印刷
书　　号：ISBN 978-7-5484-2022-4
定　　价：48.00元

1871年10月中旬，从左至右：好友欧文·罗德、卡尔·冯·格尔斯多夫和弗里德里希·尼采

就读普福塔高等学校时的尼采（1861年）

任教巴塞尔大学的尼采

青年时代的尼采

魏玛的尼采档案馆

目　录

尼采生平

弗里德里希·威廉·尼采（1844～1900），德国哲学家、诗人，也是近代对基督教最不留情的批判者，预告虚无主义到来的最受争议的近代欧洲思想家，既是古代希腊研究家，也是古典语言学学者，同时在一部分的知识分子中，他也是知名的箴言学者、文明评论家。

1889年年初精神病发作，在母亲和妹妹的看护下，一直到死为止的十年间，其思想开始产生重大影响。进入20世纪后，向世人告知虚无主义，同时作为克服虚无主义的预言式意志形而上学者，以及作为撼动欧洲历史的宿命式思想家，直到今天，其重要性都在与日俱增。

尼采出生在莱比锡近郊的小村洛肯，父亲和母亲都出自虔诚的新教牧师家族。特别是祖父为神学博士，晋升至管区总监督牧师的高位，也有著作流传下来。近代德国人文科学的优秀人才，有很多来自某个狭窄的混血地带牧师出身的阶级，尼采也属于这一阶级。

父亲极具热情，喜爱音乐，不过在尼采五岁时就过世了，之后他就一直在全都是女性的家庭环境中成长，很早就发挥写诗和作曲的才华。十三岁到十九岁之间，在具有人文主义教育传统的普福塔高等学校就读，数学成绩虽然不好，但拉丁语却名列前茅，弥补了分数的不足。

1864年，二十岁那年秋天，进入波恩大学，专攻神学和古典语言学，也以决斗散发青春的精力。第二年跟随古典语言学教授里敕尔转入莱比锡大学，在这里只研究古典语言学。在莱比锡大学就读期间，约有一年入伍，进入瑙姆堡野炮部队，训练中受伤退役，离开军队。

四年的莱比锡求学生涯中，尼采的成绩非常优秀，深受里敕尔教授欣赏。有一天，尼采在旧书店偶然翻阅叔本华的《作为意志和表象的世界》，使他全身震撼，感受到忘我的体验。在同一时期，他也醉心于瓦格纳的音乐。

另一方面在里敕尔教授的指导下，也证明他具有古典语言学学者的卓越能力，他对古代学说志家特欧古尼斯·拉耶尔提奥斯的评论受到肯定，以二十四岁之龄，即被巴塞尔大学破例延揽为古典语言学教授。不过在那个时候，他的思想早已经超出了语言学的范畴，在当时他所崇拜的瓦格纳身上，他看出了悲剧艺术的真正体现，经常到托里普森的寓所去拜访。

一般认为尼采的思想分成三个阶段展开，乃是根据《查拉图斯特拉如是说》卷一开头《三种变形》，以骆驼、狮子、孩童为比喻说明精神发展的三个阶段而来。坚毅致远、背负重荷、内怀崇敬，在“我应”的责任感下相信传统价值的骆驼，向沙漠疾行而去，随即化身为狮子，否定固有的价值与义务，显现出“我要”的意念，为创造新价值和让自我自由而奋斗。但狮子还无法创造新价值，于是狮子又化身为孩童，在天真和善忘中开始创造游戏，诉说神圣的肯定，让精神有自己的意志，在“我是”的立场上，获得新价值世界的境地。

如果将这个比喻套用在尼采的一生中，骆驼所代表的第一期（1869～1876）相当于巴塞尔大学教授时代。这个时期尼采崇拜叔本华和瓦格纳两位天才，把在现代德国重现古代希腊文化作为自己的重要课题，全身心投入超越固有学问范畴、创造新学问的义务和理想中。《悲剧的诞生》为这个时期的代表作品。

但是有人认为他的学问是为瓦格纳做宣传，另外他忽视学问的手续，提出大胆的希腊观，也招来学术界一些强烈的批评和反击。接下来的《不合时宜的思想》由四篇文章构成。《信徒及作家大卫·施特劳斯》则针砭陶醉在普法战争胜利中的轻佻浅薄的德国文化，创造出“教养庸人”这个新词。《历史对生命的利弊》是批判19世纪历史主义的纪念碑式大作。《教育家叔本华》《在拜罗伊特的瓦格纳》，是对两位天才的美丽颂歌。

彻底否定第一期理想化了的价值和义务，在自由的沙漠中一个人勇往直前的第二期（1876～1882），特色为脱离叔本华和瓦格纳的精神领域，从艺术的狂热转向冰冷的科学精神，因此也称为实证主义时代。这个时期尼采开始病魔缠身，最后终于无法忍受伴随着头疼、呕吐、半失明状态的病痛折磨，于1879年正式辞去大学教职。以后十年间，他夏天在阿尔卑斯山中，冬天在意大利和法国海边四处迁徙，过着孤独和疾病缠身的漂泊生活。

《人性的，太人性的》献给伏尔泰，赞扬“自由精神”，也是出于对日渐加重的肉体痛苦的直接反应，那或许是对“生”的反论式的矛盾表现，在生存危机的正中央，也有虚伪和真理！尼采以这本书和瓦格纳绝交，也脱离了否定生，向宗教寻求救赎的叔本华哲学。

向法国道德主义者接近的这个时期的著作，主要有以箴言体写成的《曙光》，接着又完成《快乐的知识》。这本书中的第125则残篇中，第一次由大白天点着油灯奔向市场的“狂人”口中，宣示出“上帝之死”。

海德格尔认为，这个“上帝”指的是柏拉图以后的超感性世界，“上帝之死”代表的是柏拉图主义的终结，包括基督教在内的欧洲形而上学的彻底了结。然而只是否定这个赋予人类最高意义的最高价值，只是从一切权威中获得自由，人还是无法自由。尼采本身也只不过是独自站在沙漠中咆哮的狮子罢了。

1881年8月的一天，住在瑞士印卡丁峡谷吉尔斯·马利亚小村庄的尼采，在沿着西尔乌普拉纳湖畔森林的小路散步途中，在这个“高出于人类和时间六千英尺”的高处，突然得到一生中最神秘的体验，看到了“永恒轮回”的幻象。他为此全身战栗，流下欢喜的眼泪。

1882年，37岁的尼采在罗马遇到一位知性的女性，然后就发生失恋的“人性”事件。尼采受迈森布克小姐与保罗·李的邀请前往罗马，在那里经介绍认识了俄国将军的女儿，即后来与里尔克、弗洛伊德成为朋友的罗·莎乐美。

当时莎乐美只有21岁，喜欢过着无拘无束的奔放生活，她能理解尼采的话，也能给尼采提供激发思考的知性，所以是个极不平凡的女性。可是，她对尼采并没有更进一步相处的意思，这个事件，只能说是尼采为单相思而苦恼。对这位像是从深山幽谷出来，有高度的近视、刻板的男人，21岁的罗·莎乐美小姐只感到尊敬与好奇，以及排斥。

可是尼采和过去一样，见面后不久，就经过保罗·李向她求婚，然而处在中间的保罗·李也曾爱过罗·莎乐美，这使尼采的心备受伤害，尝尽痛苦，而且拒绝求婚的罗·莎乐美，不止一次地提出将三个人的友情形成“三位一体”，使得尼采在以后的半年时间，为期望结婚和疑惑感到万分苦恼。而后妹妹伊丽莎白的介入，又使得这个事件更趋复杂，尼采因此与妹妹、母亲失和。然而在病痛与寂寞中，等待他的是飞跃和欢喜。

1883年2月3日起的十天之内，他一口气写成《查拉图斯特拉如是说》第一卷，以查拉图斯特拉说教的形式，将湖畔“永恒轮回”的奇迹式体验，化为诗和思索的结晶。从执笔这部作品起到1888年底（也有人认为到1889年年初），也就是到因进行性麻痹陷入精神错乱的第三期——他最多产和最具创造性的数年。

从《善恶的彼岸》《道德的系谱》到最后一年的《瓦格纳事件》《偶像的黄昏》《上帝之死》《反基督》《瞧！这个人》《尼采反对瓦格纳》《狄俄尼索斯颂歌》这些白热化内容的著作，都是在很短的时间内，一本接一本完成的。那像极了落日前的瞬间光芒，火药的最后爆炸。

站在没有神的大地上，要确保自己独立的自由，并不是沙漠狮子的力量所能做到的，从那之后才是尼采思想真正的独特之处。查拉图斯特拉告诉人们“超人”，并不是告诉人们新的神。他否定超越式的“终极世界”，对地上的生也感到绝望。然而这个丑陋、无意义的生永远只能是以相同形式反复的令人难忍的现实，他却突然用肯定来突破。“这就是生吗？那么好！再来一次！”

这个经由绝对否定“生”来勇敢肯定“生”的反论，这个依据永恒轮回说的内在超越，正是狄俄尼索斯式肯定的最高形式——“命运之爱”的方式。因此，虚无主义在其极限中经由价值转换，达到“生的天真”“生的无邪”这种真正的自由境地，达到孩童般的创造游戏的境界。

尼采一生思虑过度，因此很快就耗尽他的精力，1888年11月写成《瞧！这个人》后，12月底随即发狂，之后返回瑙姆堡，由母亲和妹妹看护。1897年母亲过世，与妹妹移居魏玛。1900年8月25日病逝，年仅56岁。

在思想上排斥苏格拉底与柏拉图的尼采，对“苏格拉底以前的哲学家”，特别是赫拉克利特与恩培多克勒怀有好感。可以说，他在宇宙论中看到查拉图斯特拉的永恒轮回说的先驱形态。如果将最直接的精神血缘者叔本华和瓦格纳除外，那么在德国人当中他所倾心的是歌德和荷尔德林。

歌德为“异教徒”，在生的全体肯定者这一点上，成为他的榜样，荷尔德林则是尼采自少年时期以来最喜欢的诗人，显示出与他的灵魂的亲近性。而向他显示行动上的直接与伟大的则是拿破仑，蒙田和帕斯卡的法国箴言式睿智，也给予他重大的影响。

在道德主义者中，他赞赏的是尚福尔。德国箴言家利希滕贝格的名字也不可遗漏。少年时代起，他就喜欢读美国爱默生的著作，读到司汤达的《红与黑》时，他觉得就像遇到知己似的。窥探深渊的心理专家陀思妥耶夫斯基则影响了晚年的他。

宣告上帝之死，诘问在无神的大地，人的生有何价值，将自己化为苦恼实验的悲剧哲人的尼采，对19世纪到20世纪的文学、哲学、神学、社会学、心理学、希腊古典语言学等许多方面带来巨大的影响，而对一般人的道德意识和社会心理也引发极为深刻的变化。

在德国文学的领域中，里尔克、格奥尔格与格奥尔格派、霍夫曼斯塔尔、穆吉尔、布罗赫、托马斯·曼、哥特弗里特·贝恩等赫赫有名的人物，全都被放置在他强烈的影响下。意大利的丹努兹奥，法国的纪德和加缪等人的名字也不可忽略。

在哲学史上，他是第一个“生命哲学家”，这与金梅尔和谢拉的名字相联，特别是后者，以解释尼采的愤恨概念著称于世。不把尼采视为诗人哲学家，而把他以形而上学者当作哲学解释对象的，则是20世纪30年代以后的雅斯贝尔斯和海德格尔。尤其是后者对尼采的解释具有划时代意义。而在心理学的领域中，尼采对弗洛伊德、A.阿德勒、荣格的力动精神医学的影响，不容置疑。

《悲剧的诞生》中显示的不合理式希腊像，在奥图和克雷尼的神话研究中受到追认，经由英国古典学者哈里逊、康福德、德斯之手，大大推进了现代的希腊研究。第二次世界大战后，法国哲学界的尼采风潮最为出色，福柯、布朗肖、杜尔斯的新解释特别引人注目，至于纳粹主义者则刻意扭曲、利用尼采的思想。

关于《查拉图斯特拉如是说》

这是一部诗体散文，作者借用古代波斯拜火教始祖查拉图斯特拉之名，有意对抗基督教的圣业，模仿圣典的文体，以比喻和逸事描述查拉图斯特拉升华进入超人之域的过程，是一本独一无二的哲学思想结晶，副标题为“为所有人、不为某个人而写的书”，象征地表现出尼采最后的境地。这部作品虽然包括了尼采的一切，但查拉图斯特拉是作品的主人公，而非作者本人。

全书分为四卷。

卷一　序白从“查拉图斯特拉三十岁时，离家到山上去隐居修道，他在那里安然无倦地度过了孤独的十年”开始。下山途中，他遇到圣者，告知“上帝已死”，到镇上的市场去，说明“人是应当被超越的”“超人必定代表大地”。

走绳索者在系于市场两座高塔之间的绳索上走过去时，后面又跟来一个小丑抢先冲过去，使得先前的走绳索者跌落下去摔死。进入本文后，查拉图斯特拉前往叫作“斑牛”的小镇，在那里获得无数信徒。他向大家说明人的精神必须经过三种变形。

首先变成骆驼——对人生崇敬，像骆驼那样屈膝承受一切。接着变成狮子——否定一切旧价值的权威，创造新价值。最后，必须变成如孩童般的天真，做出神圣的肯定。

卷二　查拉图斯特拉回到山上的洞穴，经过漫长的岁月后再度下山，前往大海上的“快乐之岛”，在那里说教“现在我要教你们诉说超人”“你们能创造一个上帝吗？——那么，请不要对我谈诸神的事！但是你们却能创造超人”“如果有上帝，我岂能容忍自己竟不是那个上帝！”，但是他感觉到自己还无力去命令，再度回到山上。

卷三　查拉图斯特拉说自己是个流浪者，是个无法在平原上静坐太久的登山者，“无论我遭到什么样的命运和际遇——流浪与登山必不可少，而一个人到最后所要面对的仍是自己。”他唱着：“噢，我头上的天，明净而悠邈的天啊！光明之深谷啊！每当我向你望去时，就不由得会因神圣的信念而颤抖不已。我将自己抛掷到你的高处——那是我的深度！我将自己隐藏在你的纯洁之中——那是我的天真！”在两个地方说出以下的句子：“这世界十分深邃——比白天所见的还要深邃。”

卷四　头发都白了的老查拉图斯特拉，“早就不再追求幸福，而只努力做我自己的工作”。查拉图斯特拉下山途中遇到许多人，那些人当中，在寻求伟大事物，歌颂无名之神的魔法师，似乎就是音乐家瓦格纳。接着遇到的是因为上帝已死而失去工作的昔日教皇。

他决定要找到不信奉上帝者之中最虔诚的人，而他要找的就是查拉图斯特拉。他说：“查拉图斯特拉，你的不信比所信还虔诚呢！你心中有个神使你皈依自己的无神论。”之后查拉图斯特拉遇到的是最丑陋的人，那人说“上帝看进人类的内心深处和根底，也看清了人类的耻辱和丑陋。她的怜悯不懂得羞怯，甚至爬到我身上最不洁的暗角儿。那个最爱窥伺、多管闲事而滥施同情的人一定得死。”

查拉图斯特拉以超人为目标，作为尼采的重要观念之一的这个超人，可以视为比歌德的“巨人”观念更远大。所谓超人就是站在与有教养，并且力主平等的俗物相反立场的人。虽然将自己的目标定位在超越自己，但那目标并不是在虚伪的宗教彼岸，而是可以在自己的发展中去寻求的自立主义者。

也因此基督教否定今世的生，超人则肯定生。而且若有上帝，由于这个人世间的一切都由上帝决定，所以人就没有创造的余地，也没有自由，因此超人要宣告上帝已死。这对将人视为卑小者推崇同情与怜悯的基督教也是最大的反击，因为那样的说法只不过是奴隶道德。

就像这样，超人并不是为了一时救赎，完成人生而去依赖虚妄的上帝的弱者，而是要在创造的无限过程中寻求人生意义的人。而且只有这个创造者，才是创造人的目的，赋予大地意义，创造何者为善、何者为恶的人。这个超人的价值创造，也成为尼采的“力的意志”。

查拉图斯特拉也认为，人无时无刻不跟“世间一切都相同，一切都是徒劳，世界毫无意义”这样的虚无主义战斗。把这个无意义的事物放进永恒轮回，虚无主义达到顶点。佛教、尼采的老师叔本华，也都有这种永恒轮回的思想，不过查拉图斯特拉听到这个说法时，陷入深深的忧愁中。

但他还是完全肯定这个永恒轮回，以拥有“这就是生吗？那么好！再来一次！”这样的勇气和决心予以克服。在雅斯贝尔斯等人的重新评价中，尼采和克尔恺郭尔同被视为存在主义始祖。这部作品的思想深刻隽永，语言流畅华丽，文体严谨庄重，实在是罕见的杰作。

威尔·杜兰在《哲学的故事》尼采的一章中开头就写道：“尼采是达尔文的儿子，又是俾斯麦的兄弟。他不时嘲笑这位英国的进化论者，又挖苦德国的国家主义者，这种不承认那些影响他最深刻的人的态度，似乎是一种想隐瞒对前人所负债务的潜意识行为。”

严格地说，尼采的著作都是呕心沥血谱成的音符，所以杜兰给了他最高的评价：“没有一个人曾经为自己的天才付出这样重大的代价。”

译者于2001年5月

查拉图斯特拉是如何产生的

《查拉图斯特拉如是说》一书是我哥哥最具代表性的作品，是他个人体验生命的心路历程史：包括他的友情、理想、愤慨、痛苦与失望等，尤其是他对毕生自期的至高希望和目标的憧憬，更在此达到庄严的升华。当我哥哥还是在少年时，查拉图斯特拉的影像便已在他心中生根。

有一回他还告诉我关于梦到查拉图斯特拉的事，在一生的各个阶段，他都以不同的名称来称呼这个梦魇。“但是，”在一本笔记上他写道，“最后我不得不以一个波斯人的身份来参与我的梦想。波斯人曾是最早对历史有广泛而深入理解的民族，根据他们的看法，任何一个文明进化的发展，都由某个先知操持，而每个先知又必有其‘运祚’——一个属于他的千年王朝。”

查拉图斯特拉表达的所有观点，就是我哥哥早期的整个思想概念。谁若仔细读过他在1869至1882年之间所发表的作品，就可以找出查拉图斯特拉的思想与学说的脉络。譬如，“超人”的理念很明显地是在他1873至1875年之间的作品中产生的，而在《我们语言学者》一文中，他曾提出如下卓越的论调：

“我们怎能将一个民族敬若一个整体？即使在希腊人中间，这也被视为纯属个人的理念……”

“希腊人如此可爱而且受到重视，就是因为他们建立了无数诸如此类的伟大的个体理念。他们究竟是如何做到这一点的？我觉得这个问题很值得大家研究。”

“我只对一个民族如何去培养每个人成为特立独行之人的事有兴趣，而希腊人在这方面的发展确实不遗余力。他们并不将这一切归因于民族性中善的本质，而认为是与其自身邪恶本能的奋斗所致。”

“一个偶然的人，就有极大的机会让自己成为伟大的个体，不将自己的存在诉之于此，我们又能怎么办。我们对造就与此相似的卓越人类怀抱无限希望。”

超人的观念只不过是尼采年轻时所持理念的一种新表达形式，人类的目标应当是发挥个人的极致。但是这个他最常提到的理想，却不被视为那个时代人类的最高典型，而这个诗人乃至其未来之人类——超人——的理想上遍撒无常的恶因。有谁知道人类可以达到一个怎样登峰造极的境界？这就是为什么这个诗人在测试过我们的最高理念（即“救主”上帝）的价值之后，会在《查拉图斯特拉如是说》里面大声疾呼：

“我在最伟大与最渺小的人类当中，都未曾发现一个超人……他们彼此都太相像了，真的，我觉得即使最伟大的人，也太过人性化了！”

“造就超人”这句话常常被人误解，在这里，“造就”的意思乃是指以崭新而且更高的价值来纠正一切，以取代目前支配人类意志的种种条律。通常，超人的学说只有在尼采讨论别的理念（诸如“阶级的序位”“权力意志”等）时，人们才能稍有正确的了解。

他认为基督教乃是愚者与弱者在怨天尤人时所形成的一种产物，而这种产物严禁所有美丽、强壮、高傲与有力的存在物。事实上，人类的一切气质无不由力量产生，因此，凡是能提升生命的一切力量都受到极为严重的伤害。

但是不管怎样，现在我们必须为人类提出一个新的价值观念——倡导一个强而有力、能将生命提升至巅峰的人类——超人，而目前他就展现在我们面前，浑身充满冲劲，仿佛他就是我们整个生命、希望与意志的目标。

反之，昔日陈旧的价值体系只会歌颂一些病弱者的特质，当然也只能造就一个病弱而“现代”的人类。因此，新的价值体系必须建立起一个强壮、勇敢而充满朝气的典型，来显现生命的崇高和伟大。简单地说，这个新价值体系的首要原则就是：“源于强者，善；肇于弱者，恶。”

这个典型既不是一种虚幻的形象，也不是一种遥不可及的暧昧的希望，更不是我们永远无法认知的一种新人类。以现代人的心智必然能理解到这是可能的，只要他们愿意接受新的价值体系。

《查拉图斯特拉如是说》的作者绝不会忘掉基督教曾经改变一切价值的事实，以及希腊人敬如神明的生命和思维模式与强大的罗马帝国为何会在一段短短的时间内几乎遭到颠倒与覆亡的命运。难道一个恢复旧观的希腊罗马式之价值体系无法在可以预期的短时间内防止另一类的变革，以守到那个查拉图斯特拉呼吁我们积极参与创造之崇高的人类典型以我们的新希望与新信仰的姿态出现?

在尼采的私人笔记中，他常把“超人”当作“末人”的反义词，并且视其为“最完美的典型”，甚至认为查拉图斯特拉本身就是一个典型的超人。在《瞧！这个人》一书中他便不厌其烦地为我们指出，要努力做好那最高典型降临之前必须准备妥当的一切工作，而在《快乐的知识》一书中，他更提到为了了解这个典型，我们必须先厘清其所凭借的生理状况，即作者所说的非常健康的状况，因此我们得看一看他在该书第382节所描述的：

我们是一群崭新的、无名的、难以理解的产品，同时也是未曾试验过的初级品。总之，我们需要新的目标和手段，一个比过去更强壮、更敏锐、更坚韧、更快乐、更有胆量的健康。

这种人渴望去体验各种得到认可的价值和希求，并且要航行理想的“地中海”一周。

从这样的个人之冒险经验中，他想知道，成为其理想的征服者之时，内心会有什么样的感受——就像那些艺术家、圣者、使徒、立法者、学者、先知、奉献者，以及反叛旧形式、旧习俗的人所曾经感受过的一样。我们追求理想的目的就是要达到“伟大的健康”，并且还要不断地追寻下去，我们会不断地将它奉献出来，而且势必如此。

现在，我们这些追求理想的冒险者，勇气远胜于谨慎，丝毫不在意翻船的危险，所以，我们比其他一般人更为健康。我们拥向一片尚未开发的领域，没有人知道它的界限，其中充满了华丽、诡异、疑难、怪诞和圣洁，使我们的好奇心和欲求有如脱缰之马，不可驾驭。

天哪！再也没有任何东西可以满足我们无穷的欲念了。在经过这样的体验和意识探索之后，我们又怎么会以身为现代人而满足呢？我们用暗自窃笑的态度来看现代人最引以自豪的理想和希望，对之感到既遗憾而又无奈，或许我们再也不会看它们一眼。

在我们眼前，有另一个更奇特、诱人而危险的理想，我们可不能随便劝人追求这种理想，因为我们并不确知是否每个人都有这份资格和能耐——一个纯真的人将一切庄严、美好、神圣不可侵犯的东西玩弄于股掌之上的理想。对有些人而言，这种充沛的理念已经包含了许多危险、毁灭、低俗，甚至是松懈、盲目和健忘等毛病。

这种谦卑的超人福祉和理想往往显得极不人道。譬如说，把它置于过去世俗所有的严肃之物旁，而与其源头、言语、音调、神情、道德和工作等相形之下，就好像是那些人最真诚的打油诗似的。不过，或许真正最严肃的一切才刚揭开序幕，问号早已画下，人类的命运已然转变，时针在移动，悲剧诞生了。

虽然查拉图斯特拉的形象和绝大部分的主要思想骨干，在尼采年轻时的梦中和早期的作品中早就出现过，但是《查拉图斯特拉如是说》一直到1881年8月，才在瑞士的吉尔斯·马利亚镇孕育成形，那是由于万物“永恒轮回”的概念，最终促使我哥哥以诗歌式的文体将其新的观念付诸楮墨。关于这些，他在他的自传《瞧！这个人》里面有如下的说明：

“我的作品的基本概念——万物的‘永恒轮回’——这种所有肯定的哲学所能达到的最高理念，乃是我在1881年的8月初次形成的，我将它写在一张纸上，并附了一句话：远高出人类和时间六千英尺之上！那天我刚好在西尔乌普拉纳湖边漫步，我伫立在离苏蕾不远的一块嶙峋巨石旁久久不去，就在这里，我悟得这个概念。现在回想起来，在两个月之前曾有一个预兆显现，我的嗜好有了一个极大的转变，尤其是在音乐方面。或许整个‘查拉图斯特拉’本身就是一项音乐性的创作，我也深信自己之所以能创造‘查拉图斯特拉’出来，其中一个因素就是我在听觉艺术方面重获新生。

1881年的春天，我在维森沙附近的雷加洛小镇度假，我和我的朋友名音乐家彼得·葛斯特发现，音乐的凤凰正带着前所未有美丽耀眼的羽翅在我们的头上盘旋。”

1881的8月间，我哥哥决定要揭示“永恒轮回”的学说，而以查拉图斯特拉吟唱颂诗的文体来表达。在他这段时期所做的笔记中，我们曾发现一页《查拉图斯特拉如是说》的初稿大纲，其大标题写着：

“正午与永恒”

“一个新的生活方式的指标”

而在大标题之下则写着：

“查拉图斯特拉诞生于乌耳米湖边，三十岁时便离家到阿里亚省，在山中隐居了十年，写成一部岑卡维斯塔的经书（译注——此书为古波斯拜火教的经典）。”

“知识的烈日再度于正午出现，而永恒之蛇则在阳光下卷缩成一团：——这是属于你的时刻，你的正午到了。”

1881年夏天，经过多年的静养之后，我哥哥终于提起全副精神揭开《查拉图斯特拉如是说》的序幕。而正当他开始逐渐恢复健康之际，一项沉重的打击却又跟着降临，他的朋友使他陷入极为失望的处境，他将友谊视为神圣无比，有生以来他第一次体会到所有伟大的一切都注定要走上孤独的命运。

然而，遗世忘俗，毕竟和被迫选择孤独是不一样的，那时候，他多么渴望能有一个完全了解他的理想友伴，而这友伴也是他从早年就憧憬，能听他倾诉一切的对象。但他却走上一条崎岖的险路，结果才发现竟然没有一个人愿意跟随他，他为自己创造出一个赋予高贵哲人形象的完美友伴，并且让这个友伴为他向世界传播福音。

据我哥哥所述，《查拉图斯特拉如是说》的第一卷是这样产生的：“1882年至1883年之间的冬天，我正住在迷人的拉巴洛湾，那儿离热那亚不远。我的健康状况并不是很好，天气又十分寒冷潮湿，由于我所住的那家旅店离海太近，以致晚上都被涛声吵得无法入眠。尽管环境对我不利，但我仍秉持自己的信念，排除万难，创作出了《查拉图斯特拉如是说》。我那时习惯早晨在索格里的路上漫步而行；到了下午，只要我的身体可以，我就会绕着整个海湾行走一圈，我特别喜爱这个地方，因为它也曾使得腓特烈大帝深深着迷。1886年秋，当他重游这个世外桃源的小城时，我也刚好在那里。就是在这两条路上孕育了我的《查拉图斯特拉如是说》——其实应该说是这些思想在我漫步时找上我的。”

《查拉图斯特拉如是说》的第一卷大约花了十天的工夫写成——在1883年的2月初至中旬这段期间。“当最后一行写完时，瓦格纳也恰在威尼斯逝世。”……第二卷则在6月26日至7月6日的十天中写成，“今夏，我又在这初次获得《查拉图斯特拉如是说》之概念的神圣地方再度找寻我自己，结果思索到第二卷的架构，十天便解决了。其实我希望能有更长的日子，既不是为了写那第一卷、第二卷，也不是为了写第三卷。”

他很喜欢谈他在写《查拉图斯特拉如是说》时那种忘我的心境，而每当他漫步或登山时，思想总是会蜂拥而至，他便立刻将它们写在笔记簿上，等回去之后再重新整理，有时他一直工作到深夜。他在给我的一封信上说道：“你无法想象到这种创作的热情有多么高昂。”而在《瞧！这个人》里面他自己也描写道：“在这19世纪的末期，有谁能确切明白那些神采奕奕的诗人所指的灵感？假如没有，我愿将它叙述出来。若是一个人还存有些许迷信，那他便不能完全否认所谓他自己不过是某种力量的化身、代言人或媒介的想法。……我们听到了某些东西，却不去寻找它的来源；我们得到了某些东西，却不问这些东西是谁给的；一种思想就如闪电般地立即显现出来，而我们也根本没有对它做过任何选择。我们喜极而泣……”

1883年秋，我哥哥离开英加登返回德国停留了几个星期。翌年冬天又到法国尼斯，那里气候良好，他得以完成《查拉图斯特拉如是说》的第三卷，他自述："冬日，在尼斯静谧的天空下，我初次享受到阳光的沐浴，也就在这里，我完成了《查拉图斯特拉如是说》的第三卷，至此可说全书大功告成，总计整个写作的时间还不到一年。在尼斯附近乡下有许多偏僻的地方和山冈，都使我终生难忘。……当我的创造力不断源源涌出时，我的肌肉活动也达到了巅峰。肉体完全处于振奋的状态，根本就不必去顾虑心灵：人们总是看到我在雀跃不已，我常常在小山之间行走七八个小时而了无倦意。我睡得很好，而且十分开朗——我极为强韧而坚定。"

我们可以看出《查拉图斯特拉如是说》的三卷都是以十天的时间完成的，只有第四卷则是在平常陆陆续续写下的。他的第一本笔记提到，这卷是他和我于1884年9月一起停留在苏黎世时所写，次年9月在蒙顿他开始将所有的笔记加以补充整理，终于在1885年2月完全定稿。

我哥哥称此卷为终卷，而另由私人印行，他曾写信告诉我说要继续写第五卷、第六卷，而这些笔记现在都由我保管着。这第四卷尤其属于一种个人心灵的倾诉，因此他只印了几份给少数发誓不将其内容泄露出去的人看。他也曾想将它公开，却始终犹豫着是否该修改一番再印行。最后他决定印四十份送给他认为值得送阅的人，结果只送出了七份。

在序首，我便已提示我哥哥之所以要选一个波斯人来作为他心目中理想哲人之象征的缘故，而据他自己的说法则是："从来没有人问我，我口中所说的查拉图斯特拉究竟是指什么。因为他和过去其他哲人不同的地方就在于他是一个道学者。查拉图斯特拉是第一个看出万物自身皆有善与恶的本质在角斗着的人，而把道德改成诸如力量与自身的因果等形而上学的东西则是他的任务。然而这问题本身便已给出了答案。查拉图斯特拉犯了一个最大的错误——创造道德，所以他自己也应该最先觉悟到这项大错，这不仅是因为他比别的思想家对此具有更丰富的体验，更重要的是他比别的思想家真诚。只有在他的说教中，我们才能得到真正的鼓舞。查拉图斯特拉比任何思想家更勇于面对自己的肉体，坦白地说，这就是最首要的波斯道德。我自己是否真的懂呢？……征服道德——透过道德自身、透过真理，以及征服道学家——透过我，这就是我口中所谓查拉图斯特拉之所指。”

伊丽莎白 · 弗斯特 · 尼采

1905年12月于魏玛

查拉图斯特拉　序白

1

查拉图斯特拉三十岁时，离家到山上去隐居修道，他在那里安然无倦地度过了孤独的十年。但是，最后他觉悟了。一天清晨，天空微露红晕，他起身对太阳说道：

“你这伟大的星球啊！假若没有被你所照耀的人们，你的幸福又从哪里来！

十年来，你每日登临我的穴居之所，如若没有我、我的鹰与蛇，想你也许会厌倦自己的光明和行脚。

然而，每日清晨，我们等候着从你身上汲取盈溢的光明，为此我们馨香祷祝。

看啊：有如集蜜太多的蜂儿。我已厌倦自己的智慧，我需要领取这智慧的众手。

我乐于奉献与布施我的智慧，直到智者再度因自己的疯狂而喜悦，贫者再度因自己的财富而快乐。

因此我当降落至最深处，犹如在夜间，你行至海的背面，将光明散播给地底的另一个世界。啊，你这恩泽无量的星辰！

我要如你一般地‘下山’，我将前往的世间就是如此称谓这事。

所以，请祝福我，你那平静的双眸，终能凝望无边的幸福而不怀护意！

祝愿这即将满溢的杯子流泛出金色的玉液琼浆，把你祝福的回光辉映四处！

看吧！这杯子将再度成空，而查拉图斯特拉也将再度为人。”

于是，查拉图斯特拉下了山。

2

查拉图斯特拉自从山上下来，路上不曾遇见一人。然而，当他走入森林中时，忽然有个老者出现在他面前，老者离开自己的神圣茅舍来森林中寻找野菜。他对查拉图斯特拉说道：

“我认识这位流浪者，他叫查拉图斯特拉。多年以前，他经过此处，但是如今他已和从前判若两人。

那时你将你的灰烬携往山上，现在却要把你的火种带到谷中去吗？难道你不怕被判纵火之罪吗？

我看出这是查拉图斯特拉，没错。他的眼如秋水般的纯洁，双唇丝毫不露鄙夷之色，看他不正如一个舞者般地踊跃前行吗？

查拉图斯特拉有所改变，他变成了一个小孩：查拉图斯特拉已是一个觉醒者，你此刻要到犹如沉睡在梦乡中的人群里做什么呢？

你独自生活，仿佛置身在四顾茫茫的大海，载浮载沉。噢，你现在想上岸了吗？你又想背负起自己身上的重荷吗？”

查拉图斯特拉回答：“我爱人类。”

“为什么，”这位圣者说道，“我要跑到这森林与荒芜之地来呢？不就是因为我曾太过钟爱人类了吗？

如今我却爱上帝，人类已非我所爱。我觉得人实在是一件太不完美的东西，钟爱人类很可能令我朽灭。”

查拉图斯特拉答道：“我何曾谈到爱！我只想带给人类些许礼物罢了。”

“什么都不要给他们，”这位圣者说道，“你不如为他们分担一些重负——只要你乐于这么做，他们就非常高兴了！

若是你想布施，就不要一味施舍，等他们向你请求时再做计议吧！”

“不！”查拉图斯特拉答道，“我并不施舍什么，我尚未穷到那种地步。”

这位圣者嘲笑查拉图斯特拉道：“那么，你不妨看看他们是否会接受你的珍宝！他们既不信任离群索居之人，也不会相信我们是来奉献礼物的。

在他们耳中，我们走在街上的足音似乎显得太过空洞，就如夜半时分，他们躺在床上听到一个人在日出前走动一样。于是他们自问：这个窃贼究竟要去何处？

不要到人群中去，还是留在森林里吧！最好与鸟兽同群！何不学我一样，做个鸟中之鸟、兽中之兽？”

“圣者要在森林中做什么呢？”查拉图斯特拉问道。

圣者答道：“我写作诗歌并将之吟咏出来，而当我作曲时，我且笑、且哭、且低唱。我如是赞美上帝。

我用歌唱、咏叹、欢笑、哭泣来赞美我的上帝，但是，你要带给我们什么样的礼物呢？”

查拉图斯特拉听了这些话，向圣者躬身行礼道：“我能给你们什么呢，还是让我快点走吧，免得我从你们身上取走什么！”于是他们两人便互相告别，并且笑得有如孩子一般。

离开圣者之后，查拉图斯特拉对自己的心说道：“这可能吗？这位老人在森林里还没有听到上帝已死的消息呢。”

3

查拉图斯特拉走到一个离森林最近的小镇，发现有许多人聚集在市场上。因为有人宣布，有个走绳索者将在此举行一场表演。于是查拉图斯特拉便向群氓说：

“我来教你们做超人。人是应当被超越的，你们是否努力过要去超越人类自身呢？

迄今一切物种均已超出自己之上，难道你们愿做巨流中的退潮，宁可返回兽类而不肯超越人类吗？

猿猴之于人算是什么呢？一个可笑的族系，一种耻辱。人之于超人又何尝不如此。

你们走完了由虫至人的漫长之途，但在许多方面，你们依然是虫。以前你们是猿猴，但是现在，人却比猿猴还更像猿猴。

即使是你们之中最聪明者，也只不过是一种植物与鬼怪的矛盾混合体。然而，我可曾要你们变成植物或鬼怪？

看，我现在教你们如何做个超人！

‘超人’就是‘大地’的意思。就让你们的意志说：超人必定代表大地吧！

兄弟们，我祈求你们务必忠实于大地，不要轻信那些侈言超过大地希望的人！无论他们是有心或者无意，无一不是毒害者。

他们是弃绝生命的人，自己已然中毒极深，无可救药。大地也着实对他们厌恶之至，就让他们去吧！

在往昔，亵渎上帝是一种大不敬的行为，然而，上帝既已死亡，也就无所谓什么上帝的亵渎者了。现在最可怕的罪恶，就是亵渎大地，是把‘不可知之心’看作远高过大地的意义！

往昔灵魂十分鄙视肉体，而人们认为，这种鄙视在当时是一件极高尚的行为。灵魂希望肉体瘦弱、苍白而饥馑，它认为如此就可以逃避肉体与大地。

啊，这灵魂本身是那么瘦弱、苍白而饥馑，同时冷酷成了它的嗜趣！

但是，兄弟们，请告诉我，你们的肉体对你们的灵魂做何表示呢？是否你们的灵魂并不贫乏、污秽与无知地自满呢？

的确，人是一条不洁的河。我们必须成为大海，方能容纳一条不洁的河而不致自污。

现在，我告诉你们什么是超人：他就是那大海，能覆盖你们一切的轻蔑与鄙视。

你们所能体验到之最伟大的事是什么呢？那就是非凡的轻蔑。到那时，你们甚至会对自己的幸福感到厌恶，理智与道德，也是一样。

你们会说：‘我的幸福算得了什么呢！它只不过是贫乏、污秽，以及无知的自满。然而，我的幸福不正应当辨明自己的存在价值吗？！’

又说：‘我的理智算得了什么呢！它是否像狮子渴求猎物一样渴求知识？它也只是贫乏、污秽，以及无知的自满！’

又说：‘我的道德算得了什么呢！既然它不曾激起我的狂热之情，我如何能对自身的善恶不感到万分的厌倦！它也只是贫乏、污秽，以及无知的自满！’

又说：‘我的正义算得了什么呢！我不认为自己是烈火与炭木，然而，正义本身应是烈火与炭木！’

又说：‘我的怜悯算得了什么呢！怜悯难道不是那个钉死钟爱世人者的十字架吗？然而，我的怜悯并不是一个十字架的试炼（圣经中称耶稣式的受难为上帝所给的十字架的试炼）。’

你们是否曾如是说过？如是喊过？噢！我多期盼听到你们这样的喊叫！

这并不是你们的罪恶——而是呼天抢地的一种节制，是你们祈求免除罪恶，向默然苍穹的哭诉！

用舌头舐卷你们的闪电何在？在你们身上涌现的疯狂又何在？

现在我告诉你们什么是超人：他就是那闪电、那疯狂！”

查拉图斯特拉说完这些话之后，群氓中有个人叫道：“我们已听够了那个走绳索者的话，现在让我们来看看他吧。”于是大家都笑查拉图斯特拉。而走绳索者以为那话是请他出场的，便开始他的表演。

4

然而，查拉图斯特拉看着那群人，觉得十分奇怪，于是他又说道：

“人类是一条系在动物与超人之间的绳索，一条高悬于深渊的绳索。

要从一端越到另一端是危险的，行走于其间是危险的，回头观望是危险的，战栗或踌躇不前更是危险的。

人类之所以伟大，正在于他是一座桥梁而非目的：人类之所以可爱，正在于他是一个跨越的过程而非结果。

我钟爱那些只知为完成而活的人，因为他们正是一个过程的跨越者。

我钟爱那些非凡的轻蔑者，因为他们正是非凡的崇拜者，以及渴望彼岸的羽箭。

我钟爱那些人，他们不先向天际以外去找寻一个为之牺牲的理由，却默然殉身大地，以期大地终有一日能为超人所有。

我钟爱那为求知而活，同时为使超人出世而求知的人，如此这般，他就在追求着自己的完善。

我钟爱为构筑超人的栖所而工作，并为向超人提供大地与动物而创造的人，如此这般，他就在追求着自己的归宿。

我钟爱那珍惜自己道德的人，因为道德是自我完成的意志与一支憧憬的箭。

我钟爱那不对自己的精神做任何保留而期望化整个精神为道德的人，如此这般，他就在精神上跨越了那座桥。

我钟爱那使自己的道德与自己的志趣和命运合而为一的人，如此这般，他就可以为了个人道德而生死相期。

我钟爱那不贪图过多道德的人，一种道德往往较之两种道德为佳，因为那种道德更近命运之结。

我钟爱那不吝于灵魂、既不受谢也不致谢的人，因为他常贡献而不藏私。

我钟爱因常赢骰子而感到惭愧的人，他会自问：“我是一个作弊的赌徒吗？——因为他输得起。

我钟爱行而后言、践履甚于允诺的人，因为他追求着他的自我完成。

我钟爱肯定未来而救赎过去的人，因为他愿为眼前的人效劳。

我钟爱对上帝‘爱之深而责之切’的人，因为他必将因招引神怒而亡。

我钟爱在受创时依旧能够保持其深邃的灵魂，而细微小事也可使他为之赴汤蹈火的人，他这样就会欣然跨过那座桥。

我钟爱因心灵过于丰实而忘己，与万物合一的人，万物因此成为他的归宿。

我钟爱精神与心灵两皆自由的人，他的头只不过是心之内腑，他的心则促使他完成自我。

我钟爱那些人，他们像一颗颗自天顶乌云中降落的沉重雨点，预报着雷电之即将到来，并如预言者般逝去。

看啊，我是一个雷电的预言者，一颗自云中降下的沉重雨点，然而，这雷电就是超人。”

5

当查拉图斯特拉说完这些话之后，再度举目望着群氓，并陷入沉默之中。“他们站在那里，”他对自己的心说道，“大家都在笑，没有一个了解我。我的口舌与他们的耳朵并不默契。

难道得先让他们失聪，而后他们才会去学习用眼睛听话吗？难道一定要喧嚷得像个铜鼓与忏悔的牧师吗？或者他们只相信口吃的人？

他们拥有一些引以自傲的东西，对那些东西他们做何称呼呢？他们称之为‘文明’，这使他们与牧羊人有所分别。

因此，他们不愿听到自己说出‘轻蔑’这个字眼，而我为他们的骄傲感到高兴。

我将向他们诉说最应被轻蔑的东西：那就是‘末人’！”

于是，查拉图斯特拉又向众人说道：

“人类为自己订立目标的时刻到了；人类为自己播种最高希望的种子的时刻到了。

眼前他的土壤还十分肥沃，但终有一日会耗竭成为贫瘠之地，而没有一株大树能在上面茁壮成长。

呵！人类不再射出他那渴望超越自己之箭的时刻近了——人类的弓弦已然绷紧！

我告诉你们：人必须依然保持自己的本真不变，方能产生一颗新星。我告诉你们：你们依然保有自己的本真。

啊！人类不再孕育任何星辰的时刻近了。啊！最应受轻蔑的人，他的时刻近了，他将不再轻蔑自己。

现在，我让你们看看那‘最后的人’。”

“何谓爱？何谓创造？何谓渴望？何谓星辰？”末人眨着眼问道。

那时，大地萎缩，而在其上手舞足蹈的那个末人也将使一切变得渺小，他的同类就如跳蚤一样除之不尽，那末人将活得最长久。

“我们已经找到了幸福。”末人眨着眼说道。

他们已然脱离难以生存的环境，他们需要温暖。他们仍爱邻人，并与之相濡以沫，他们需要温暖。

把患疾与怀疑视为罪恶，他们在步履之间十分谨慎，走在碎石道上与人群中还会跌倒的，必定是个傻子！

时而来一点毒药，或能制造些许美梦：但若服毒太深，将换来生命的终止。

他们依旧不停地工作，因为工作是一种消遣；但是仍须小心谨慎，以免有伤身体。

没有谁是贫穷或富有的，因为两种包袱同样都是万分的沉重。谁还想命令别人？又有谁还想听从别人的命令？这两种负荷不都是同样万分的吃力！

羊群不需要牧者！大家都希望彼此一样，人人平等。谁要是有别的妄想，就得送入疯人院去。

“以前的人都是疯子。”他们之中的狡黠者眨着眼说道。

他们都很聪明，并且对过去的一切甚为清楚。于是他们彼此逗乐不休。虽然偶尔会有争执，但很快就言归于好——否则恐怕会倒胃口。

他们白日只是享受着淡淡的清欢，晚上也不敢纵情玩乐，他们很爱惜自己的健康。

“我们找到了幸福。”末人眨着眼说道。

查拉图斯特拉第一次谈话到此结束，此时群氓的喧声阻断了他的话。“啊，查拉图斯特拉，请把那个末人赐给我们吧，”他们叫道，“使我们成为那末人吧！我们把超人交还给你！”群氓兴奋地吹哨狂叫。但是，查拉图斯特拉的脸色变得十分忧郁，他对自己的心说：

他们根本不了解我，他们无法明白我说的话。

也许我在山上隐居得太久，听惯了山林与溪流的声籁：现在我对他们说话，就如同与牧羊者聊天。

我的心灵宁静、清澈，有如朝曦的峰峦：然而他们却把我当作一个冷漠刻薄的嘲弄者。

此刻，他们嘲笑我，在如冰霜的笑声中还包含着怨愤。

6

接着，群氓都静了下来，把视线都投向某件事。因为这时，那个走绳索者已经开始表演。他从一个小门出来，在一条系于两塔之间的绳索上走着，那条绳索等于是悬在市场与群氓的头上。当他走到绳索的中端时，那扇小门又打开了，里面跳出一个穿着五彩花衣的小丑，并且迅速地跟着先前那个人行进。

“走啊，跛子，”小丑以骇人的声音喊着，“快点走，你这懒骨头，痨病鬼，挡路的家伙！免得挨我的脚踢！你在这两塔之间做什么？应该把你关在塔里面才对，你挡住了强者的去路！”他一边说着，一边愈加迫近先前那人。

当两人相隔仅一步时，大家所注目的事发生了——这小丑像魔鬼般地叫了一声，然后就从前面那人的头上翻跃过去。而那人看见对手得胜之后，便慌了手脚，平衡棒也滑掉了，于是整个人飞快地向下坠落。这时，整个市场与群氓顿时有如暴风雨中的大海，大家一哄而散，乱作一团，尤其是那人下坠之处。

不过，查拉图斯特拉却十分镇定。走绳者正好落在他身旁，整个人业已面目全非，但尚未断气。一会儿之后，那走绳者苏醒过来，看见查拉图斯特拉正跪在身旁。“你在这里做什么？”他最后开口道，“我早就知道终有一日魔鬼会使我失足，现在他正要拉我到地狱去，你想阻止他吗？”

“朋友，相信我，”查拉图斯特拉答道，“根本没有你所说的那回事。实际上既没有魔鬼，也没有地狱。你的灵魂比你的肉体衰亡得更快，仅此而已！”

走绳者以疑惑的眼光看着他。“若你说得没错，”他说道，“则我并未因丢掉生命而丧失什么。事实上，我几乎与被人用鞭打与减食所调教出来的那些动物无异。”

“绝不，”查拉图斯特拉说道，“你以危险为你的职业，那并不鄙贱。现在你既以身殉职，我就亲手安葬你。”

查拉图斯特拉说完这话之后，走绳者默默无语，但是他移动着他的手，仿佛是在寻找查拉图斯特拉的手以示感激之意。

7

这时，天近傍晚，市场早沉浸在暗影之中。群氓也逐渐散去，纵然是好奇心和恐惧也已疲惫至极。查拉图斯特拉坐在死者身旁，陷入深思而忘了时间。最后，黑夜终于降临，一阵冷风袭来，拂过这孤独者。查拉图斯特拉站起来对自己说道：

“老实说，查拉图斯特拉今天的收获不错，他捕到一具尸体而非人。

人生是悲凉的，而且没有任何意义：一个小丑或许就足以成为它的致命伤。

我要教给人类存在的意义——那就是超人，就是刺穿乌云（人类）的雷电。

然而我和他们之间相隔尚远，彼此的心意也无法契合。在他们眼中，我仍然介于疯子和死人之间。

夜色黯淡，查拉图斯特拉的前途也是黯淡的。来吧，冰冷僵硬的伙伴！我带你到我亲手安葬你的地方。”

8

查拉图斯特拉说完这番话后，便背起尸体，开始上路。还走不到百步，突然有个人来到他身边，对他附耳低语。呀！这个人竟是塔里的小丑。

“噢，查拉图斯特拉，离开这个城市吧，”他说道，“此地恨你的人太多了。善良的人与正直的人恨你，称你是他们的公敌与轻蔑者；信奉正统宗教的人恨你，称你是大众的洪水猛兽。人们笑你还算是好的呢，而你说话的口气实在太像一个小丑。也算你运气，与这死狗在一起，你今天的自我贬低无形中救了自己的性命。总之，请你离开这个小镇吧，否则明天我这活人又得跳过一个死人了。”

话毕这小丑便瞬间不见，剩下查拉图斯特拉继续在黑暗的街道上赶路。

在小镇的城门边，他碰到几个掘坟的工人，他们用火把照他的脸上，并认出他是查拉图斯特拉，而大大地嘲讽了他一顿。

“查拉图斯特拉正要带走这死狗。真了不起，查拉图斯特拉什么时候又变成一个掘坟者！我们的手实在太洁净了，不好去动那块烤肉。查拉图斯特拉想从魔鬼身上偷吃一口吗？那么祝你有顿丰盛的大餐吧！只要魔鬼不是一个比你更高明的窃贼就好！或许他会将你们两个一起吃掉！”他们捧腹大笑。

查拉图斯特拉一言不发，继续往前赶路。他沿着森林和沼泽走了两个小时，路上听到许多饿狼的嚎叫，他也不由得觉得饥肠辘辘，于是停在一间点着灯火的独立小屋前。

“饥饿像强盗似的追着我，”查拉图斯特拉说，“尤其是在这黑夜的森林与沼泽中。我的饥饿与人不同，往往在刚用餐之后又回来：今日却一直不见其踪影，它会到哪里去呢？”

查拉图斯特拉上前敲门，一个老者持灯出来问道：“谁在这里吵扰我的睡梦？”

“一个活人和一个死人，”查拉图斯特拉答说，“请给我一些吃的喝的吧，白天我只顾赶路而忘了填饱肚子。救济困饿者，必能得大快慰，有句格言如是说。”

于是老者进去，很快拿了面包和酒出来给查拉图斯特拉。“这个地方对饥饿者很不利，”他说道，“所以我才住在这里，人和动物都会来找我这遁世者。请你的同伴也吃点喝点吧，我看他比你还疲惫呢。”

查拉图斯特拉说："我的同伴已经死了，恐怕我无法劝他进食。"

"我不管那么多，"老者闷闷不乐地说，"反正谁敲我的门，就得接受我给他的食物。吃吧，祝你们一路平安！"

之后，查拉图斯特拉借着道路与星光的指引又赶了两个钟头——因为他惯于夜行，并且喜欢静观入睡中的大地万物。当天色微明，查拉图斯特拉发现自己正置身于一个茂密的森林中，前面已看不到什么去路。于是他便将尸体放在一棵与他同高的空树里——因为要防止野狼的侵犯，而他自己则躺在附近的地上，并立刻睡着了。肉体虽极倦怠，灵魂却十分平静。

9

查拉图斯特拉睡了很久，不但错过了黎明，就连清晨也已消逝。最后，他终于睁开了双眼，十分惊异地望了寂静的森林一眼，转而看看自己。接着，他霍地站起，像一个忽然发现陆地的水手，发出兴奋的叫声，因为他悟到了一个真理。他对自己的心说：

"一线光明照着我的灵魂：我需要同伴，活的同伴，而并非可任我带到任何地方的死同伴或尸体。

我需要活的同伴跟随我，因为他们会跟随自己，无论我去何处。

一线光明照亮我的灵魂，查拉图斯特拉应当对他的同伴说话，而不是群氓！查拉图斯特拉根本就不应该做羊群的牧者或牧犬！

从羊群中诱引许多小羊，我为此而来。人们和羊群会因我而激怒，查拉图斯特拉甘愿被牧羊人称为强盗。

我说他们是牧羊人，但他们却自称善良者与正直者；我说他们是牧羊人，他们却自称正宗信仰的信徒。

看看那些善良者与正直者吧，他们最憎恨的是谁呢？是破坏他们价值的人，法律的破坏者，一切的破坏者。然而，他也正是创造者。

看看各种信仰的信徒吧，他们最憎恨的是谁呢？是破坏他们价值的人，法律的破坏者，一切的破坏者。然而，他也正是创造者。

创造者所寻找的是同伴而非尸体，也不是羊群或信徒。创造者所寻找的是一样能创造的同伴，将新价值铭刻在新的价值碑上的人。

创造者所寻找的是同伴与共同收割者：一切都已成熟，只等着他去收割。但是他缺少百把镰刀，因而十分懊恼，并用力扯拔着稻穗。

创造者所寻找的是同伴与善于磨快镰刀的人。他们被称为破坏者和善恶的轻蔑者；然而实际上却是创造收成并庆祝丰收的人。

查拉图斯特拉所寻找的是能共事的创造者，查拉图斯特拉所寻找的是能一起收成、一起庆祝丰收的人，至于牧羊人、羊群，以及尸体则要来做什么？

然而，我的第一个同伴啊，你安息吧！我已妥善地将你安葬在这个树洞里，藏得极为隐秘，不会被野狼寻获。

离别的时刻已到，我得走了。在两个黎明之间，我悟得一个真理的启示。

我不想做一个牧羊人或者掘坟者，我也绝不再向群氓说话，这是我最后一次向死者倾诉。

我将与创造者、收获者、庆祝丰收者相聚一起，我把彩虹与超人之梯指引给他们看。

我要将我的歌唱给独居与非独居者听，若还有谁想听一些不曾听过的东西，我就虔诚地祝福他。

我循着我的路线而向我的目标勇猛迈进。我不断越过那些因循者与迟缓者，使我的前进变成他们的落后。”

10

查拉图斯特拉说完这些话时，日头已近正午。忽然，他听到天空传来一声尖锐的鸟唳，于是便以疑惑的眼神仰首翘望。看哪！一只大鹰正在空中振翅翱翔，而且身上还悬着一条蛇，那条蛇似乎不是它的猎物，而像一个朋友，因为对方正盘绕在它的脖颈上。

“它们是我的鹰与蛇。”查拉图斯特拉说道，心中充满喜悦。

“太阳下最高傲的动物，太阳下最聪慧的动物啊，它们乃为探察而来。

它们想要知道查拉图斯特拉是否还活着。说真的，我是否还活着呢?

我发现在人群中要比在动物群中危险多了，查拉图斯特拉此刻正走在危险的路上，让我的鹰与蛇来引导我吧！”

说完了这话，查拉图斯特拉想起森林中那位圣者的金玉良言，叹息着对自己的心说：

“但愿我能更聪明些！从内心深处地聪明，就像我的蛇一样！

然而，这是不可能的，所以我祈求我的高傲要永远伴随我的智慧！

假如有一日，我的智慧弃我而去。唉，它很喜欢逃遁：至少我的高傲尚可与我的疯狂继续一起飞扬！”

就这样，查拉图斯特拉揭开了他下山的序幕。

卷一

1 三种变形

我要告诉你们有关精神的三种变形：精神如何变成骆驼，骆驼如何变成狮子，最后狮子如何变成孩童。

有许多重荷，要让那内怀崇敬而能坚毅致远的精神来担负，因为再怎么重的负荷都需要强壮的精神来承接。

“什么是重荷？”有担当的精神问道，然后如骆驼般地屈膝承受一切。

“英雄们，还有什么是最重的负荷？”有担当的精神问道，“都让我来背负吧，也好让我的力量充分发挥。”

唯谦卑自抑以克制高傲；唯敛巧若愚以玩弄智慧。是否并非这个意思呢？

或者是：舍弃我们已然获胜的主张，登上高山之顶去挑唆诱惑者？

以知识的果实与茎叶维生，为了真理而宁可让灵魂忍饥挨饿？

身有病痛而拒绝安慰者的慰藉，并结交永远不会听你诉苦的聋子为友？

只要是真理之水，不管如何污秽，也要纵身跃入；无论是美丽的青蛙或丑陋的癞蛤蟆，一概包容不弃？

善待轻蔑我们的人，并亲近畏惧我们的鬼怪？

有担当的精神将这一切重荷都背负起来，向它的荒漠疾行而去，就像满载重物的骆驼，疾步迈向沙漠。

然而，就在这最寂寥的荒漠中，第二种变形产生了。在这里，精神变成了狮子，它亟想争取自由，并主宰自己的荒漠。

在这里，它找寻其最后的主人，它要与这主人及其最后的上帝为敌，它要与巨龙争强斗胜。

什么才是精神不愿称之为主人与上帝的巨龙呢？“你应”是它的名字，但狮子的精神却说“我要”。

“你应”躺在路上，浑身金光闪烁。它是一头金甲兽，每一片鳞甲都绽放出“你应”的光芒！

千年来的价值都在这些鳞甲上发光，至高无上的龙如是说道：“万物的一切价值都在我身上辉耀。一切价值都已创造，而所有已被创造的价值就是我自身。事实上，‘我要’是不存在的。”

兄弟们，精神还要狮子何用？光是谦逊崇敬而能负重致远的骆驼不就够了吗？

要创造新的价值，那是狮子也无法做到的，然而，若要争取创造的自由，则非有赖狮子的力量不可。

要争取自由，并对责任一说加以神圣的否定。为此，兄弟们，我们需要狮子的精神。

要支配新的价值，那是崇敬而负重的精神最艰巨的任务。事实上，对它来说，这无异于一种掠夺，一种弱肉强食的行为。

它曾挚爱神圣的“你应”，然而现在却不得不在这极神圣之物中寻找荒谬与专横，以便能从这迷恋中获得解脱。为此，我们需要狮子。

但是，兄弟们，请告诉我，那连狮子都无法做到的事，孩童又能奈何？为什么勇猛掠夺的狮子还要变成孩童呢？

孩童是天真而健忘的，一个新的开始，一个游戏，一个自转的旋轮，一个原始的动作，一个神圣的肯定。

是的，兄弟们，为了创造的游戏，生命需要有一个神圣的肯定：此刻精神有了自己的意志，世界的流放者又重回自己的世界。

我已向你们阐明有关精神的三种变形：精神如何变成骆驼，骆驼如何变成狮子，最后狮子又如何变成孩童。

查拉图斯特拉如是说。那时他正住在一个名叫斑牛的小镇上。

2　道德讲座

人们向查拉图斯特拉赞美一位智者，说他很会谈论有关睡眠和道德方面的问题，他博得大众极高的敬仰，所有的年轻人都来到他的座前听教。一日，查拉图斯特拉也前往智者处，和那些年轻人一起坐在他的座前。智者开口说道：

“要对睡眠抱着虚怀若谷的敬意！这是第一要义！最好不要接近那些夜晚不安于睡眠而张着双眼的人！

即使是窃贼，在睡眠之前也是十分谦抑的，他总是悄悄地在夜里偷窃。然而，守夜者却甚为警觉，始终毫不客气地拿着他的警笛。

睡眠并不是一件小道艺，必须整个白天都保持着清醒，到了夜晚才能安眠。

你必须每日克制自己十次，那能导致有益的倦乏，同时也是灵魂的麻醉剂。

你必须每日舒解自己十次，因为克已是一种痛苦的锻炼，若不稍有舒解便难以安眠。

虽然很少人明白这道理，但若有谁想在夜晚安眠，就必须具备所有的道德。我会做伪证吗？我会犯不贞之罪吗？

我会妄想染指隔壁的女佣吗？这一切都与安眠极不调和吧。

纵然谁具备所有的道德，他也得注意一件事：让道德适时地获得休息。

这样它们才不至于互相争执，那些小淘气！此外，也不会埋怨你这个不幸者！

要与上帝和邻人和睦相处，如此方得安眠。同时也要与邻人的魔鬼教善，否则它会在夜晚来与你纠缠。

要尊重与服从政府，即使是对恶劣的政府亦然：如此方得安眠。

如果权力喜欢用弯曲的脚走路，我又能拿它怎么办？

凡是将其羊群带往最绿之草地去者，我认为必定是个最佳的牧人。如此方得安眠。

我不求盛名与富贵，它们徒然令人烦忧。但是，假如没有些许薄名与恒产，则又无法安眠。

我比较欢迎一小撮朋友，而不愿一个坏朋友来访，但他们必得适时来去。如此方不碍我的安眠。

此外，痴呆的人也使我很感兴趣，他们能促进睡眠。尤其是当人们对他们一味让步的时候，他们会显得非常高兴。

有德者的白天就这样过去了。当夜幕低垂时，我绝不去召唤睡眠。睡眠，这个一切道德的主人不喜欢受人召唤！

然而，我反省日间的一切所为所思，就如牛一般地慢慢反刍着，我自问：你的十次克己是什么呢？

再者，十次舒解、十项真理，以及十次使我开怀的大笑又是什么呢？

在这四十个念头的摇摆中，我沉思着。突然，睡眠——这个不受召唤的一切道德之主竟偷袭并劫走了我。

睡魔轻敲我的双眼，我的眼皮愈来愈沉重。睡魔又触着我的双唇，我的嘴巴不自觉地张开。

真的，这个最亲爱的窃贼，它悄悄地溜到我身上，偷去我的思想。于是我站着，就像站在这个讲坛。

但是我站没有多久便躺下了。”

查拉图斯特拉听完了智者的这席话，不禁在心中暗自微笑，因为一线光明射进了他的心灵深处。他仍对自己的心如是说道：

“这位智者的四十个念头似乎很可笑，但是我相信他必然精通睡眠之道。

谁要是能与这智者生活在一起，他将非常幸福！这种睡眠是有传染性的，纵使隔着一道厚墙也仍会传染。

他的讲座有一种魔力，这些年轻人坐在这道德的说教者面前听道，都会有所收获。

为了夜晚能够安眠，他的智慧必须时刻保持着清醒。真的，假如生命原本就没有什么意义，而我又除了这无意义的生命外别无选择的话，那么它依然是我最渴望得到的了。

现在，我总算知道从前人们寻访道德之师，其所求的是什么了。他们求的是一己的安眠，以及有助于安眠的麻醉的道德。

对所有那些被人称颂的讲坛圣者来说，智慧，是无梦的安眠，他们不知道生命还有更深层的意义在。

甚至在目前，也确实还有一些类似的道德之说教者存在，但并非都如此可敬，况且我们的时代已经过去了。他们站不了多久便会倒下去。

那些昏昏欲睡的人是幸福的，因为他们很快就会进入梦乡。”

查拉图斯特拉如是说。

3　遁世者

从前，查拉图斯特拉也像所有的遁世者一样，将他的幻想全部投注到人类以外的世界去。那时，世界对我而言，仿佛是一个受苦受难的上帝的杰作。

那时，我觉得世界好像是上帝的一个梦想，同时也是展现在一个神圣的不自足者面前的七彩烟霞。

举凡所有的善恶、苦乐，以及你我，在我看来，这一切都是造物者眼中的七彩烟霞。造物者不想再见到自己，因此他创造了这个世界。

受苦的人能因不目睹自身的痛苦而浑然忘我，对他来说，这是一种陶然的喜悦。同样，世界对我来讲，也曾是一种陶然的喜悦和忘我。

这个永不完美的世界，是一个永远矛盾与残缺不全的形象，是造物者的一种陶然的喜悦。我曾经这么想。

我也曾像所有的遁世者一样，将我的幻想全都投注到人类以外的世界去。但是，果真如此逃脱了吗？

噢，兄弟们，我所创造的这个上帝，就像其他诸神一样，是人类疯狂的杰作。

他也是人，而且仅仅是一个“人”与“自我”的可怜零碎。他是从我的灰烬与火焰中超脱出来的幽灵，绝非来自天外！

兄弟们，结果如何？我凌越了痛苦的自己，我将自己的灰烬携至山上，并为自己另外燃起一道更加明亮的火焰。看啊！那幽灵立即离我远遁！

在我看来，相信这样的幽灵，对创伤的新愈者，无异于一种痛苦与折磨，于我则是痛苦与耻辱。我向遁世者如是说。

痛苦和无能，这两者造成了另一个世界，以及短暂的幸福的狂热，那是最痛苦的人才能体验到的。

疲倦想以一跃，以致命的一跃，达到极点。可怜而无知的它已无心再寻求意志，于是创造了神与另一个世界。

相信我，兄弟们，这是肉体对肉体的绝望，它以迷恋的精神的手指，在终极的墙壁上摸索。

相信我，兄弟们！这是肉体对大地的绝望，它听到存在的内心向它说话。

然后，它不仅想将头穿过那道终极之墙，伸入“另一个世界”。

但是那“另一个世界”十分隐秘而不为人类所知，那个非人性且无人性的世界，根本就是一个虚无缥缈的天国。存在的内心如果不是站在人的立场，便不向人类说话。

的确，想要证明存在的一切并使它开口说话很不容易。但是告诉我，兄弟们，难道你们不觉得最奇特的事物，就是那已被证明为最好的事物吗?

是的，这个“自我”以其矛盾和混沌，理直气壮地诉说自己的存在——这个有创造力、有意志、有价值的“自我”，就是权衡万物的标准。

这个最纯正的存在——“自我”，即使当它在冥想、狂啸，或折翼飘飞时，也还诉说着肉体、意想着肉体。

这个“自我”一直在学着要说得更坦诚，它学得愈多，就愈能找出对肉体与大地表示崇敬的名号来。

我的“自我”教给我一种新的高傲，而我又把它教给人类：不要再将头埋在虚无缥缈的沙堆里；反之，还是逍遥自在地顶着那个能赋予大地意义的现实的头颅。

我要教给人类一个新的意志：去择取人类曾经无意中走过的那条路径，并加以证实与肯定，而不要再像病人与濒死者一样，悄悄地离它而去!

病人和濒死者，他们鄙视肉体与大地，并且虚构一个天堂世界以及赎罪之血，但即使是那些甜而苦的毒药，他们也还是得向肉体与大地支取！

他们极力想脱离苦海，无奈那星球却遥不可及，于是叹道：

“噢，但愿有条天路能使我们偷偷溜到另一个存在的世界并获得幸福，那该有多好！”

所以，他们为自己想出了一些旁门左道与血腥的东西！

这些忘恩负义的人，他们自以为这回摆脱了肉体与大地。然而，是谁给予他们解脱时的那份激动与狂喜？不还是肉体和大地吗！

查拉图斯特拉对待病弱的人十分温和。真的，他一点也不恼怒他们的自我安慰方式和忘恩负义的态度。只希望他们能尽快痊愈，根除一切病痛，而为自己再造一个更强健的身体！

查拉图斯特拉也不恼怒那些沉迷在幻想中，而半夜偷偷起来在上帝之墓旁徘徊的创痛新愈者：但是在他们的泪水中，依旧存在宿疾的阴影与病痛的心境。

在沉思与追求上帝的人当中，有许多是病态的，他们极端憎恨明辨真伪的智者，以及最切身的一项道德——真诚。

他们常常回顾过去的黑暗时代，当然，那时的困惑和信仰多少有些不同。理智迷乱便被视为是接近上帝，而若有丝毫怀疑则是罪恶。

我很了解那些俨然如神般的人：他们非要别人相信他们不可，谁若怀疑，就是有罪。我也十分清楚他们自己最深信不疑的是什么。

事实上，他们最信的，并不是什么“另一个世界”或者赎罪之血一类的东西，而是肉体。他们视自己的肉体为“绝对体”“自在之物”。

不过，他们仍然认为肉体是一种病态的东西，并乐于脱去这层躯壳。因此，他们会聆听死亡的说教者，同时又把自己所听到的传述给另一个世界。

兄弟们，还是听听一个健康肉体的语调吧，那是一种更为诚挚与纯洁的语调。

健康、完美而端正的肉体，正以这种更诚挚与更纯洁的口吻，传诉着大地的意义呢。

查拉图斯特拉如是说。

4 肉体的轻蔑者

我要对肉体的轻蔑者说几句话。我希望他们不要再去学什么或者教什么，而只须对自身的肉体道别，让它成为一具哑口的皮囊。

“我就是肉体，就是灵魂。”小孩如是说道。为什么其他人不这样想呢?

但是，觉醒者与得道者却说：“我纯粹是个肉体，而并非其他任何东西。灵魂只不过是肉体内某物的名称。”

肉体是一个大智慧，一个独具一义的复合物，既是战争兼和平，亦为羊群兼牧人。

我的兄弟，被你称之为“精神”的你那肉体的工具则是个小智能，它是你那大智能的小工具与玩物。

你常说“我”，而且引以为豪。不过比这更伟大的“你却不愿相信”，则是你那具有大智慧的肉体，它不是“我”，而是在实践“我”。

凡是感官所觉知与精神所领悟的一切，本身皆没有任何目的。不过感觉与精神会使你相信它们乃是万物的目的。它们竟是如此地虚荣。

感觉和精神其实都只是工具或玩物而已，它们背后所隐藏的不过是“自己”，而“自己”也用感觉的眼睛来寻视，以及用精神的耳朵来听闻。

“自己”始终在谛听而寻找，它不断地比较、克服、超越、破坏。它既统治一切，同时也是自身的主宰。

我的兄弟，在你的思想和感觉的背后有一个强大的主宰，陌生的智者，那就是“自己”，它在你的肉体之中，它就是你的肉体。

你肉体中的理智远多于你最高智慧的理智，因此，有谁知道为什么你的肉体需要你那最高的智慧呢?

你的“自己”对你的“我”与它那神气的样子莞尔一笑。“这些思想的腾跃飞扬，对我又有什么好处呢？”

“自己”自言自语道：“它们都不过是我前往目的地途中的逆旅，我是‘我’的向导，也是‘我’一切观念的提示者。”

“自己”对“我”说：去感受痛苦吧！于是“我”便开始痛苦起来，同时心中想着该如何结束这痛苦，为此它必须认真地思考。

“自己”一对“我”说：去感受快乐吧！于是“我”快乐起

来，同时心中想着如何能永保这快乐，为此它必须认真地思考。

我要向肉体的轻蔑者说几句话，因为他们尊敬肉体，所以才会轻蔑肉体。那么是谁创造了这份尊敬和轻蔑、价值与意志呢？

这个创造的“自己”为自身创造了尊敬和轻蔑、欢乐与痛苦。而创造的肉体则为自身创造了精神，以作为其意志的左右手。

你们这些肉体的轻蔑者，纵然在疯狂和轻蔑之中，也只知为“自己”效力。我告诉你们：你们的“自己”根本就不想活下去，它在逃避生命。

你们的“自己”已无法再做它最想要做的事——超越自己，这是它最大的愿望，也是唯一的执着。

然而，此刻一切都太迟。因此，你们的“自己”一心想死，你们这些肉体的轻蔑者呀。

寻死，这是你们的“自己”所渴望的，所以你们成为肉体的轻蔑者，因为你们已无法超越自己。

于是，你们开始怨恨生命和大地，一种不自觉的嫉妒，流露在你们那斜视的轻蔑目光中。你们这些肉体的轻蔑者啊，我不会走上你们的道路！因为你们不是我奔向超人的桥梁！查拉图斯特拉如是说。

5 喜悦与热情

我的兄弟，你若有一项美德，一项你特有的美德，千万不要与人共享。

当然，你必定会为它取个名字，并且珍惜它，同时你也会拉它的耳朵，与它嬉戏。

但是，你若让大家共享这个名字，那么你就会因失去这项特有的美德而变得与群氓没有什么两样！

你不如说："这个使我灵魂感到悲喜、内心感到饥渴的东西，既不可言喻，也无以名状。"

就让你的美德保持高高在上，千万不要给予任何亲昵的名称。如果非提到它不可，你也不必羞于启齿。

你不妨慢吞吞地说："这是我所珍爱的善，它使我快乐至极，我所需要的善正是如此。

我需要它，并非因为它是上帝的律条，或者是人类的法规与需要。它绝不是引导我去往超人世界或天堂的路标。

我爱它，因为它属于地上的美德，它不着重苛细的辨察，更不卖弄小聪明。

然而，那只鸟却将它的窝巢筑在我的身旁，所以，我要把它抱在怀中百般呵护与怜惜。此刻，它就在我的身旁孵着它的金卵。"

你应当如此喃喃诉说并赞美自己的美德。

以前，你把自己的热情视同邪恶，如今却只剩下这些美德，它们皆从热情而来。

你将最高目的灌注于这些热情的深处，于是它们都变成了你的美德和欢乐。

纵然你是属于脾气暴躁、沉迷肉欲、执着狂热，或者充满恨意的人类，但是你的一切热情终将变成美德，而一切恶魔也会变成天使。

你的地窖中虽有许多野狗，但是它们最后都变成小鸟与迷人的歌者。

你以自己的毒药制成自己的止痛剂，你挤取牛的乳汁。此刻，你却饮着这甜美的汁液。

你的身上不再有任何邪恶，除非因众多美德之间的冲突。

我的兄弟，若是运气好的话，你只要拥有一项美德就够了，千万不要贪多。这样，你过桥就会容易些。

能拥有多项美德固然不错，却不见得是件好事，有许多人就是由于不堪负荷众多美德的倾轧争斗之苦，跑到野地里自杀了之。

我的兄弟，战争是邪恶的吗？

纵然是，我们也需要它。在你的诸多美德之中，嫉妒、怀疑和中伤都是需要的。

看哪！你的每项美德都是如何地妄想占据最高的位置，它们都想驱使你的精神为其奔走，也都要你在爱与恨时所拥有的全部力量。

美德会互相嫉妒，而嫉妒是一件十分可怕的事。每项美德都可能毁于嫉妒。

心中充满妒火的人就像蝎子一样，最后会将毒刺转向自己。

噢，我的兄弟，难道你从未见过一项美德的自怨与自残吗？

人，应当被超越，你必须珍惜你的美德，你会为了它而九死一生。

查拉图斯特拉如是说。

6　苍白的罪人

你们这些法官和祭司，在牺牲没有俯首之前，你们不会杀它吧？看哪！这个苍白的罪犯低下了头，从他的眼中却流露出彻底的鄙夷和轻蔑。

“我的‘自我’是必须超越的，我的‘自我’是我对人类的大不敬。”

那双眼睛如是表白。

当他审判自己的时候，也是他高高在上的一刻，千万不要让他的尊贵受到丝毫的损伤。

除了速死，因自己而感到痛苦的人，是无法得救的。

你们这些法官，判处死刑应当是出自一片哀矜而非报复的心，当你们执行杀戮时，必须明白你们是在为生命做辩护。

只是对被你们所杀的人感到彼此无所亏欠是不够的，让你们的伤感成为对超人的爱吧，如是，你们才能使自己的不死变得合理！

你们应当称他为“敌人”而非“恶人”，称他为“病人”而非“小人”；称他为“疯子”而非“罪人”。

而你，双手沾满血腥的法官，若能将你心中所想的事吐露出来，大家必然会异口同声地喊道：“除掉这秽物与毒素吧！”

然而，思想和行为毕竟是两回事，而行为的意念则又得另当别论。因果的轮回不在它们之间打转。

一个意念使这个苍白的罪犯脸色发青。他在作案时，神态甚为从容；但事后，却反而无法忍受时刻涌上心头的回想。

他总是把自己当作是行为的当事人。我称此为疯狂！在他身上，特例反而变成了规则。

粉状的条纹会使母鸡感到困惑，这个罪犯的一击遂迷住了他那薄弱的理智。我称此为事后的疯狂。

听着，你们这些法官，另外还有一种疯狂，而那是属于事前的。噢，你们还没有透视到这个灵魂的深处呢！

双手沾满血腥的法官说："为什么这个罪犯要杀人呢？他想抢夺。"但我告诉你们，他的灵魂只想见血，不是要抢夺战利品。他渴求刀剑加身的痛快！

然而，他那薄弱的理智根本无法理解这种行为的疯狂，而一味怂恿他如此胡作非为。"流血又有什么关系！"他说，"难道你不想趁机弄点战利品，或者报复一下吗？"

而他也听从了他那薄弱的理智，它的每一句话就如同铅块似的紧压在他身上而使他无法多想。于是，他杀人时，还抢掠，他并不以自己的疯狂为耻。

现在，他的身上又增加了铅块般重的罪过，而他的薄弱理智更加麻木、瘫痪与沉重。

只要他能摇摇头，他的一切重荷就会滚滚落下。但是谁能使他摇头呢？

这个人究竟算是什么呢？他是一切恶疾的渊薮，而这些恶疾则借着他的精神向世界扩散，它们想四处掠取牺牲品。

这个人究竟算是什么呢？他是一团扭在一起而互不兼容的野

蛇。因此，它们四处寻找牺牲品。

看看那个可怜的肉体！它痛苦地渴望灵魂能了解它自己，可怜的灵魂以为这就是妄逞刀剑快意的犯罪欲念。

现在，遭邪恶侵袭而染上恶疾的人也都成了邪恶，他想用使他痛苦的东西来引发别人的痛苦。然而，历史始终有着不同的年代和别的善恶。

从前，怀疑和自主都是罪恶。那时生病的人就变成异教徒和巫师，他们如同异教徒和巫师一样，自己既感到痛苦，也叫别人痛苦。

我知道这些话你们是听不进去的，因为你们认为有伤于你们中间的善良者。但是，你们中间的善良者又与我有什么关系呢！

我对你们的善良感到万分厌恶，却不是因为他们的恶。我只希望他们能有一种致命的疯狂，就像这个苍白的罪犯一样。

啊，我真希望他们的疯狂就是真理、忠实、正义。然而，他们自有其德行以在可怜的自满中求得长生。

我是河边的栏杆，谁能扶我就扶我吧！不过，千万别把我当作你们的拐杖。

查拉图斯特拉如是说。

7 阅读与写作

一切作品之中，我只爱以自己的心血写成的作品。用你的心血去写吧，如此你将发现心血就是精神。

要想了解别人的心血，并不是一件容易的事，我厌恶那些不用心阅读的人。

了解读者的人，不会为读者而写。因为再过一世纪，这些读者以及他们的精神，都与草木同朽了。

允许每个人都能读书，最后不仅将破坏写作，甚至还会累及思想。

精神曾经是上帝，后来变成了人类，而现在更变成了一般群氓。

他用心血和格言写成的东西，并非让人随便阅读，得用心去体会。

两座山之间的最短距离就是两个峰顶之间的距离，但是你必须有双长腿，才有办法跨越这条路线。格言无异于山的峰顶，而它所说的对象应当是伟岸非凡的。

稀薄而纯洁的大气、潜伏四周的危险，以及充满快意的邪恶精神，这些彼此都很调和。

我倒希望有一些妖怪在我身旁张牙舞爪，因为我很勇敢。勇气驱走了鬼魅，同时又为自己制造了一些妖怪，好对它们发笑。

我不再与你们有同样的感觉，我笑在我下面的那块云的乌黑与笨重，那却是你们的雷云。

当你们渴求提升，就抬头仰望；而我却低首俯视，因为我已高高在上。

你们当中，有谁能够且笑且提升呢？

攀登至最高山顶的人，会笑那人世间一切如幻似真的悲剧。

要勇于面对、漠视、鄙夷，与强制一切。智慧期望我们如是，它是一个女人，而且只爱战士。

你们说："生命是极难承受的。"那么，你们为何在白日傲慢无礼，而夜晚又柔顺拘谨呢？

固然生命是极难承受的，但也不必做出一副十分娇弱的样子！我们都是善于拉车的驮马或母驴。

我们和那因一颗露珠坠落其上便颤抖不已的玫瑰花苞又有什么两样呢？

我们确实热爱生命，但并非因为我们习于生命，而是习于爱。

在热爱之中，总会有些疯狂；同样，在疯狂之中，也会有些理智存在。

而在我这个热爱生命的人看来，那些蝴蝶、肥皂泡沫，以及我们之中类似它们的一切，似乎是最会享受幸福的了。

看到这些娇小、艳丽而活泼的小精灵，查拉图斯特拉不禁感动得落泪歌唱。

我只能信仰一个知道如何跳舞的上帝。

当我一眼看见我的魔鬼，我发现他显出一副严肃而深沉的样子，这是认真的表现，万物都黯然失色。

我们不用愤怒而杀戮于谈笑之间。来呀，让我们杀了这认真的精神吧！

我先学会走路，然后让自己跑起来。等我学会飞翔，不需要推动就可从一处移到另一处。

现在我的身体轻盈了，也飞起来了。我看到我就在自己的上面，一个上帝在我身上舞着。

查拉图斯特拉如是说。

8　山上的树

查拉图斯特拉发现有个少年老是在躲避他。

一天晚上，他漫步走到斑牛镇的高山上，突然看见那个少年正倚树而坐，并且他倦怠的眼光望着山谷。查拉图斯特拉便走过去坐在少年的身旁说道："假如我想用手去摇动这棵树，那绝对做不到。然而我们见不到的风却能随意使它晃动或曲折。同样，我们也正被一双无形的手所摇晃或曲折。"

那少年一脸不解地站起来说道："刚才我还正在想着查拉图斯特拉，现在就听到他开口说话了！"

查拉图斯特拉回答："你为什么害怕呢？人和树原本都是一样的。他愈是想朝光明的高处攀升，他的根就愈会深入黑暗的地底，伸入恶中。"

"是的，伸入恶中！"少年大声喊道，"不过，你又是怎么发现到我的灵魂的呢？"

查拉图斯特拉莞尔一笑："除非我们能够先创造灵魂，不然就永远无法发现众多的灵魂。"

"是的，伸入恶中！"少年再度高呼，"查拉图斯特拉，你说得一点也不错。自从我想要往高处爬升，我就对自己失去了信心，甚至没有一个人信任我，这究竟是怎么一回事呢？

我想是我改变得太快了，今日的我推掉昨日的我。当我登梯时，常常跳过许多阶级，这些阶级不会原谅我。

当我登临高处时，才发觉自己的孤单，没有人同我说话，落寞之霜使我冷得发颤。我究竟想在高处寻找些什么？

我的轻蔑与期望与日俱增。我愈升高，便愈鄙视那在攀爬的人，他究竟想到高处去寻找什么？

我多么羞愧于自己的攀爬和摔跌！我多么嘲讪自己的气喘吁吁！我多么憎恨凌空飞翔的人！而当我在高处时，又是多么疲累！”

说完了这些，少年再度陷入沉默之中。查拉图斯特拉望着他们身旁的那棵树说：

“这棵树独自耸立在山上，它长得比人与兽都高大。

如果它要说话，必定没人听得懂，因为它太高大了。

于是它期待着，期待什么呢？由于它太接近云端，或许在期待第一道雷电吧？”

查拉图斯特拉说完之后，少年挥舞着手喊道：

“是的，查拉图斯特拉，你说得一点也不错。我之所以登临高处，为的是追求自身的毁灭，而你就是我所期待的那道雷电！看哪，自你来到此处以后，我成了什么样子？这是我对你的嫉妒害了我！”

少年如是说道，并放声痛哭。查拉图斯特拉挽着他离去。

两人走了一段路之后，查拉图斯特拉又开始发言：

“我很难过，我从你的双眸中看到你的一切危险，远甚于你以言辞所表达的。

你并不自由，仍在寻找自由。废寝忘食地寻找，使你时刻保持清醒。

你向往空阔的高处。你的灵魂渴求星际，但你那劣根性也期盼自由。

你的那群野狗也想获得自由。你的精神试着打开所有的牢门时，它们在地洞里欢叫着。

在我眼中，你还是一个幻想着自由的囚犯。噢，这种囚犯的灵魂会变得很机敏，然而也同时会变得十分狡诈与邪恶。

精神获得自由的人仍须净化自己，在他心中，还残留着许多枷锁和泥垢，他的双眸也变得晶莹纯洁。

是的，我知道你的危险。但是我以我的爱和希望请求你：千万不要舍弃你的爱和希望！

你依旧觉得自己高贵，即使怨恨你或者用恶毒的眼光看你的人，也一样认为你高贵。你必须明白一件事：对任何人而言，一个高贵者的高贵总是有碍于他的末人朋友。

对于善良的人，高贵者也同样有所妨碍，虽然他们也会称高贵者为好人，但那只是敷衍。

高贵的人一心想创造新的事物和新的道德。善良的人则只要旧的事物，而且紧抓不放。

高贵者的危险，不在于他会变成善良者，而是他会变成一个无耻者、嘲讪者，或破坏者。

唉！我知道有许多高贵的人，失去了他们的最高希望，于是他们就毁谤所有的大希望。

他们无耻地沉溺于片刻的狂欢，醉生梦死，不分昼夜。

‘精神也是一种荒淫。’他们说。

他们折断了精神之翼，现在精神不得不爬行，还弄脏了伤口。

他们曾经想成为英雄，但是现在却成了享乐主义者。英雄对他们来说，是一种苦恼而可怕的东西。

然而，我以我的爱和希望请求你：千万不要舍弃你灵魂中的英雄！并且使你的最高希望永远保持神圣！”

查拉图斯特拉如是说。

9　死亡的说教者

这个世界有死亡的说教者，同时也有许多必须被劝说放弃生命的人。

这个世界到处充满了多余的人，生命早已被那些人糟蹋净尽，就让“永生”诱引他们离开这个生命！

“黄人”或“黑人”，人们如此称呼这些死亡的说教者。不过我会让你们看到还有外表披着另一种色彩的那些人。

他们当中最为可怕的，内心都充满了掠食的兽性，除了肉欲和自残之外，别无选择，甚至他们的肉欲也不外是自残。

这些可怕的生物还没有变成人类。但愿他们能对自己做一番离弃生命的说教，让他们自己也消逝吧！

他们是精神的蠹蚀者，方生方死，方死方生。他们渴求的是厌倦与舍弃的论调。

他们甘心就死，我们应当帮忙达成他们的愿望！我们要谨防惊动那些死者，避免破坏那些生者的棺木。

若是他们遇见一个病人，或者老人，甚至死人，他们立刻就说：“生命被驳倒了！”

然而，真正被驳倒的是他们自己，以及他们那仅看到存在的一个方面的眼睛。

沉浸在深深的忧郁中，希求致命的小变故，他们咬着牙如是期待着。

他们伸手去取甜食，嘲笑自己的稚气。他们将生命悬挂在一根稻草之上，嘲笑自己依然如是。

他们的智慧说：“还活着的人是个傻子，而我们都是傻子！这是生命中最愚蠢不过的事！”

“生命只是痛苦而已。”别的人这么说，这倒是一句实话。那你们就终止一切吧，终止生命也就是终止痛苦！

让这成为你们的道德教条吧：“你应当杀掉自己；你应当盗取自己！”

“荒淫是罪，”某些死亡的说教者如是说，“让我们分开而不要生育孩子！”

“生育是苦，”又有人说，“为什么还要生呢？人们只会生一些不幸者！”这些人也是死亡的说教者。

“怜悯是需要的，”还有的人说，“取走我的一切，取走我这个人吧！如此我将少受生命的束缚！”

假如这些人真是慈悲的，他们会使邻人厌弃生命。要成为恶——那才是他们的善。

然而，他们想丢弃生命。如果他们的链条和赠物仍然紧缠着别人，他们也不会在乎的！

相反地，生命对你们而言，不过是一件永不休憩的粗活，难道你们对生命不曾感到倦怠吗？你们不是已成熟得足以接受死亡的说教了吗？

你们觉得粗活和一切新奇的东西都很可爱，你们受够了自己，你们的拼命工作只是一种自我逃避。

如果你们能更加信仰生命，就不会自弃于一念之间。但是，你们的内心仍有所不足，所以你们还不能等待，甚至也不能偷懒！

到处都是死亡的说教者的喧哗声，世界也充满了那些应当被劝说投死的人。

或者，劝那些人去寻求“永生”，这对我来说也是一样的，只要他们快点离开这个世间！

查拉图斯特拉如是说。

10　战争与战士

我们既不希望我们的劲敌对我们手下留情，也不希望我们所深爱的人对我们姑息。所以，让我来告诉你们几句实话吧！

我的战友！我衷心挚爱你们。我是，而且一直是你们的伙伴。同时，我也是你们最佳的敌手，所以，让我告诉你们几句实话吧！

我知道你们心中充满怨恨和嫉妒，但你们不至于伟大得不知有怨恨和嫉妒的存在。所以，你们必须尽可能地伟大，不要使自己因悔恨而羞愧！

如果你们不能成为知识的圣者，那就成为知识的战士吧。他们是这种圣贤人物的伙伴或先导。

我看到许多士兵，然而，我更希望能看到许多战士！他们虽然穿着一样的制服，想必裹藏在里面的不会像制服般地整齐划一吧！

你们应当是那些眼睛时刻在搜寻自己敌人的人，而你们当中有些人第一眼就炽烧着恨火。

你们应当竭力寻找敌人，你们应当投入自己的战场，为自己的思想而战，假如你们的思想不幸遭遇挫败，你们的一片忠诚依旧会大呼胜利！

你们应当乐于将和平视为达到另一战争的手段，而且喜爱短暂的和平甚于长久的和平。

我劝你们不要一味工作，而必须起来战斗。我劝你们不要只图和平，而必须追求胜利。让你们的工作成为一种战斗，让和平成为一种胜利吧！

只有当人们有了弓和箭的时候，才能安静地坐下来，否则就会争吵不休。让你们的和平成为一种胜利吧！

你们说，好的主张能使战争变得神圣吗？我告诉你们吧：好的战争能使每项主张都变得很神圣。

战争与勇敢比慈悲能做出更多的大事。迄今为止，许多牺牲者之所以得救，乃是因为你们的勇敢，而不是因为同情。

“什么是善？”你们问。勇敢就是善。而让小女孩说：“美丽而动人的才是善。”

人们说你们无情，但你们的心是真实的，而我也爱你们那诚挚的羞怯。你们是为自己的涨潮而感到羞赧，别人则是为他们的退潮而感到惭愧。

你们丑吗？那么，我的兄弟，就将崇高的气质披在身上，当作这丑陋容貌的外套吧！

有朝一日，你们的灵魂伟大起来，就会变得十分高傲。我知道，在你们的高尚气质之中，还不免有恶存在着。

高傲者和软弱者在恶中相遇，但我知道，他们彼此都不了解。

你们应当憎恨而非轻视敌人，你们理应因敌人而感到自豪。如此，敌人的成功，也就是你们的成功。

反抗，这是奴隶不凡的品性。就让服从成为你们的品性，而你们的命令本身也是一种服从吧！

对一个优秀的战士而言，“你应”比“我要”听起来舒服多了。对于你们所喜欢的一切，都必须先听命于你们。

让你们对生命的爱，演变成你们对最高希望的爱，让你们的最高希望，演变成生命的最高理念！

然而，我要你们的最高理念听命于你们，就是这个：人类应当被超越！

因此，像这样过你们的服从与战争的生活吧！根本不要管生命的长短，哪个战士愿意被留情饶恕呢！

我不宽谅你们，却衷心挚爱你们，我的战友！

查拉图斯特拉如是说。

11 新的偶像

有些地方依旧保存着民族与部落的聚居传统，但是我们这里没有聚居。我的兄弟，这里只有国家。

国家？那是什么呢？好的，现在伸长你们的耳朵，听我告诉你们关于一个民族的衰亡过程。

国家，是所有无情的怪物中最为无情的东西。它会无情地欺骗民众，这就是从它口中所吐出的谎言：“我，就是国家，就是民族。”

这完全是一派胡言！真正的创造者，应该是那些创立民族并赋予该民族一个信仰与一种爱的人，他们如此地为生命而鞠躬尽瘁却设下陷阱，并称这些陷阱为“国家”的人则是破坏者，他们唯一不给民族的是一把刀剑和各种欲望。

凡是仍有民族的地方，国家就不被接受。他们憎恨国家有如不吉的凶相，和一种违背律法和习俗的罪恶。

我给你们一个提示：每个民族都有不为邻族所理解的善恶的言语，而这些言语是从自身的律法和习俗中发明出来的。

但是，国家却用各种善恶的言语来蒙混欺骗，它所说的全属谎言，那些话都是从别处偷来的。

国家的一切都是假的，它用偷来的牙齿咬人。甚至它的心肝也虚而不实，假而不真。

善恶的言语十分混杂，我给你们一个提示，不妨用作国家的象征。这个象征代表死亡的意志！它在向死亡说教者招手！

多余的人日渐增加，国家是为他们而发明的！看它如何引诱他们，并将他们吞噬与消化！

“在这个世界上，再也没有比我更伟大的，我就是上帝发号施令的手指。”这怪物这样吼叫着，而跪在地下的不仅是那些长耳短视的人！

噢，甚至对你们这些伟大的灵魂，它也悄悄地诉说幽深的谎言！啊！它猜透了这些自愿倾尽所有财富的心！

是的，它猜透了你们这些旧上帝的征服者，你曾倦于斗争，如今却倦于效命新的偶像！

这个新偶像正想寻找一些英雄和高贵的人士，簇拥到它身边：它喜欢在良知的阳光下取暖，这个冷酷的怪物！

只要你们崇拜这个新偶像，它就会给予你们一切。这样，它也收买了所有你们的道德光彩和高傲的瞻视。

它会设法利用你们做饵，勾引那些多余的人！是的，它设计了一套阴谋诡计，以及一匹配着神圣鞍饰而叮当作响的死亡之马！

是的，它设计了许多人的死亡，一种自夸为生命的死亡，这对所有的死亡说教者来说，都是一项很大的贡献！

我认为国家是一个无论善人或恶人皆在其中饮鸩止渴的地方，在那里，他们都身不由己；国家，是大家慢性自杀而称之为“生命”的地方。

看看这些多余的人吧！他们偷取了发明者的杰作和智者的宝物，却自称这种行为是文明，而一切东西到了他们身上就都变成了病毒与祸害！

看看这些多余的人吧？他们永远在卧病，他们呕出自己的胆汁，而称之为报纸。他们自相吞噬，却都无法消化！

看看这些多余的人吧！他们愈是聚敛财富，反而愈加贫穷。他们追求权力，尤其是权力之柄和更多的钱财，这些无能者！

看这些身手敏捷的猴子爬行吧！它们互相攀援，并在泥泞与坑洞中扭作一团。

他们都在追求宝座，似乎幸福就是坐在宝座之上，这是由于他们的疯狂所致。其实，坐在宝座上的往往是污垢，宝座也多半置于秽物之中。

我觉得他们都是些疯子、爬行的猴子与盲目的追求者。在我眼中，他们的偶像，那个冷酷的怪物，早已尸骨腐臭，他们这些偶像的崇拜者也是如此。

兄弟们，你们愿窒息在他们那熏人的胃臭之中吗？最好还是破窗而逃吧！

千万不要靠近那恶臭！还是远离那些多余之人的偶像崇拜吧！

千万不要靠近那恶臭！还是远离这些人种牺牲的乌烟瘴气吧！

大地仍为伟大的灵魂开放着，还有许多地方可供隐士们独自或结伴潜居修行，那里洋溢着宁静之海的气息。

自由的生活仍等待着伟大的灵魂去享用。真的，凡愈少占有的人，便愈不为物累，不为形役，适度的贫乏是幸福的！

在那里，一个没有国家的地方，也唯有在那里，不再作为多余的人而出现的人才开始存在，那不可缺少的人才开始唱出他那独一无二的美妙歌曲。

在那里，一个没有国家的地方。看啊，兄弟们！难道你们没见到彩虹和超人之桥吗？

查拉图斯特拉如是说。

12　市场上的苍蝇

我的朋友，躲入你的孤独中去吧！我看出你既被大人物的喧嚣声吵得震耳欲聋，而又备受小人的暗箭刺伤。

丛林与岩石知道应该如何静默地陪伴你。再学学那棵你最深爱的枝干修茂的大树吧，它一直默不作声地矗立海边而凝神倾听。

只要有市场的地方，就没有孤独，而市场的买卖一开始，杂耍卖艺者的吆喝声和毒蝇的嗡嗡声同时会跟着喧腾起来。

在这个世界上，即使是最好的东西，若没有那些卖艺者的表演吹嘘，也会一文不值，因此他们被尊称为大人物。

群氓实在不了解什么是伟大，也就是说，他们不明白何谓创造力。不过，他们对卖艺者和出色的东西却别具欣赏的眼光。

这个世界乃是围绕着新价值的发明者而旋转，这旋转是无形的。群氓和一切的荣耀则围绕着卖艺者而旋转。万物如此这般地运行。

卖艺者也有其精神而不自觉，他只相信能使信仰在自身之中更加坚定的一切！

明天，他会有一个新的信仰；后天，则是另一个更新的信仰。他像群氓一样，知觉十分敏锐，性情却不稳定。

颠倒一切，就是他所谓的证明；使人疯狂，这就是他所谓的说服。他认为，血是最佳的论据。

只能向明白人诉说的真理，他总认为是虚言空话。真的，他只信仰在世上最会吆喝的上帝！

市场上到处都是喋喋不休、口若悬河的小丑，而群氓却以这些大人物为荣，并且尊奉他们是当前的支配者。

然而时间在催促他们，因此他们便催促你。他们要你说出“是”或“否”！天啊，难道你非得把座椅放置在“拥护”与“反对”之间不可吗？

你这真理的爱人，请不要嫉妒那些绝对而焦急的人！真理还从来不曾与绝对者把臂而行。

不要理睬那些粗鲁的人，回到你的安全之所去吧。只有在市场里，一个人才会受到“是”或“否”的攻击。

要一尝深井泉水的滋味是很花时间的，他们必须等待很久才知道藏在地底深处的究竟是什么东西。

所有伟大的东西总要在远离市场与浮名的地方才会产生，因此，新价值的发明者也多半住在那里。

我的朋友，躲入你的孤独中去吧！我看出你被毒蝇蜇得遍体鳞伤。躲到狂风暴雨里面去吧！

躲入你的孤独中去吧！你与那些小人和可怜虫太过接近，避开他们在暗地里的报复吧！他们一心想向你报复呢。

千万不要伸手去抵抗他们！他们多得不可胜数，而你并非只是一个蝇拍的角色。

那些小人和可怜虫有无数之多，许多高耸的建筑物都曾被无情风雨所侵蚀而湮没于荒烟蔓草之中。

你不是岩石，但绵密的雨点已然滴穿了你，最后使你片片寸裂，完全粉碎。

我看出你已被毒蝇骚扰得筋疲力尽，我看到你身上的百孔千疮流血不止，而高傲的心使你丝毫不为恼怒。

他们恣意吸吮你的血，因为那是他们贫血的灵魂所渴求的。所以，他们恣意地蜇咬。

然而深沉的你，即使是一点小伤，也会痛不欲生，而你还未治愈之前，这些毒虫又爬上了你的手。

你太高傲而不屑弄死这些贪食者，但还是要小心。免得成为他们一切恶毒行为下的牺牲者。

他们围绕着你嗡嗡地赞美，他们的赞美只是冒失的干扰。他们想要亲近你的皮肤，打血的主意。

他们向你献媚，有如在谄谀上帝或魔鬼；他们向你悲泣，有如在上帝或魔鬼面前哭诉。那又有什么用，他们不过是一些阿谀者和爱哭者罢了。

他们也常常对你摆出一副和蔼可亲的样子，然而这不过是怯懦者的一点小聪明而已。是的，怯懦者最擅长投机取巧！

他们以小人之心来度量你，他们总是用怀疑的眼光来看你！凡是令人百思不解的都叫人猜疑。

他们因为你的所有美德而施罚于你，在他们的内心深处。只原谅你的过错。

出于你的仁慈和正直，你说：“他们对自身卑微的存在是无辜的。”然而他们那颗狭小的心却在想：“一切伟大的存在都是有罪的。”

纵然你对他们百般示好，他们依旧会觉得你在轻视他们，因此他们就以不为人知的毒计来报答你的善意。

你那沉默的高傲总是不合乎他们的胃口，而当你偶尔谦卑得近于轻浮时，他们就会十分地高兴。

我们在一个人的身上看出了什么，同时也就会设法百般挑逗。因此，要谨防小人！

他们在你面前自觉渺小，引燃自卑之火，而在无形之中又向你报复。

你难道没有发觉每当你走近他们的时候，他们便沉默不语？你难道看不出他们的活力逐渐消失，有如熄灭之火的烟散？

是的，我的朋友，你使得你的邻人十分不安，因为他们比不上你。所以他们怨恨你，并想吸你的血。

你的邻人永远是一些毒蝇，你的伟大只能使他们更毒，看起来更像苍蝇。

我的朋友，躲入你的孤独中去吧，那里有狂风劲吹。你可不只是一个蝇拍的角色。

查拉图斯特拉如是说。

13　禁欲

我喜爱森林，城市实在不适于居住，那里充斥着太多的声色之欲。

落在一个杀人犯的手中岂不比坠入一个荡妇的梦中要好些吗？

看看这些人吧，他们的眼睛仿佛在说，他们不知道世界上还有比躺卧在一个女人的怀抱中更好的事。

他们的灵魂深处尽是肮脏的秽物，噢，天哪，那些秽物之中仍有精神存在呢！

但愿你们是完美的，至少像动物一样完美！然而无邪与纯洁是动物才有的。

我有劝你们将本能完全消除掉吗？我不过是提醒你们要保持本能中的那份纯洁与无邪罢了。

我劝你们禁欲吗？禁欲对某些人而言，是一种高尚的德行，但对大多数人来说却近乎一种罪恶。

这些人确实能克制自己，但是鄙贱的欲念却满含妒意地完全表露在他们的行为之中。

即使在他们崇高的道德和宁静的灵魂之中，这鄙贱的欲念也还是矛盾地跟随他们。

当这鄙贱的欲念得不到一块肉食，它就会多么谦和地去乞求一片精神！

你们喜爱悲剧和一切令人伤心欲绝的事吗？不过我对你们那鄙贱的欲念十分怀疑。

你们的眼睛过于残酷，它们毫无顾忌地逼视着受苦者。难道你们的欲念不是伪装起来而自称为痛苦的兄弟吗？

我再打个比喻给你听：想驱逐魔鬼而自身又坠入邪道的人并不少见。

若是禁欲根本就很难做到，那么就应当被劝阻，以免它变成地狱之路，通往灵魂的污浊深处。

我是否提到肮脏的事？我倒认为这并不是什么最坏的事。

求知者之所以不愿涉足真理的水中，乃是由于它的浅显，而并非它的污浊。

真的，有些人的本性向来就十分贞洁，他们的心地也比较柔和，他们比你们更常面带笑容，而且笑得可爱。

他们也笑禁欲，并问道："禁欲是什么？禁欲不是很傻吗？然而，愚行得迁就我们，而不是我们去迁就它。我们把住所和心都给了这个客人，现在它与我们住在一起，就随便它要住多久吧！"

查拉图斯特拉如是说。

14　朋友

"我的身边总有一个人是多余的。"隐士在想，"总是由原本的一个，最后变成两个！"

我经常与自己做热烈的交谈。如果没有朋友的话，我怎么能忍受？

隐士的朋友只能算是一个第三者，而第三者是防止两人的交谈陷入深处的浮木。

噢，隐士们的内心有太多深邃的地方，因此，他们十分渴望能有一个朋友不时引导他们飞升。

别人让我们相信的东西，往往与我们自己相信的东西大相径庭，需要朋友的愿望暴露了我们的弱点。

我们往往用爱来压抑嫉妒，也往往因为四处攻击而与人对立，这些都是为了掩饰自己的弱点。

“至少做我的敌人吧！”真正的敬重这样言讲，它不敢乞求友谊。

如果一个人想要有个朋友，他还得不惜为此朋友而投入战斗，而为了战斗，他就必须具有作为一个敌人的能耐。

我们应当敬重朋友的敌人，你能对你的朋友做到亲近而不狎昵吗？

我们的朋友就是我们最好的敌人，当你反抗他时，应当全身心地接近他。

你不愿在朋友面前穿衣吗？你在朋友面前现出赤裸的自己，是否为了表示对他的敬重呢？然而，他却诅咒你下地狱！

太过暴露自己，多半会使人惊恐，所以你们应当害怕裸露自己才是！是的，如果你们是神的话，反而应该羞于服饰的遮掩！

你不可为了朋友而把自己装扮得过于华丽，你应当是他射向超人的箭和展望超人的希望。

你可曾见过你的朋友睡觉？

为了要知道他的相貌如何。他平常的相貌是怎样的呢？那就是照在粗劣而有瑕疵的镜子中你自己的容颜。

你可曾见过你的朋友睡觉吗？你为他的样子而感到失望吗？噢，我的朋友，人是应当被超越的。

朋友应当是善于揣测与保持沉默的知己。你不必看清一切。你的梦应当向你揭露你的朋友清醒时所做的事。

让你的同情只是一种揣测，好知道你的朋友是否需要你的同情。或许他喜欢你那漠视的眼神和无动于衷的表情。

把对朋友的同情深藏在咬不破的硬壳中，如此它才有体贴和甜美的情意。

你是否是你朋友的新鲜空气与孤独、面包与药物呢？许多人无法从枷锁之中解脱，却能帮助朋友获得解放。

你是个奴隶吗？如果是，你就不可能是个朋友。你是个暴君吗？如果是，你就不可能有朋友。

许久以来，在女人的身上始终隐藏着一个奴隶和一个暴君。因此，女人无法了解友谊。她只知道爱情。

恋爱中的女人，对她所厌恶的一切往往持有很深的成见和武断。纵然是在女人意识清醒的爱情中，也常有光明的突变——闪电与黑夜。

女人仍然无法了解友谊。她们依旧是小猫、小鸟，或者说得好一点，是母牛。

女人仍然无法了解友谊。但是，请告诉我，你们这些男人之中，谁又了解友谊呢？

唉！你们这些可怜的男人，你们所献给朋友的一切与卑下的灵魂，不过是我赐予敌人的，然而我却并不因此而变得更穷。

但愿志同道合的人结伴而行，并斩获友谊。

查拉图斯特拉如是说。

15　一千零一个目的

查拉图斯特拉曾到过许多地方，看过不少民族，因此他悟出许多民族的善与恶。同时查拉图斯特拉也发现，世界上并没有比善与恶更伟大的权力。

事实上，没有一个民族能不经价值的评估而得以生存。一个民族若想自立图存，就必须具备一套与别的民族不同的评估价值的标准。

这一民族认为善的事物，往往遭到其他民族的轻蔑，这是我发现的。我发现，在此被称为恶的，在别处却披着荣耀的红袍。

一个人绝对无法了解他的邻人，他的灵魂往往会对邻人的愚昧和邪恶感到惊讶。

每个民族都有卓越的纪录。看！那是它们的辉煌战绩：看！那是它们——“权力意志”的呼声。

他们认为，凡得之不易者，皆值得赞颂，而必不可少的磨难就是善。那稀有难得而能减轻最大痛苦的一切——他们便美其名为神圣。

凡是能使它主导、征服与光耀一切，并招致邻人的惊恐与嫉妒的事物，就是万物的最高与最先者，同时也是衡量万物的标准。

其实，我的兄弟，只要你明白了一个民族的需要，它的土地、天空与四邻，就能推知它凌驾其他民族所根据的铁律，以及为何它要攀登那个阶梯以达到其希望。

“你必须永远保持领先的地位，并凌驾于别人之上，除了朋友之外，你那嫉妒的灵魂实在不应再喜爱任何人。”这使一个希腊人大为激动，于是他奔赴伟大的途程。

“要说实话，并娴熟弓箭的用法。”这是我的名字所从出的民族觉得十分可爱却不易做到的，我的名字对我来讲，也是这样。

“要孝敬父母，并从心底服从他们。”有个民族因为向其人民悬示这一超群的训诫而始终保持强盛。

“要以忠信待人，即使因此而临险履危或流血牺牲，也在所不惜。”另一个民族固以此自励而超越了自己，并进而获致无比伟大的希望。

其实，善与恶都是由人类自己造成的，善恶既非得之于外界，也不是找到的，更不是从天而降的。

人类为求自信而赋予万物价值，他只是为万物创造一个属于人类的意义而已！因此，他自称为“人”，自称价值的评估者。

评估价值就是创造，你们这些创造者听着！价值评估本身就是一切被评估之物中的奇珍异宝。

唯有先评估价值，然后才有价值可言。未曾经过价值评估的存在之核，不过是个空壳罢了。你们这些创造者要切记：

变换价值，即创造者的变换。创造者必须不断地破坏。

创造者起先是整个民族，而后才是个人。事实上，个人自己不过是最近才被创造出来的。

在往昔，各民族多将“善”奉为道德圭臬。主宰之爱与服从之爱则为自己创造这种圭臬。

众乐先于独乐，只要良知是就公众的利益而言，那么“私我”就违背了这个良知。

真的，这个狡猾而缺乏爱的“私我”，在多数人的利益中，寻找其自身的利益，这是群体将亡而非将兴的征兆。

充满爱心者与创造者，总是他们在创造善恶。爱火与怒火乃假一切道德之名而燃烧。

查拉图斯特拉曾到过许多地方，见过不少民族。他发现世界上并没有比充满爱心者所创造的东西！！他们称这些东西为“善”与“恶”，更伟大的权力。

这个褒贬的权力其实是一个怪物。告诉我，兄弟们，谁能为我将它降服？谁能把一条锁链套在这头怪兽的一千个脖子上？

迄今为止，我们曾有一千个目标，因为有一千个民族。然而要套在一千个脖子上的锁链尚未找到，同时也缺少一个目标。人类还没有一个目标呢。

但是，请告诉我，兄弟们，如果没有人类的目标，是否并不表示就没有人类本身呢？

查拉图斯特拉如是说。

16 睦邻

你们忙着与邻人交好，必须多讲好话。不过我告诉你们：对邻人示好，就有违你们的自爱。

你们与邻人交往以逃避自己，并且想把爱邻当作一种美德，但是我看穿了你们这种“无我”的行为。

“你”比“我”更久远，“你”被神化，而“我”则没有。因此你们会忙着与邻人交好。

我劝你们爱邻吗？我劝你们逃避邻人，去爱远处的人。

爱远处的人和未来的人胜过去爱邻人，而对万物和幻影的爱则高于对人类的爱。

我的兄弟，走在你前头的幻影比你美好得多，何不赋予它你的骨和肉呢？然而你却害怕，躲到邻人中去。

你无法忍受自己，对自己爱得不够，所以你们想诱使邻人陷入与己类似的爱中，而以他的错误来遮掩自己。

但愿你们无法忍受任何近在周围的人及其邻人，如此你们就得自己创造一个朋友与一颗洋溢的心。

当你们想夸耀自己时，便叫来一个证人，若你们能博得他的好感，那也必能博得自己的好感。

说谎的人不仅故意装作不知，更会不知而装作知。你们与人交往时，不住地如此提醒自己、欺骗邻人。

傻子说："人际关系会破坏一个人的特性，尤其是对一个毫无特性的人而言，更是容易受到破坏。"

这个人之所以进出左邻右舍，乃是为了寻找自己；而别人之所以进出左邻右舍，则是为了摆脱自己。你们那谬误的自爱，使你们的孤独形成一座监狱。

远处的人为了你们的爱邻而付出不少的代价，而当只有你们五个人在一起时，就永远不可能有第六个人存在。

此外，我也不喜欢你们的各种喜庆宴会。我觉得在那些场合中有着太多的伶人，即使是观众也往往表现得像他们一样。

我不教你们如何爱邻，而教你们如何交友。让朋友成为你们的大地庆典和超人的预演。

我教你们如何交友以及交他那颗洋溢的心。假如你们想被朋友那颗洋溢的心所爱，就当知道如何使自己成为一块海绵。

我教你们如何结交那内心仍保存完整的世界而外表也善良美好的朋友，这种富于创造力的朋友总是随时准备献上完整的世界。

世界对他由舒而卷，就像从恶演变成善，从偶然演变成目的。

让远处与未来之人作为你今日一切作为的动机，你当爱你朋友身上的超人。

兄弟们，我不劝你们爱邻，我劝你们要爱远处的人。

查拉图斯特拉如是说。

17 创造之道

你愿离群而索居吗，我的兄弟？你愿寻找追求自我的道路吗？请暂且留步，听我相告。

“求之于外的人往往容易迷失自己，与世隔绝是不对的。”群氓都这么说，而你原本就属于群氓。

群氓的话还在你的心中回响，而当你说“我不再与你们共同抱持一个信念”时，那无异于在说你的不满与苦痛。

看，这苦痛就是由群氓的共同意识引起的，而最后的回光仍在你们的磨难中闪烁不已。

然而你是否愿意踏上这条磨难之路，追求自我之路？

如果愿意，那就把你的权威和力量展现出来吧！

你是不是一种崭新的力量和权威，是不是第一动因或自转之轮？你能迫使星球围着你而旋转吗？

啊！渴望提升的欲念着实太多了！野心勃勃的人太容易激

动，展现你不是一个充满欲望和野心的人吧！

啊！许多伟大的思想都和风箱没有什么两样，当其鼓胀时，内在却更加空虚。

你认为自己是自由的吗？我希望听到的是你所掌握的思想，而非你摆脱枷锁的佳音。

你是否有资格摆脱身上的枷锁呢？有许多人一旦获得解放，他的最后一点价值也就会跟着丧失。

你从何处获得自由，那与查拉图斯特拉又有什么关系！然而你的眼睛很明白地告诉我：为何而求取自由？

你是否能断定自己的善恶，并像支配律法那样驾驭自己的意志？你能审判自己，并报复对自己不公正的律法吗？

和自己的律法法官与报复者独处是十分可怕的，一个星球就是这样被投射到广漠的太空和孤寂的大气中。

如今，你这孤寂者仍在为群氓而感到痛苦，也同时还保有你那不折的勇气和希望。

然而，总有一日，孤独会令你感到倦怠，你的高傲会有所屈服，你的勇气会化为乌有。总有一日，你会高喊："我是孤独的！"

总有一日，你再也见不到自己的崇高形象，而只留下贴身的卑微，你的尊荣会幽灵般地令你害怕。总有一日，你会高喊："一切都是虚伪的！"

有许多的情感想处死这个孤独者，假如未能如愿，只能自生自灭！然而你下得了手吗？

我的兄弟，你们是否已然了解"轻蔑"这个字的意思？以及对轻蔑你的人也得公平正义的苦涩滋味?

你迫使许多对你持不同看法的人改变了意见，所以才招致他们的不满。你走近他们，却又擦肩而过，他们永远不会原谅你。

你走在他们的前头，但你升得愈高，在嫉妒者的眼中便愈发显得渺小，尤其是在天空飞翔者更是为人所深恶痛绝!

“你们是否该对我公平些呢？！”你应当说，“我将你们对我施加的不公平待遇当作我应得的。”

他们给予孤独者的是不公与污辱，然而，我的兄弟，假如你想成为一个星球，那就得毫不计较地依旧将光照耀在他们的身上!

谨防那些善良与公正者！他们很喜欢将自创道德标准的人钉在十字架上，他们憎恨孤独者。

也要谨防那些把单纯当作神圣的人！在他们看来，凡是不单纯的，都是邪恶的；此外，他们喜欢玩火，用火刑处置异端。

同时谨防爱的偷袭！遁世者往往太早将手伸给他所遇见的人。

其实，对于有些人，你根本无须伸手，而只要伸脚，最好你的脚上还有利爪。

不过，你可能遇见的最大敌人还是你自己，你埋伏在山洞和森林中，随时准备着偷袭自己。

你这个孤独者所走的是追求自我的路，而此路要经过你自己和你的七个魔鬼!

你将成为自己的异教徒、巫师、卜者、疯子、怀疑者、亵渎者，以及歹徒。

你应当随时准备自焚于本身的火焰中，假如你不先化为灰烬，将如何能获得新生呢？！

你这个孤独者所走的是要求成为一个创造者的路，你想从你的七个魔鬼之中创造一个上帝出来！

你这个孤独者所走的是要求成为一个充满爱心者的路，只因你爱自己，所以你有就像充满爱心的人一样地蔑视自己。

充满爱心的人，因为蔑视现存的一切而想创造新的！假如他不正是蔑视自己所爱的一切，他对爱又了解些什么呢？

将你的爱和创造力都带到你的孤独中去吧，我的兄弟，公道自会慢吞吞地跟在你的后面。

将我的泪水带到你的孤独中去吧，我的兄弟，我深爱那个为了想超越自己而牺牲的人。

查拉图斯特拉如是说。

18　老妇与少妇

“查拉图斯特拉，你为什么要在暮色黄昏中潜行？你如此谨慎地藏在外套下的又是什么东西呢？

那是别人给你的宝贝吗？或者是你刚生下的小孩？或者是你这个魔鬼的朋友在干小偷的勾当？”

“其实，我的兄弟，”查拉图斯特拉说，“这是别人给我的宝贝，是我随身携带的一个小小的真理。但它像孩童般地顽皮，如果我不塞住它的嘴，它会大声尖叫。今天太阳快下山的时候，我独自在路上行走，遇到一位老妇人，她向我的灵魂宣教：

‘查拉图斯特拉也曾向我们女人谈过许多话，却从来没有提到女人的事。’

我回答她：‘我只向男人提女人的事。’

‘你也不妨对我谈谈，’她说，‘我的年纪大了，很快就会忘掉你所说的一切。’

我答应了这位老妇人：

‘女人的一切是一个谜，同时也只有一个答案，那就是生育。

男人对女人而言只是一种工具，目的是孩子。然而，女人对男人而言则是什么呢？

真正的男人只需要两件事：危险与游戏。

因此他需要女人，以作为他最危险的游戏。

男人是养来打仗用的：女人是养来供战士的消遣，其他一切尽是疯狂。

战士们不喜欢太甜的果实，所以爱好女人，因为即使是最甜美的女人也会有点苦涩。

女人比男人了解孩子，但是男人比女人稚气。

真正的男人，其内心中多半深藏着一个孩子，他只想玩耍。你们这些女人，快去找出男人心中的那个孩子吧！

让女人成为透明而精致的珍奇异宝，有如宝石般的，绽放出未来世界的道德之光！

让星球在你们的爱情中发出光热吧！让你们的希望说：但愿我能孕育超人！

让勇气充满你们的爱情吧！利用你们的爱情去攻击使你们惊

惧的人！

让你们的爱情也有荣耀吧！女人并不怎么了解荣耀，但是你们的荣耀乃在于爱人甚于被爱，而且永远不落人后！

当女人爱的时候，男人都畏惧她。这样，她就会做出任何牺牲，而对其余一切视如无物。

当女人恨的时候，男人都畏惧她。男人的内心只是不良而已，女人的内心则十分鄙贱。

女人最恨谁呢？

铁对磁石说：我最恨你，你吸引我，却又没有足够的力量能使我附着于你。

男人的幸福是‘我要’，女人的幸福是‘他要’。

看啊，现在世界变得完美了，当每个女人全心全意地服从男人时都这么想。

女人必须服从，并为她的肤浅表面找一个深度的掩饰。女人的灵魂有如浅水表面那层飘动不定的波纹。

然而，男人的灵魂是深邃的，他那巨流在地底的涵洞中澎湃着。女人感受到那股力量，却无法了解。’

接着老妇人回答：‘查拉图斯特拉说了许多金玉良言，尤其对那些年轻的女人来说，这些话都很宝贵。

奇怪的是，查拉图斯特拉对女人了解得并不多，但是他说的那些关于女人的事都很有道理！难道这是因为女人具备一切的可能吗？

现在我以一个小小的真理来聊表对你们的谢意吧，以我的年龄，应当是够资格的。

将它缠缚起来，并封住它的嘴，否则这个小小的真理会叫得太大声。’

‘女人，给我那个小小的真理吧！’我央求。

而老妇人便这么告诫：‘你到女人那里去吗？不要忘了带着你的鞭子！’”

查拉图斯特拉如是说。

19 蛇噬

有一天，查拉图斯特拉在一株无花果树下睡着了，由天气十分炎热，所以他用手臂掩着脸。突然有条蛇在他的颈上咬了一口，查拉图斯特拉痛得跳起来。他将手臂从脸上移开，并注视着那条蛇，而那条蛇顿时认出了查拉图斯特拉的眼神，笨拙地扭动身躯想逃跑。

“且慢，”查拉图斯特拉说，“我还没有向你道谢呢！我的路程还很遥远，是你及时将我从梦中惊醒。”

“我想你的路程不远了，”那条蛇很伤心，“我的毒液能置人于死地。”

查拉图斯特拉微微一笑说：“你几时见过一条龙因为中了一条蛇的毒而死的？将你的毒液收回去吧！你的毒液并不多到足以送我分享。”

于是，那条蛇又爬到他的颈上，吸吮它的毒液。

查拉图斯特拉后来将这件事告诉他的门徒。

他们立刻就问："噢，查拉图斯特拉，这个故事的道德含义何在呢？"

查拉图斯特拉如是回答："那些善良与公正的人都说我是道德的破坏者。我这个故事是不道德的，非议道德的。

然而，假如你们有仇敌的话，千万不要以德报怨，因为这样会使他感到耻辱的。相反，你们要证明给他知道：他做了件对你们有益的事。

与其羞辱任何一个人，还不如怒斥他！当你们受到诅咒时，我会因你们不苛求别人的祝福而感到十分高兴。你们也不妨施些诅咒吧！

如果有人让你们受到极大的委屈，那么你们也不妨马上将小委屈施加在别人身上——让人独自受委屈是一件很难堪的事。

你们可知道？大家都同样受不公平的待遇，不也近乎是一种公平吗？而凡能忍受委屈的人就应当多承担些！

一个小小的报复比完全不加报复更近人情。假如这项惩罚对犯错者并不是一种权力或荣誉的话，那我是不会喜欢你们的惩罚的。

宁可自己受点委屈以维护别人的权力是一种高贵的行为，尤其是在自己得理的时候。不过，那必须先要有做这种事的宽宏大量。

我不喜欢冷酷无情的公正。从你们法官的眼中，我可以看到刽子手的漠然与那把令人心寒的钢刀。

请告诉我：我们在哪里可以找到那种包含着爱的清亮眼神中的公正？

为我设计一种能同时承担一切惩罚与罪恶的爱吧：

为我设计一种除法官外其余人都判无罪的公正吧，

你们还要听我说吗？对诚心想追求公正的人而言，即使是一句谎言也会变成博爱的行为。

然而，我如何能做到由衷的公正呢？我如何能做到给予每个人所需要的一切呢？我想还是这样吧：我给予每个人属于我自己的一切。

最后，兄弟们，千万不要对遁世的隐者有不当的行为。否则他会谨记在心并加以报复！

遁世的隐者有如一口深井，投石于井，轻而易举。但是，假如石块沉到了井底，那么请告诉我，谁能将它取出来呢？

千万不要伤害到遁世的隐者！如果你们已经伤了他，那就干脆杀死他吧！”

查拉图斯特拉如是说。

20　孩子与婚姻

我的兄弟，现在我要问你一个问题。我将这探测器似的问题掷入你的心中，去探测它的深度。

你年轻，总是渴望孩子和结婚。不过，我问你：你够资格拥有一个孩子吗？

你是个胜利者、自制者、自身情欲的支配者和道德的主宰吗？我如是问你。

或者是你体内的某种兽性在诉说你的愿望、需求、孤独和自我的矛盾？

我真诚地愿你的胜利和自由期求一个孩子，你则应当为你的胜利与解放，建立一个活生生的纪念碑。

你要制造出超越自己的一切，为此，你必须先将自己的灵魂与肉体都造得四四方方的。

你不仅要往前，同时也要向上繁衍自己！为此，就让婚姻助你一臂之力！

你要创造一个高超的身体，一个开启的动力，一个自转的轮子。你要创造一个创造者。

我所谓的结婚，是以两个人的意志去创造一个凌驾他们之上的人；我所谓的结婚，是指互相尊重，是具备这个意志的人互相尊重。

就让这作为你结婚的意义与真理吧。但是那些多余之人所谓的结婚，以及那些被制造出来的过剩者。唉，我该如何称呼呢？

噢，那不过是一对贫乏的灵魂、污秽的灵魂而已！噢，那不过是加倍地可怜的自满而已！

他们称此为结婚，而他们的婚礼却在天国完成。

如果是这样，我就不会去喜爱那个多余之人充斥的天国，也不欣赏这种被天国之网缠住的动物！

愿那个上帝不要接近我，他跛着脚来祝福并未与自己相结合的一切。

不要嘲笑这样的婚姻！哪个孩子没有理由为自己的父母感到悲

伤呢?

我觉得这个人是可敬的，同时也十分圆熟并能够掌握大地的意义。但是当我看到他的妻子，却又蓦然惊觉这个大地仿佛变成了疯人院似的。

噢，当我目睹一个圣者与一只雌鹅结成配偶时，真希望马上来个大地震。

这个人有如探险的英雄般出发寻找真理，结果只得到一个被装饰过的小谎言。他称此为婚姻。

那个人交友十分谨慎，眼光很高，然而他突然降低了自己择偶的条件。他称此为婚姻。

另外有个人在寻找一个具有天使美德的侍女，不过，他自己却忽然变成一个夫人的侍女，现在他自己也需要变成一个天使了。

我看到所有的买主都很小心翼翼，并睁着一对机灵的眼。然而，纵使最精明的买主，也一样在盲目地选购他的妻子。

许多短暂的疯狂，你们所谓的爱情，因为你们的结婚而结束，然而代之而起的却是长久的愚昧。

你们对女人的爱以及女人对男人的爱。唉，但愿这是对隐身而受苦之神的同情！不过，两个动物多半是能彼此找到对方的。

然而，纵使是你们最不凡的爱情，也不过是一种痴迷的狂欢和痛苦的激情而已。那是一支火把，它照亮了你们向上爬升的道路。

总有一日，你们会爱那超越自己的一切！故此，先学习如何去爱吧！因此，你们必须饮尽爱的苦酒。

纵然是不凡之爱的杯中也装满了苦酒，如此才使得你产生对超人的向往之情，同时也使你这创造者感到干渴！

创造者所渴求的是成就超人的愿望和射向他的箭。告诉我，兄弟，这就是你一心想要结婚的意向吗？

我认为这种意向和这种婚姻都是神圣的。

查拉图斯特拉如是说。

21　自愿的死亡

有许多人死得太晚，而有些人则又死得太早。不过最叫人感到怪异的还是这句格言："要死得其时！"

要死得其时——查拉图斯特拉如此教人。

事实上，生不得时的人，怎么可能死得其时呢？最好是他不要生，我对多余之人这样相劝。

不过，多余之人也把死看得很重而且煞费心血，有如最空的核桃也想让人敲破。

每个人都把死当作一件大事，然而，死又称不上是什么重大的庆典节日，所以人们尚不知该如何来安排举办。

我要让你们知道怎样才是圆满的死亡，对活着的人，这也是一种鼓舞与允诺。

完人志得意满地离开人世，一些满怀希望与信誓旦旦的人则围绕在他的身边。

一个人就是学习这样的死亡。假如死者无法使活人的誓言获得神圣的敬意，自然就不会有任何庆典了。

这样的死最好不过，其次是死在战场，将一个伟大的灵魂奉献出来。

不过，战斗者和胜利者所厌恶的是你们呆板的死亡，它像小偷般蹑手蹑脚地潜入，却是来当主人的。

我要向你们赞美我的死亡，自愿的死亡，唯有在我需要它的时候，它才会到来。

我什么时候需要死亡呢？有目标、有继承者的人，只在为达成目标和让继承人接棒时，才需要它。

为了表示对目标和继承者的尊重，他绝不将已经枯萎的花环悬挂在生命的圣殿上。

说真的，我实在不愿让自己像个绳匠似的，他们总是把绳线拉长，自己却一直向后退。

还有许多人在自己的真理和胜利的面前变得老朽不堪，一张没有牙齿的嘴不再有任何追求真理的权力。

凡是追求盛名的人，应当适时舍弃那些虚浮的荣耀，而表现出难得的艺术，激流勇退。

当一个人显得最得意扬扬的时候，就要谨防别人的偷享。凡是想要受人长久喜爱的都知道这个道理。

有许多酸涩的苹果，它们的命运无疑得等到秋季的最后一日。那时，它们都已成熟，却也枯黄而干瘪。

有些人心先老，有些人则是精神先老。有些人年纪尚轻却已老态龙钟，不过，晚成的年轻人则能永葆青春。

对许多人而言，生命是一个失误。一只毒虫在啃噬他们的心。

因此，不妨让他们知道，他们的死等于是一项成功。

有许多人从来不会变得甜美，他们甚至在夏日便已开始腐烂，懦弱使得他们攀附枝头而不坠落于地。

像这样长久悬挂在枝头上苟且偷生的人太多了，真希望能来一阵大风雨，将树上已被虫蚀或腐烂的一切都摇落。

真希望来一些叫人速死的说教者！他们将是摇撼生命之树最适当不过的大风雨。

啊！你们在训示要忍受大地的一切吗？大地对你们这些亵渎者都太宽容了！

说真的，被长生的说教者所尊敬的那个希伯来人死得太早了，而他的早死，对众多的后人却是个大不幸。

他也只知道希伯来人的泪水和忧伤，以及善人君子的怨恨。这个希伯来人耶稣，他已被求死的愿望支配着。

他应该留在荒野，并远离善人君子！如果这样，他或许早就学会如何生活和热爱大地，以及如何发笑！

请相信这点，兄弟们！他死得太早了，假如他能活到像我一样的年纪，则他必定会否定自己的理论！他那高尚的人格会使他否定自己的理论！

然而他还未成熟。这个年轻人的爱仍然不够成熟，因此他幼稚地憎恨人类和大地。他的灵魂与精神的羽翼仍旧受到限制而无法自由飞翔。

一个成年的男人会比年轻人还稚气而少忧郁，因此他比较了解生与死。

自在地赴死，与死后得到解脱，当肯定已成过去，跟着而来的就是神圣的否定，他对生死这么理解。

朋友们，愿你们的死并未亵渎人类和大地，我向你们的灵魂之蜜祈求。

但愿你们的精神与道德在死亡之中，仍能像黄昏的落日余晖一样，照耀着大地，否则你们会死不瞑目。

朋友们，我愿如此死去，好让你们因我而更爱大地。同时，我也愿化作尘土，好让我能在生育我的大地上得到安息。

查拉图斯特拉确实有过一个目标，他抛出他的球。现在，朋友们，请作为我的目标的继承者吧，我将这个球传给你们。

朋友们，我特别爱看你们投掷金球的情景，所以我还要在世上多停留一会儿，为此请原谅我！

查拉图斯特拉如是说。

22　施与的道德

一

当查拉图斯特拉依依不舍地离开“斑牛镇”时，许多自称其门徒的人跟在后面相伴而行。沿路走到一个交叉口，查拉图斯特拉就对他们说，他想要自己一个人走，因为他喜欢独行。门徒道别时，送给他一根手杖，金色的把柄上镂刻着一条盘绕太阳的蛇。查拉图斯特拉十分喜爱这根手杖，拄杖而立，对他的门徒宣讲：

“请告诉我，为什么金子会得到最高的评价呢？

因为它难得而无价，光泽柔和，而且常常自我施与。

金子之所以能获得最高的评价，只因它是最高价值的象征。施与者的眼光有如金子般地闪亮。金子的光泽调和了太阳与月亮。

最高的道德十分难得而且价值连城，同时还散发着柔和的光泽，施与的道德乃是最高的道德。

其实，弟子们，我猜透了你们的心思：你们和我一样，都在追求施与的道德。然而你们和猫以及狼之间又有什么相同的地方呢？

你们一心想使自己变成牺牲与礼品，所以渴望在灵魂深处贮存所有的财富。

你们的灵魂对珍宝的追求是贪得无厌的，你们的道德在施与的信念中永不知足。

你们强制一切归属你们而将其吞没，然后再使它从你们的源头倒流出来，作为你们对其示爱的回赠。

事实上，诸如这种施与之爱必会成为一切价值的剥夺者。不过，我认为这种自私的行为是正常而神圣的。

另有一种自私，则太过贫困而饥馑，因此易犯偷窃，这就是一种不正常的自私、病态的自私。

这种病态的自私会用灼灼贼眼，注视一切发光的东西，同时也会用饥馑的渴求来打量油水丰足的人，它永远在绕着施与者的桌子匍匐爬行。

疾病与无形的退化在这种渴求中喁喁细语，这个自私的窃贼般的渴求，正诉说着一个病态的肉体。

兄弟们，告诉我，最坏的是什么呢？不就是退化吗？我们觉得，当灵魂缺少施与之心时，就是退化的开始。

我们所走的是进化之路，因此，我们厌恶那退化的想法，它说：‘一切都归我。’

我们的意识向上飞扬——如此一来，意识也就成为肉体的一种拟态，提升的拟态。而这类提升的拟态就是各种道德的名号。

肉体有如不断演进的斗士，从历史中披荆斩棘而过。至于精神，对肉体来说，它又是什么呢？是肉体战斗与胜利的先锋、伙伴和策应。

所有善恶的称谓都不外是一些比喻罢了，它们只暗示而不能说明什么。也唯有傻子才会在这些称谓中苦寻知识！

兄弟们，当你们的精神想用比喻来表示什么时，务必要注意，你们的道路便发端于此。

那是你们肉体的提升与复苏，因为它的喜悦，精神也顿时达到忘我境界，所以它才变成创造者、价值评估者、充满爱心者，以及万物的施与者。

当你们的心灵像大河般地泛滥时，对住在低洼地方的人来说，既幸福而又危险，你们的道德便发端于此。

当你们把所有的毁誉褒贬置之度外，你们的意志充满爱心地想驾驭一切时，你们的道德便发端于此。

当你们鄙视柔软而舒适的床铺，而在休息又唯恐避之不及时，你们的道德便发端于此。

当你们抱持一个共同的意志，而改变一切又是你们的当务之急时，你们的道德便发端于此。

其实，这是一个崭新的善恶：是一个来自崭新源泉的深沉之轻轻低语，这个新的道德是权力，是一种统御的思想，与一个拥抱这一思想的敏锐灵魂，一个金色的太阳，与一条盘绕太阳的知识之蛇。”

二

说到这里，查拉图斯特拉停了一下，他以怜爱的眼光看着门徒，然后又继续说下去。他的声调有些改变。

“兄弟们，用你的道德力量使大地不受虚伪的污染！让你的施与之爱和知识都灌注到大地的意义中吧！我这样祈求你们。

千万不要让你们的道德飞离大地，而以其双翼拍击着永恒的城墙！啊，总有许多浮躁不安的道德：

像我一样引导因浮躁而迷失的道德返回大地。是的，还给肉体与生命，这样它才能赋予大地意义，一个人类的意义！

迄今为止，精神以及道德已经迷失而跌倒了千百次。我们身上仍然还留存着这些幻想和错误——它们已变成我们的肉体与意志。

迄今为止，精神以及道德已经尝试而失败了千百次。不错，人类就是一种尝试。啊，许多的无知与谬误都化成了我们的血肉！

不仅是千年的理性——还有疯狂，都在我们身上发作。做个继承者是相当危险的。

我们仍和机会做逐步的争斗，而直到目前，荒谬和无知依旧控制整个人类。

兄弟们，让你们的精神与道德奉献给大地的意义。让一切价值由你来重新评定吧！所以你们要做斗士！要做创造者！

肉体十分理性地净化它自己，它想用知识来提升自己。悟道者将他的一切本能都神圣化，而超越者的内心则充满喜悦。

大夫，请先医治你自己吧，这样也就等于医治了你的病人，给病人最好的诊疗是亲眼目睹自愈。

千百条的道路未被践踏；千百种有益健康的天然资源和隐藏的生命之岛也未被发现。人类与整个世界还没被开发利用过。

醒来听我说吧，你们这些孤独的隐士，挥着健壮之翼的风从未来飘过来，一路寻找善闻的耳朵来传递好消息。

你们这些今日的隐士，你们这些离群索居者，有朝一日，你们也会自成一个民族。你们从自己之中做了一番选择，因此将来也会有一个挑选的民族兴起——并且从中诞生超人。

真的，这个世界终将完全康复！一股新的气息正弥漫着大地，一股得救的气息——与一个新的希望！”

三

查拉图斯特拉说完这些话之后，又停顿了下来，好像他还没有说到最后一句话似的。他犹疑地扶着手杖，最后开口说道，他的声调又有些改变。

“弟子们，现在我要独自走了，你们也各自离去吧，我衷心期望这样。

真的，我劝告你们：离开我，并谨防查拉图斯特拉，最好是为他感到羞耻！或许他欺骗了你们。

有知识的人不能只知爱他的敌人，还要能恨他的朋友。

如果一个人始终只是为人弟子，他必然不会感激他的老师。

你们为什么不把我的花冠摘下来呢?

你们尊敬我，但若有一天你们那份尊敬之心崩溃了的话，又会怎么样呢？千万小心别让一座石像将你们都压扁了！

你们说，你们信从查拉图斯特拉，然而这与查拉图斯特拉何干！你们是我的信徒，但是这与所有信徒又有何干！

你们还没有去寻求自己，就先来找我。所有的信徒都是这样，所以一切信仰也都不足取了。

现在，我要你们将我遗忘，去寻找自己。唯有当你们都摒弃我的时候，我才会回到你们身边。

真的。兄弟们，那时我将用另一双眼来寻找我所失去者，并且用另一种爱来爱你们。

终有一日，你们仍是我的朋友，与一个希望之子，然后我将第三度与你们在一起，以共同庆祝这伟大的正午时分。

所谓伟大的正午时分，就是人类正站在野兽与超人之间的路中央的时刻，也是在庆祝他将前往黄昏的行程视为最高希望的时刻——因为那行程也是通往一个崭新的早晨。

这时，趋向终点的人庆幸自己即将成为一个走完全程者，而他的知识太阳也正处于正午时分。

‘所有的神都已死了，现在我们要使超人活起来！’就让这个信念作为我们在这伟大正午时分的最后意志吧！”

查拉图斯特拉如是说。

卷二

“唯有你们抛弃我的时候，你们才能找回自己。

真的，兄弟们，那时我将用另一双眼来寻找我所失去的东西，并且用另一种爱来爱你们。”

——卷一：“施与的道德”

23 拿着镜子的小孩

离开了门徒，查拉图斯特拉又回到山上，恢复穴居的孤独生活，并远离尘嚣，就像一个播种者在撒下种子之后等待它发芽似的。然而，他内心十分焦急，并且对他所爱过的人们满怀着期望，他还有许多东西要给他们。而这也是最为难的：收回因爱而伸出的手，同时表现得像个施与者一样矜持。

这个孤独的隐士如此度过了许多年月，而他的智慧也同时在不断增长，并因之使他万分痛苦。

一天早晨，他在黎明之前醒来，躺卧床上做深刻的思考，最后，他对自己说：

“为什么我会从梦中惊醒呢？不是有个小孩拿着一面镜子向我走来吗？

‘噢，查拉图斯特拉，’那小孩对我说，‘对着这面镜子照

一照自己吧！'

但当我望向镜子时，不由得尖叫了一声。我的心万分惊悸，我在镜子里看到的并非自己，而是一个魔鬼以及他苦痛与嘲讽的表情。

真的，我很明白这个幻象的预兆和警示：我的学说正处于危险之中，稗子意图妄称良稻。

我的敌人日益壮大，并且歪曲了我的学说的面貌，因此使我爱过的人为曾经接受我赠送的礼物而感到羞愧。

我的朋友相继离我而去，寻找我的信徒的时刻到了！”

查拉图斯特拉说完之后，从床上起来。现在他不像是个急于求救的人，反倒有如一个全神贯注的幻想家与诗人。他的鹰和蛇在一旁十分诧异地看着他，就如微红的黎明一样，即将到来的幸福正洋溢在他的脸上。

“我的鹰与蛇啊，我到底是怎么啦？”查拉图斯特拉说，“难道我没有什么改变吗？幸福不是有如一阵风暴似的向我席卷过来吗？

我的幸福还不够聪明，它只会说傻话，它还过于年轻，要忍耐着它！

我被我的幸福所伤，就让所有的痛苦者做我的医治大夫吧！

我将再度下山，去找我的朋友和敌人！查拉图斯特拉依旧可以教诲他所爱的人，并将他的至爱施与他们！

我这焦急的爱像湍流般地奔腾不已，涌向日出与日落。我的心离开了沉静的山峰与痛苦的风暴，转而投入纷扰的深谷。

我已经期待与瞻望远方过于长久，我已经隐世独居过于长久，于是我忘掉了沉默。

我已全然变成一种款款的倾诉以及自山涧流过的淙淙细水，我要把我的言语都丢到深谷里去。

同时，也让我的爱之河流过崎岖不平的水道吧！难道一条河流最后还会找不到它的出海之路不成！

在我心中，确实有一个湖，一泓幽静而自足的湖，然而我的爱之流水却牵引它奔向大海。

循着新的路径，我找到一种新的语言。就像所有的创造者一样，我已倦于破旧的语言，我的精神不想再穿着破旧的鞋子行走。

所有的语言对我而言，都显得太过呆滞。噢，暴风雨，我要跃入你雷闪电掣的车中！纵然对你，我也要用我的怨恨来鞭挞！

我要像一声高喊或欢呼般地横渡大海，直到找到我的朋友所逗留的幸福之岛。

我的敌人和朋友相处在一起！现在，我是多么喜爱每个能够与之深谈的人啊！即使是我的敌人也值得我为他祝福。

当我想要骑上我那最狂野的马时，我的长矛总能给我极大的帮助。它一直是我双脚的忠仆。

这支我用来投掷敌人的长矛！我是多么感谢我的敌人，他使我有机会将长矛投掷出去！

我云层的电压太过强烈：在雷霆电闪的纵笑中，我将冰雹如雨般撒向大地的深处。

我非常起劲儿地挺起胸膛，同时卷起强烈的风暴袭向山头，如此我的心胸才稍得舒缓。

我的幸福和自由的确来得有如一阵风暴！然而我的敌人会以为这是魔鬼在他们的头上咆哮。

是的，我的朋友，你们也会为我的狂野智慧所惊骇，或许你们会和我的敌人一起逃避它。

啊，但愿我知道如何用牧笛招引你们回来！啊，但愿我那如狮子般的智慧能够学习如何柔和地轻吼！我们在一起互相学习了许多的东西！

我那狂野的智慧曾在孤寂的山上孕育了一段时间，结果在嶙峋岩石中诞生最幼小的婴儿。

现在它疯狂地在荒漠中四处奔驰，想要找寻有水草的绿地，我那老迈而狂野的智慧！

我的朋友，在你们心灵中的绿地上，亦即在你们的爱里面，它会将最怜爱的幼子置于其中安眠！”

查拉图斯特拉如是说。

24 在快乐之岛

甜美的无花果纷纷从树上坠落下来，而在坠落的时候，它们那红色的表皮都自己裂开了。我则是使它们成熟的北风。

我的朋友，这些学说也像无花果似的落在你们身上，尽情吸取它们的甜美汁液吧！现在正是秋季里一个晴朗日子的午后。

看哪，我们的周围是如此多姿多彩！从这多姿多彩的土地望向遥远的大海，真令人兴奋不已。

在往昔，当人们极目远眺遥远的大海，就会提到上帝，但是，现在我要教你们诉说超人。

上帝只是一个臆想。然而，我希望你们的臆想不要超出你们创造的意志。

你们能创造一个上帝吗?

那么，请不要对我谈诸神的事！但是你们却能创造超人。

我的兄弟，创造超人的或许并非你们自己！但是你们可以把自己变成超人之父或先人，让你们自己作为你们的最佳创作吧！

上帝固然是一个臆想，然而我希望你们的臆想是在可以想象的范围内。

你们能想象得到一个上帝吗?

那么，就将一切变成人类可以想象、目睹与触摸的努力，作为你们追求真理的意志吧！你们应当将自己的理解力推至顶点！

你们所谓的世界，应当是由你们一手所创造的。你们的理智、外表、意志以及爱，都应当变成自己的世界！而这些都是为了你们的幸福着想，真的！

如果没有抱有这个希望，你们这些追求者又怎么忍受得了生命呢?你们绝对无法活在一个不可理解或没有理性的世界。

朋友，我愿对你倾吐我的肺腑之言：如果有上帝，我岂能忍受自己并非那上帝！因此，上帝并不存在。

是的，我曾做过这样的结论，而它现在却引导着我。

上帝只是一个臆想。然而有谁能饮尽这个臆想的苦酒而不死呢?难道他能从创造者的手中取得他的信仰，并凭借鹰翼而搏击万里长空?

上帝只是一个概念，它能以直为曲，以正为反。什么？时间一去不返，而所有会朽灭的存在物，只是一句谎言?

这种想法无异于因人身体的旋转而引起的反胃。说真的，这样的胡思乱想会使人头晕眼花。

我认为所有像这种单一、冗长与固定的说理，都是有害而不近人情的。

所有的不朽，不过是个比喻而已！不过是诗人们的花言巧语。

最佳的比喻应当道及时间和无常的变化，它们应当是对会朽灭之一切的赞美和辩护。创造乃是痛苦的解脱与生命的慰藉。但为了孕育创造者，痛苦和多种变形的经历必不可少。

是的，在你们这些创造者的生命之中必有许多濒临死亡边缘的痛苦！只有这样，你们才能“拥有”与辩护会朽灭的一切。

为了使创造者自己成为新生的婴儿，他必须勇于做一个产妇，并承担分娩的痛苦。

真的，我曾在我的行程中穿越一百个心灵、一百种摇篮和分娩的阵痛。许多次我轻声道别，在我所知道的令人肝肠寸断的最后时刻。

然而，我的创造意志和命运要我如此。或者说得坦白些，这个命运就是我的意志所期望的。

所有感情都被囚禁在我心中而备尝痛苦的滋味，然而我的意志却是我的解放者和慰藉者。

意志解放一切，这是意志和解放的真义。查拉图斯特拉就是如此开示你们的。

不再决定意志；不再评估价值；不再创造！噢，但愿我永远活力充沛、神采飞扬！

在追求之中，我只感受到一种意志的创生与通透的喜悦，如果说我的知识还有几分纯真，那是由于其中尚保持着创生的意志的缘故。

就是这种意志引导我离开上帝和诸神，若是上帝和诸神还存在的话，那还创造什么呢？

然而，我那强烈的创造意志，却迫使我再回到人群中，像铁锤被迫要击打石块。

你们这些人类啊，有个形象，我想象的形象，正在石块里面安眠！啊，它应当睡在最坚硬、最丑陋的石块中！

此刻，我的铁锤正毫不留情地敲击着它的牢狱，碎石纷飞，一片零乱，那跟我又有什么关系？

我要完成这座石雕像。因为一个影子曾来找我，这个万物之中最为安静，最轻巧的精灵曾在我的心中出现。

超人的美丽风采曾有如影子般地在我心中出现。啊，兄弟们！诸神跟我又有什么关系！

查拉图斯特拉如是说。

25　同情者

朋友们，我听到有人在挖苦："看查拉图斯特拉，他在我们当中漫步，不就像在动物当中漫步。”但是，如果这样说的话，那就更漂亮了：“追求者行走于人类之间，像行走于动物之间。”

对追求者而言，人类乃是属于有着红颊的动物。

为什么会如此呢？难道不是因为人类必定经常感到羞愧的缘故吗？

噢，我的朋友！追求者这样说道：羞愧、羞愧、羞愧，那就是人类的历史！

因此，高贵者绝不使人受窘，而他自己却在所有苦难者的面前感到无地自容。

真的，我不喜欢他们那些慈善者，他们以同情别人为乐，他们太缺少羞愧之心。

即使我不得不对别人表示同情，也不愿别人心中这么想；如果我真的要同情别人，我会站得远远地表示。

在别人认出之前，我会掩面而逃。我的朋友，希望你们也能如此！

但愿我有幸经常在我的旅途中遇到你们这些无忧无虑的家伙，以及那些能与我共享希望和甜蜜的人。

真的，我之所以这么做，完全是为了那些苦难者，而当我更懂得如何享乐时，我就觉得自己已把事情做得更加理想。

自有人类以来，人就很少真正快乐过。兄弟们，这才是我们的原罪！

当我们学会如何使自己更加快乐时，最好忘掉伤害别人和制造痛苦两件事。

因此，每当我帮完苦难者之后，就洗净我的双手，擦拭我的心灵。

在目睹苦难者所受的不幸，我因他们的羞愧而羞愧，而在帮助他们的同时，我已深深地伤到了他们那颗高傲的心。

大恩徒然换来报复，而不能让人产生感激之情。如果些许小惠不被遗忘，终将变成一条蚕蚀的虫。

“不妨羞愧地接受别人的施与！以接受施与来表现你的与众不同吧！”我这么忠告那些无可施与者。

然而，毕竟我是个施与者，我喜欢以朋友之间平行往来的态度进行施与。不过也让陌生人和穷人自己来采撷我树上的果实吧。这样才不会使他们感到汗颜。

同时，我们应当完全摒弃乞丐！真的，无论对他们施与或不施与都令人生气。

此外，也得摒弃罪人与恶人！朋友们，请相信我：良知的刺会引导他们去到处乱蜇。

总之，鄙琐无益的思想是最坏不过的。说真的，即使做坏事也比只会一味胡思乱想好得多！

不错，你们说：“些许小恶的妄想之乐可以使我们免于铸成许多大恶的行为。”但是，我们不应逃避这些大恶。

恶行就像是一个脓疮，它发痒、过敏，然后溃烂，它说得十分冠冕堂皇。

“注意，现在我是一种疾病。”恶行这样讲道。这是它光明正大之处。

然而，像传染病毒一样，鄙琐的思想四处游离着、躲藏着，直到全身都被这种病毒感染掏干。

我也会把这句话悄悄地告诉那些被魔鬼缠身的人："最好让你身上的恶魔长大！那对你来讲，也未尝不是一条达到伟大的道路！"

啊，兄弟们！我们对每个人了解得太少了！许多人对我们来说是透明的，但是我们仍不能洞悉他们！

要和人类在一起生活十分困难，因为不易保持缄默。

我们并非对触犯我们的人不公平，而是对完全不干涉我们的人不公平。

假如你有一个卧病的朋友，你就做他的休养之所吧。然而要有如一张硬床，譬如行军床，这样你才能使他很快恢复健康。

而如果有个朋友对不起你，你不妨说："我原谅你对我所做的一切，然而，如果你对自己也犯同样错误的话，那我怎能原谅你呢？！"

一切的大爱都这么说，它甚至超越了宽恕和怜悯。

我们必须牢牢掌握我们的心灵，一旦让它溜掉，我们的头脑也就立即停顿！

唉，世界上还有什么地方有比怜悯更愚痴的事呢？同时，还有谁会做出比同情者的愚行更令人痛心的事呢？

充满爱心者如果不能超越他的怜悯之情，则是一件十分可悲的事！

魔鬼曾经对我这么说过："上帝也自有其地狱，那就是他对人类的爱。"

最近我又听到他说："上帝死了，是他对人类的那份怜悯害死了他。"

因此你们要谨防怜悯，它会为人类带来一片厚重的云头！真的，我看得出凶象的征兆！

务必牢记这句话：所有的大爱都凌驾于怜悯之上，因为它想创造所爱的一切！

“我将自己献给我的爱，而我的邻人和我又有什么两样！”创造者都这么说。

然而，创造者是无情的。

查拉图斯特拉如是说。

26　传教士

有一天，查拉图斯特拉对他的门徒打了一个手势，并且说出这番话：

“这里有一些传教士，虽然他们是我的敌人，不过你们还是静默地从他们身边走过去而不要动刀吧！

因为，在他们当中也自有英雄，而且大多承受过很大的痛苦。所以，他们也要使别人痛苦。

他们是非常可怕的敌人，他们的温和极具报复之心，而且会随时鼓动接触他们的人。

不过，我的血和他们的血十分接近，所以我希望我的血能在他们的血中同样受到尊重。”

当他们离开之后，查拉图斯特拉顿时陷入痛苦之中，在与痛苦挣扎了一会儿后，他便喃喃自语：

“这些传教士很令我感动，却很难让我喜欢。然而，自我来到人世，这只不过是一件微不足道的小事。

虽说如此，我也和他们一样地曾经痛苦过，并且至今依然。我觉得，他们都是囚犯，有罪恶烙印的囚犯，而那个被他们称之为“救世主“的人却把枷锁置于他们身上。

一切都在虚伪价值与空洞言辞的禁锢中！噢，但愿有人能把他们从救世主手中拯救出来！

当他们被大海鼓荡起来的时候，心中还以为已经登上了一个小岛，然而那只是一个酣睡中的怪物。

虚伪的价值和空洞的言辞对人类来说，只是最可怕的怪物，命运老早就潜伏在他们身上等待着。

最后，它终于苏醒过来，并且吞噬了所有建在它身上的神殿。

啊，看看那些教士亲自建造的神殿吧！他们称自己馥郁的洞穴为教堂呢！

啊，那伪造的光明、污浊的空气啊！灵魂怎能在那里飞升到自己所期求的高度！

他们的信仰如此命令：‘你们这些罪人，跪着爬上阶梯吧！’

说真的，我宁可见到一个厚颜无耻的人，也不愿意去看那双被他们的羞愧和虔诚所扭曲的明眸。

究竟是谁替自己创造了这些洞穴和忏悔的阶梯呢？难道不是那些羞见青天白日而一心想隐藏自己的人吗？

唯有等到一线阳光穿透破屋子的天窗，再度望着断墙残壁上蔓生的杂草与罂粟时，我才会再回到这座上帝的宅子里来。

他们把折磨他们的那个存在称为上帝。真的，在他们的崇拜

中还非常具有英雄的气概呢，

除了将人钉在十字架上之外，他们根本就不知道如何去爱上帝！

他们只想行尸走肉般地苟活，同时还以黑袍将全身包掩起来。甚至从他们说教的语气中，我也能嗅出藏尸间所独有的那种恶臭。

住在他们附近，无异于住在污黑的池塘边，池塘里的癞蛤蟆以其甜美的嗓子叫出满腹忧郁。

他们还得唱得更动听，我才会相信他们的救主。在我看来，这些信徒比较像是得救者！

我想看他们的裸体！因为只有美才能叫人忏悔，但有谁会相信这伪装的痛苦呢？

其实，他们的救主本身并非来自那自由的七重天！真的，那些救主根本就从未踏上过知识的地毯！

那些救主的精神由诸多缺点构成，每个缺点里面都含有他们的迷妄，他们把这种迷妄称为上帝，作为上帝的替代品。

他们的精神沉浸在自身的怜悯中，当他们因充满怜悯而膨胀时，总会有一个极大的愚昧悬浮其上。

他们大声吆喝着焦急地将羊群赶到自己的步行桥上，好像只有这座桥才能通往未来；真的，那些牧羊人本身也还只是小羊罢了！

那些牧羊人具有狭窄的精神与宽阔的心灵。然而，我的兄弟，即使是最宽阔的心灵至今也是多么地狭隘啊。

他们在所经过的路上做了血记，而同时他们也荒唐地告诉别人：唯有血才能证明真理。

其实，血是真理最拙劣的见证人，它可以污染最纯洁的教义，并使之变成内心的迷妄和怨恨。

当一个人为了自己的学说而赴汤蹈火时，这证明了什么呢！真的，唯有从本身的真火煅炼之中，才能得到属于自己的学说，

炽热的心和冷静的头脑，在两者相遇之处，升起一股‘救主’的狂风。

其实，比那些救主和狂风更伟大、更高贵的人多得很！

我的兄弟，如果你们想找到通往自由之路，就必须求救于比救世主更伟大的人！

超人还不曾出现过。但我已见过最伟大与最渺小之人的裸体，他们彼此十分相似，真的，我发觉，即使是最伟大的人，也都太过人性化！”

查拉图斯特拉如是说。

27　有德者

我们必须以雷霆与天火间终日昏沉而懒散的感官说话。

然而优美的音调却是柔细的，它只传达给最清醒的灵魂倾听。

今日，我的小圆盾对我轻微地摆动并且发笑，那是圣洁之美的莞尔一笑。

今日，我的美在笑你们这些有德者，我听到它在说：“他们还要求回报呢！”

你们这些有德者还要索取代价！难道你们要求别人对你们的道德有所报答，并且对地酬以天，对你们的今日酬以永恒吗？

现在你们就因为我宣称并没有酬谢者或偿付者其人而责难我吗？真的，我根本就没有对别人说过道德就是它自身的酬劳。

唉！我正为此感到哀伤：在一切事物之初，人类便已巧妙地安排了赏罚这两样东西，甚至在你们这些有德者的心灵深处也是如此！

然而，我的言语有如野猪的獠牙一般，掘出你们心灵的根柢，你们会称我为犁头。

你们应把内心的一切秘密都表白出来，而当你们将一切曝光于太阳之下，你们身上的真伪便泾渭分明。

这就是你们的真面目——你们太过洁净，报复、赏罚、报应等字眼丝毫玷污不得。

你们爱自己的道德像为人母者爱其子女，但是你们有听过母亲向子女索取爱的回报吗？

这就是你们最珍爱的“自己”，你们的道德。在你们的心中存在着九连环似的期望，它为了要回到自己原来的样子而必须不时扭转自己，并和每个环争斗一番。

你们对自身道德所做的一切努力与追求，就像一颗陨落的星，它的光划过它所奔驰的天空继续前进，没人知道，这究竟止于何时？

虽然你们对道德的追求已经完成，但道德之光却并未熄灭。即使这一切努力和追求被遗忘或结束了，精神仍将永垂不朽。

但愿你们的道德只是你们的“自己”，而并非任何外物、表皮，或者大衣。这就是你们这些有德者内心深处的真理！

不过，有许多人认为道德乃是鞭挞之下的扭曲与翻腾，然而你们已听多了他们的嘶声喊叫！

也有人称道德为迟钝的恶，一旦他们的怨恨和嫉妒使其全身放松时，他们的“正义”便清醒过来，并不停地轻揉其惺忪的睡眼。

还有一些人则被引向地下，他们的魔鬼在引诱他们堕落。然而，他们愈沉沦，两眼便愈明亮，同时也愈渴望接近他们的上帝。

啊！他们的嘶喊声也传到你们这些有德者的耳中：“在我看来，除我之外，一切都是上帝、都是道德！”

还有一些人像运石块下山的车子似的，沉重笨拙，嘎吱乱响，他们高谈尊严与道德，他们也把车上的煞车器当作道德。

还有一些人则像上紧发条的时钟，不停地滴答作响，而非要别人称此为道德。

真的，我觉得这些人十分有趣。只要我一遇到这类时钟，我就会以嘲讽扭紧它们，于是它们就开始滴答转动。

还有一些人以他们微不足道的正直而感到自豪，并因此而目空一切，于是整个世界便淹没在他们的邪恶之中。

噢！当“道德”这个字从他们的口中说出，显得多么愚蠢啊！而当他们说：“我是公正的。”在我们听来，就好像是说：“我是公正地报复！”

他们要用自己的道德剜去敌人的双眼。他们以为，只要升高自己，就能使别人屈居于下。

还有一些人坐在湿热的沼地里，在芦苇中自言自语："道德就是静静地坐在沼地中。我们不咬任何人，也尽量躲开会咬人的人。对于一切，我们自有别人所提供的意见。"

还有一些人喜爱各样的姿态，并认为道德就是一种姿态。

他们虽然对道德频频低首礼赞，屈膝膜拜，但是心中却一无所知。

还有一些人以为，只要对人说"道德是必要的"，这就是道德。然而，事实上他们只相信警察是必要的。

还有一些人虽不能看到人类高贵的一面，却对人类卑下的一面看得十分清楚，他们便以为这是道德。因此，也称自己的魔眼为道德。

有些人想接受教诲并提升自己，便称此为道德。但另外有些人则想打击别人、抑制别人，而他们也自称为道德。

如此一来，几乎所有的人都自以为具备了道德，每个人都认为自己至少也是个明辨善恶的专家。

但是查拉图斯特拉并不是来向这些说大话的人和傻子说话的："你们对道德知道什么！你们能对道德了解多少？！"

我的朋友，那无非是要使你们对那些说大话的人和傻子所说的一切感到厌倦；

同时要使你们对"酬劳""报复""惩罚"和"公正的报应"等字句感到厌倦；

也使你们对"那是一个好的行为，因为它并不自私。"这一类的话感到厌倦。

噢！我的朋友：但愿你们的“自我”对你们的行为，就像一个母亲对她的孩子所表现的一样，让这作为你们的道德信条吧！

真的，或许我取走了你们成千上百种的道德公式，以及你们的道德所最心爱的玩物，所以现在你们就像孩子般地对我生气。

他们在海边嬉戏，一阵大浪袭来，把他们的玩具都卷到海里去了，他们为此悲伤而泣。

然而，那一阵大浪也给他们带来了新的玩具，就在他们的面前，散布各种斑彩绚丽的新奇贝壳。

他们笑逐颜开。我的朋友，就如他们一样，你们也有自己的慰藉与各种斑彩绚丽的新奇贝壳。

查拉图斯特拉如是说。

28 卑贱的群氓

生命是一口欢乐的泉水，然而卑贱的人也来汲饮，因此把泉水都毒染了。

我喜爱一切清洁的东西，而厌恶见到不洁者的血盆大口与饥渴的样子。

他们俯视泉底，那丑恶的笑容自泉底反射而投向我。

这口神圣的泉水已被他们的肉欲所毒染，而当他们自称污秽的梦为欢乐时，则他们同时也毒染了这个字眼。

当他们将其湿毒的心投掷于火中，火便怒烧起来。当卑贱的群氓靠近那火时，其精神也跟着沸腾而冒烟。

他们手中所持的果实都已败坏并开始腐烂。他们的照看使得果树干枯不结果。

许多人离弃生命，只是为了躲避卑贱的群氓，他们不愿与卑贱者共享泉水、烈火和果实。

许多人宁可跑到荒漠中和兽群为伍，并忍受饥渴之苦，只因为他们不愿和肮脏的骆驼夫一同坐在水池边。

许多破坏麦田的人，只想把他们的脚置于卑贱者的嘴里，堵住他们的喉头。

明日生命需要憎恨、死亡和痛苦的十字架，绝不会使我哽噎而难以下咽。

然而，我曾提出过这个问题，而差一点被它呛到，什么？生命也需要那些卑贱的人吗？

在生命的面包之中，毒染的泉水、难闻的炽火、污秽的梦，以及迷妄的蛆虫是必要的吗？

蚕食我生命的，并非我的怨恨，而是厌恶！噢，当我发现甚至那些卑贱者也有形而上学的秉性时，我就连精神也厌弃了！

当我看出这些统治者口中所说的统治，只是和那些卑贱的群氓在做权力交易和讨价还价时，我便转身离去。

我把耳朵塞住，然后和操着陌生语言的人民住在一起。这样，我就不知道他们在做权力交易时所说的一切了。

我掩着鼻子，愁眉苦脸地走完了所有的昨日和今日。真的，舞文弄墨之卑贱者的过去和目前的气味都很难闻！

我活得像一个既聋又哑且盲的残废之人。也唯有这样，我才不会和那些出卖权力的卑贱者、舞文弄墨的卑贱者，以及沉迷淫乐的卑贱者在一起。

我的精神小心吃力地逐步登梯，它的慰藉就是欢乐的施舍，而生命就在盲者的手杖上悄悄地溜走了。

然后，我是如何从这厌恶之中获得解脱的呢？是谁使我的眼睛恢复神采的呢？我又是如何飞到那没有卑贱者坐在泉水边的高处去的呢？

是我的厌弃为我创造了羽翼和预测源泉的力量吗？真的，我必须飞到最高之处，再去寻找欢乐之泉！

啊，兄弟们，我找到了！在这最高之处，欢乐之泉为我而喷涌着！这是一个没有卑贱者与我共饮的生命！

欢乐之泉啊，你喷得太激猛了！因此时常弄倒你想注满的杯子！

我必须学习谦卑地接近你。我的心太过激荡地涌向你。

夏日在我的心中燃烧，这个短促、炎热、忧郁以及非常快乐的夏日！我这夏日的心多么渴望你那甘泉的清凉！

春日的漫长苦痛已然消逝！六月之雪的邪恶也已成为过去！我已完全变成夏日与夏日的正午！

最高处的夏日、清凉的泉水，以及幸福的宁静，啊，我的朋友，来吧，好让这份宁静能增添更多的幸福！

这就是我们的高处与我们的家。对于不洁者而言，我们的住所太过险峻了。

我的朋友，不妨把你纯洁的眼光投到我的欢乐之泉里来吧！它怎么会因此而变得污浊呢？它将以一个纯洁的微笑回报你。

我们在未来之树上构筑我们的窝巢，而鹰会为我们这些孤独者衔来食物！

真的，这不是那些不洁者所能分享的食物！这食物会使他们烫嘴，而以为自己是吞了火呢！

真的，这里没有可供不洁者栖身的住所！我们的幸福对他们的肉体和精神来说，无异于一座冰洞！

我们要像狂风似的生活在他们的上空，而且与鹰为邻、与雪为邻，与太阳为邻，作为狂风就当如此。

总有一日，我会像一阵风一样吹到他们那里，我的精神将使他们的精神窒息。我的未来就是这样期望。

真的，查拉图斯特拉乃是一切低洼之地的狂风，他忠告他的敌人和胡言乱语肆无忌惮吐口水的人："小心，不要逆风而唾！"

查拉图斯特拉如是说。

29 毒蜘蛛

看吧，这是个毒蜘蛛的洞穴！你想看毒蜘蛛吗？它的网就结在这里。碰到这网，它就震动。

毒蜘蛛来了。毒蜘蛛，欢迎光临！你背上的黑色三角形就是你的标记，我也知道你在想什么。

你心中所想的就是报复。被你咬到的地方会肿起一块乌黑的疙瘩，你那报复之毒会使人头晕眼花！

你们这些"平等"的说教者、使人头晕眼花的家伙，我用比喻的话来对你们说！我觉得你们都像是只会在暗中报复的毒蜘蛛！

不过，我会很快找到你们的藏身之处，我将以昂扬的笑容面对你们。

所以我要扯破你们的网，好让你们因暴怒而离开谎言之洞，同时也让你们的报复能从你们“正义”一词的背后一跃而出。

因为，必须将人类从报复之中解救出来！！我觉得这是通往最高希望的桥梁，也是漫长风暴之后的一道彩虹。

然而，毒蜘蛛却不这么想。“谁让正义成为世界充满报复的风暴。”它们窃窃私语。

“我们要报复与侮辱所有的异己者。”它们在心中信誓旦旦。

“‘平等意志’此后将被称为道德，我们也要提高反对一切权力的呼声！”

平等的说教者啊，在你们的心中，一种无能的狂暴在呼求“平等”，你们最隐秘的狂暴欲望，原来掩藏在道德名词的背后。

这急躁的自负与抑制的嫉妒，或许是得自你们父亲的，有如报复的火焰与疯狂，而从你们内心之中爆发出来。

父亲的忌讳往往会从儿子身上泄露出来，我时常从一个人的儿子身上发现到他的不宣之秘。

他们近似狂热者，然而激起他们狂热的却不是他们那颗心，而是报复。一旦他们变得机智冷静，那必然是他们的嫉妒而非精神促成的。

他们的嫉妒也引领他们走上思想者的蹊径，这就是他们嫉妒的信号，他们总是走得太远，以致他们的疲累，最后都在雪地中悄然入睡。

他们的抱怨听起来仿佛是报复之声：他们的赞颂好像是在陈述罪恶，而能有如法官一样地判断别人，对他们来说，更是一种莫大的快乐。

不过，朋友们。我要奉劝一句：千万不要相信那些惩罚欲很强的人！

那些人是属于一个败坏的民族，从他们的脸上可以隐约看出刽子手和猛犬的凶戾之气。

千万不要相信那些侈谈正义的人，真的，他们心中所缺的不仅是蜜而已。

假如他们称自己为“善良者”或“正直者”，那么请别忘了，只要缺少权力，他们就成为法利赛人。

朋友们，请别把我和别人混为一谈。

有许多人在传述我的生命学说，那些人同时也是“平等”的说教者和毒蜘蛛。

这些毒蜘蛛虽然坐在洞穴里面歌颂生命，却又畏惧生命，它们想伤害别人。

他们想伤害目前的当权者，这些人最擅长“死亡”的说教。

不然的话，毒蜘蛛的说法就不一样。他们从前就是世界的毁谤者以及异教徒的引火者。

我不愿被人视为跟那些“平等”的说教者是一丘之貉，正义这么对我说：“人类根本就是不平等的。”

况且，他们也不应该是平等的！如果我不这么说，则我对超人的爱将置于何处呢？

他们应当从千百座桥上拥向未来，在他们之中，日益激烈的争斗必会导致愈加的不公平，我的大爱要我这么说。

在满怀敌意中，他们会制造各种幻象和影像，然后运用这些幻象和影像，进行一场最后的决战。

善与恶、富与贫、高与下，以及一切道德的名称。凡此种种，都是一种武器，同时也是鞭策生命必须不断超越自己的召唤！

生命想用石柱和阶梯提升自己，它想眺望迤逦的远方和幸福的美景。因此它必须升高！

而由于升高，就需要阶梯，需要阶梯与攀登者之间的变动差异！要提升生命，而且在提升中超越生命。

朋友们，看啊！在毒蜘蛛洞穴所在的地方，矗立着一座古代庙宇的陈迹，用慧眼仔细瞧吧！

真的，昔日将其思想借着石块而表现在高塔上的人，确实和大智者一样了解生命的奥秘。

即使在美之中也有斗争和不平等，也有权力与统治势力的抢夺。他用最浅近的比喻这么教导我们。

这些圆形的屋顶和拱门如何在斗争中神圣地对立：它们在彼此的光影交错中多么地互不相让！

那么，朋友们，让我们也做个美丽而不屈的敌人吧！我们将神圣地彼此抗争！

哎呀！毒蜘蛛——我的宿敌竟然咬我一口！它美丽而不屈，神圣地咬在我的手指上！

“一定要有惩罚和维护正义，”它想着，“他刚才在此歌颂怨恨，不是没有理由的！”

是的，它终于替自己报了仇，而它现在却想以其报复使我的心灵晕眩！

朋友，请将我紧紧地绑在这根柱子上吧，这样我就不至于晕眩了！我宁可做一个石柱圣者，也不做报复的狂风！

真的，查拉图斯特拉并不是旋风或海啸——假如他要做一个舞者，就绝不会是毒蜘蛛般的舞者！

查拉图斯特拉如是说。

30　著名的智者

所有的智者啊，你们是为民众与其迷信服务，而非为真理服务！正因为如此，才博得他们的敬重。

他们对你们独持怀疑的态度也十分容忍，因为那不过是芸芸大众的一个玩笑和旁门左道，就像主人给他的奴隶一个自由活动的范围，而以他们的放肆为乐。

正如狗敌视狼一样，民众也憎恶自由精神，憎恶打碎枷锁的人憎恶不崇拜任何人的人，憎恶住在森林中的人。

将他赶出隐匿的巢穴，这就是民众所谓的“正义感”，他们常常唆使最凶猛的狗咬他。

所以，我们时常会听到有人说：“民众即是真理！让追求真理者永沦苦海吧！”

著名的智者啊，你们曾为民众的敬意辩护，你们称其为“真理的意志”。

你们常在心中自言道：“我既然来自民众群中，则上帝之声也当是来自那里。”

你们常常像驴一般顽固狡猾，实在是民众的拥护者。

许多当权者为了要讨好民众，往往会在他们的马前再套上一头驴，一个著名的智者。

著名的智者啊，现在我要你们把披在身上的狮子皮完全脱掉!

除了那张有斑纹的兽皮，还有研究者、探察者，以及征服者的蓬头乱发!

噢，假如要我相信你们的“良知”，你们就必须先粉碎自身崇敬的意志。

捣毁自身的崇敬意志，走向舍弃上帝之荒漠中的那个人，我认为他才是伟丈夫。

在烈日下的黄沙里，他当然也会满怀憧憬地凝望着那个遍布清泉而生命又得以在绿荫下休憩的小岛。

然而，他的焦渴并不足以使他贪图安逸。因为有绿洲的地方，就有偶像。

饥饿、凶残、孤独、舍弃上帝。狮子以此自强自立。

舍弃奴隶的幸福、摆脱诸神与一切的崇拜、无惧而有畏、伟大而孤独。这就是一个大丈夫的期许。

大丈夫与自由的人往往有如荒漠之地的王一样定居在荒漠中；而那些有名的智者，驮重的野兽，则多半住在城市里面。

他们总是像驴一样拖着“民众之车”！

我并不因此而责难他们。即使他们的套车用具闪耀着刺眼的金光，他们依旧只是仆役与驾在车前的驮兽而已。

我们往往是称职的好仆役，道德就是这么说的：“如果你非做仆役不可，那么就找一个对他最有帮助的服务对象吧！你的主人精神与道德应当因你的服务而日益精进，你本身也会随着他的精神与道德而得到促进！”

真的，著名的智者、民众的仆役啊！你们随着民众的精神与道德而获得进展而民众则因你们而提升！我认为，这才是你们的光荣！

不过，你们虽有自己的道德，但依旧无异于一般的民众，亦即短视而愚钝的民众！不懂何谓精神的民众！

精神是生命的自我挣扎，生命因自身的折磨而日益精进。这你明白吗？

精神的喜悦则是用泪水洁净自身，被视为神圣献祭的牺牲。这你明白吗？

盲者的蒙昧以及摸索，正证明了他所面对之太阳的威力。这你明白吗？

追求者应当与群山一同学习如何“塑造”。对精神而言，移动群山只是一件微不足道的小事。这你明白吗？

你们只看到精神所冒出的火花，却不知道精神也是一块铁砧，与其铁锤的残酷！

真的，你们实在不了解精神的那份高傲！然而你们也一样无法忍受它的谦卑，若是它老是想发表高论的话！

你们还无法将精神一举抛入雪谷之中，你们尚不至于那么燥热！你们也无法得知从雪谷的寒冷中所得到的乐趣。

我也觉得，你们在各方面都与精神过于亲近，而且常把智慧当作拙劣诗人的救济院与医护所。

你们不是老鹰，所以你们从来没有体验过精神的喜悦和惊恐。假如他不是一只鸟就不该露宿于深渊之上。

我觉得你们对一切都不热心，然而深奥的知识却如一股寒流。精神的内在之泉是冰冷的，却能令酷热的手感到舒爽。

你们这些著名的智者都恭敬地挺立在那里——任何强风或意志都无法撼动你们分毫。

你们是否从来没有见过一只满帆的小船，在狂风大浪中横渡海洋？

像帆船被精神的风浪所鼓荡，我的智慧也颠簸地航越海上，我野性的智慧！

但是，你们这些著名的智者、民众的仆役啊，你们怎能与我同行呢？

查拉图斯特拉如是说。

31　子夜歌

已是子夜，此刻所有的喷泉之声都显得格外高昂，我的心也是一道汩汩不断的喷泉。

已是子夜，万籁俱寂，唯闻恋人之歌，我的心也是一首恋人之歌。

在我心中，总觉得有什么东西始终未曾平静，也无法平静，它一直渴望宣泄。在我心中，有一个爱的渴求，它正诉说爱的言语。

多么希望我就是那夜，然而我却是光啊！光所围绕的正是我的孤独！

噢，多么希望我就是那黑暗与夜的一切！我会尽情在光的胸怀中吸吮！

你们这些闪烁的星星、天上的萤虫啊，请接受我衷心的祝福吧！但愿我也能分享你们赐予的光明。

然而，我是生活在自己的光里面，我不断啜饮内心的火焰。

我完全不了解接受者的喜悦之情，常梦想着偷窃比获取更应受到祝福。

我的困窘在于我的双手不停地忙着施与，而我的嫉妒则是我常看见那些期待的眼光和憧憬的明夜。

啊，这是施与者的悲哀！我的太阳黯然无光；憧憬的渴望！饱足中的饥饿！

他们从我这里取得所需的一切。然而，我是否有接触到他们的内心呢？在取与舍之间存在一条沟谷，而最小的沟谷则在最后才能架桥。

有一股冲动从我的美之中生起，我很想伤害那些承受我的光明的人们，我很想抢回我给予他们的礼物。我是如此地想干坏事。

当我已经伸出一只手时，却想缩回另一只手。我有如迟疑而流泻的小瀑布一样，在那里逡巡徘徊——我是如此地想干坏事。

我的优郁，在反省这种报复的行为。这种悲哀是由我的孤独造成的。

在施与中，我失去了施与的喜悦。我的道德已经厌倦了自己的雍容恢宏！

经常施与的人很可能会变得木然而不知羞赧，盖他的手与心会因为施与的缘故，徒生厚茧。

我已不再为乞求者的羞愧而落泪，我的手掌已结了一层粗硬的厚皮，无法感觉到受施者颤抖的手。

我那激动的眼泪和善感的心都到哪里去了？噢，施与者的孤独！发光者的沉默啊！

许多太阳在不毛之地绕行，它们以光与黑暗的一切交谈，而对我则沉默无言。

啊，这是光对发光者的敌视，它漠然地径自继续前行。

每个太阳对发光者都抱着偏颇的态度，而对其他的太阳则十分冷淡，它们就是如此地行进。

每个太阳都风暴似的循着自己的轨道行进，那是它们的旅行。它们也都绝对遵从自己钢铁般的意志，那是它们的冷酷无情。

啊，只有你们这些黑暗的夜行者才向发光者取暖！啊，也只有你们才会啜饮光的乳汁与慰藉！

噢，冰围绕着我，我的双手被冻得发烫！噢，我的内心有一种渴望，就是渴望能完全拥有你们的渴望！

已是子夜，而我必须是光！却又渴望着黑暗与孤独！

已是子夜，我内心的渴望此刻有如喷泉一样沸涌，我想尽吐心声。

已是子夜，此刻所有的喷泉之声都显得格外高昂，而我的心也是一道汩汩不断的喷泉。

已是子夜，此刻万籁俱寂，唯闻恋人之歌，而我的心也是一首恋人之歌。

查拉图斯特拉如是唱道。

32 舞曲

一天黄昏，当查拉图斯特拉和他的门徒穿越森林，要去寻找泉水的时候，无意中发现一块树丛围绕的绿茵草地，草地上一群少女在跳舞。她们一认出是查拉图斯特拉，立即停下舞步。查拉图斯特拉亲切地走向前去，对她们说：

“可爱的少女啊，请别停下你们的舞蹈！我们不是来扫兴的，也没有任何敌意。

我是代表上帝向魔鬼辩护的人，而那魔鬼则是一种十分严肃的精神。轻盈的少女啊，我怎么会与神圣的舞蹈以及你们那美丽的脚踝为敌呢?

不错，我就是森林与丛树之夜，然而那不怕黑暗的人会在我的丝柏树下找到玫瑰盛开的堤岸小径。

他甚至还可找到那些少女最喜爱的小天使，他闭着眼睛躺在泉边静静地休息。

真的，这个懒鬼竟然在大白天里睡着了；也许他刚才追逐蝴蝶忙了好一阵子？

美丽的少女啊，假如我对这小天使稍微有所责罚的话，请千万不要生我的气，当然，他会哭泣，会流泪！！然而他也随时会破涕而笑！

他应当含泪向你们请求共舞一曲，而我将高歌相和。这是献给‘世界之主’至高无上的魔鬼的一首舞曲和一个讽刺。”

以下这首歌就是丘比特和少女们共舞时，查拉图斯特拉所吟唱的：

“噢，生命！不久之前我凝视你的双眸，仿佛失落于神秘莫测的深渊。

然而，你用金钩把我拉出深渊，并且因我对你的神秘莫测不知所措而嘲笑我。

‘所有的鱼都这么说，’你说道，‘一切它们不了解的东西都不可预测。不过，我狂野多变，根本就是一个女人，而且是一个放荡的女人。虽然你们男人都称我是个深沉者、忠实者、永恒者，以及神秘者。但是你们总把自己的道德规范强加在我们女人身上。啊，你们这些德行高尚的人哪！’

这个令人无法相信，但我依旧如是一笑，然而，当她说自己的坏话时，我绝不相信她与她的笑。

我曾和我野性的智慧做过一次面对面的交谈，她很生气地对我说：‘就是因为你要求、渴望、热爱生命，所以你才歌颂生命！’

接着，我提出一个近乎是愤怒的回答，而将真相告知这个生气的伙伴。一旦我们把真相告诉自己的智慧，那才真是最愤怒不过的答复。

一切对我们三者来说，都是如此地对立着。而在我的心中，只有生命为我所爱。真的，尤其在我恨它时也最爱它！

然而，如果说我喜欢智慧，或者太过喜欢它的话，那是因为它容易使我联想到生命！

智慧也有生命的眼与笑，甚至也有金钩。她们俩如此相似，难道其责任在我吗？

有一回，生命向我说：‘一个智慧究竟是何许人呢？’我立即答道：‘啊，是的！智慧！

我们都想见她而无法获得满足，唯有隔着面纱看她，捕捉她。

她是否美丽？我一无所知！不过即使是最老练的鲤鱼也会上她的钩。

她生性多变而刚愎自用，我常见她咬紧双唇，倒梳着头发。

也许她邪恶虚伪，或者根本就是一个女人，当她诉说自己的不是时，也是她最诱人的时刻。’

我说完这些话之后，生命闭着眼狡黠地笑了。‘你是在说谁呢？’她问道，‘或许是我吧？就算你说得不错。但是你当着我的面说这些话妥当吗？现在也不妨说一说你自己的智慧吧！’

噢，亲爱的生命！此刻你再度张开你的双眼，我仿佛又失落于神秘莫测的深渊之中。”

查拉图斯特拉如是唱着。不过，曲终人散之时，他立即发现自己十分伤感。

“太阳早已西沉”，最后他说道，“草地一片湿露，同时森林中的凉意也加重了。

仿佛有个不可知者，在我旁边深思地注视着我。怎么样！你还活着吗，查拉图斯特拉？

为什么要活着呢？又是为了什么而活、凭什么而活呢？要在何处，又如何生活呢？还想继续活下去不是很傻吗？

啊，朋友们，在我内心黄昏这样质问着我，所以请原谅我的伤感！

黄昏已然降临。请原谅我，那黄昏已然降临了！”

查拉图斯特拉如是唱道。

33 坟墓颂歌

“那里是坟墓之岛，一个寂静的小岛；那里也是埋葬我青春岁月的坟地，我要携带一个长青的生命花冠前去。”

我已下定决心，航越大海。

噢，你们这些属于我青春岁月的景象与情境啊！噢，你们这些爱的一线光明与神圣的闪现转眼即逝！今日我思念你们，有如思念我故去的亲友一样。

我最亲爱的故去的亲友，从你们那儿传来一种甜美而沁人心脾的香气。真的，它使孤单的航海者开怀大笑、激动不已。

我仍是最富有，最遭人嫉妒，最孤独的人！因为我曾拥有你们，而你们也仍拥有我。请告诉我：这树上的红苹果是否曾经像为了别人那样也为我而落？

我仍然是你们的遗爱与继承者。啊，我最亲爱的，为了纪念你们，我绽放出许多不同色彩的原始野性道德！

噢，你们这些珍奇的东西啊，我们原本就应当在一起，当你们走近我和投入我的期望时，并不像胆怯的小鸟，反而像是深信不疑的人走近他所信赖的人！

是的，如我一般，你们也是为了忠实与所爱的永恒而生，而现在我难道一定要因为你们的不忠而把你们叫作叛徒吗？你们这些神圣的秋波与飞逝的一瞥，我还未曾学过别的名称。

真的，你们这些遁亡者死得太早了。不过你们没有逃避我，我也没有逃避你们。因此我们对于彼此的不忠，是无罪的。

我那正在吟唱的希望之鸟啊，他们为了杀我而将你们勒死！是的，怨恨总把它的箭射向我最亲爱的你们，命中我的心！

它已射中了！因为你们一直是我的挚爱、我的所属、我的支配者，因而你们必定早逝！

他们的箭射向我最脆弱的地方，射向你们这些皮肤柔嫩的人身上，射向你们那惊鸿一瞥的微笑！

然而，我要对我的敌人说：与你们所加之于我的恶意比起来，杀人又算得了什么！

你们所加之于我的比杀人还可恶，你们夺去了我无法弥补的一切，我就这样向你们控诉，我的敌人！

你们杀害了我年轻时的幻想和最心爱的美梦！也夺走了我的玩伴，快乐的精神！为了纪念他们，我献上花圈，立下诅咒。

我诅咒你们，我的敌人！你们减短了我的永恒，就如一个音调冻结在冰冷的寒夜！我几乎只抓住它即将消逝的神圣一瞥！

在某个快乐的时刻，我的纯洁对我低语："一切对我而言都是神圣的。"

于是你们便将污秽的幽灵附在我身上，啊，往日的快乐时光早已消逝无踪！

“所有的日子都是神圣的。”我年轻时的智慧曾经这么对我说。这的确像是一个欢乐智慧的口气。

然而你们这些敌人将我的夜晚偷去，卖给难以成眠的苦恼。噢，那欢乐的智慧究竟逃到何方去了呢？

我曾祈求能有一个好的预兆，你们引领一只怪枭穿越我的小径，而这是一个不祥的征兆。噢，我那柔弱善感的希望究竟逃向何方了呢？

我曾立誓要断掉一切嫌恶的念头，而你们却将我周身的一切都变成溃疡的烂疮。

我也曾如盲者一般行走于幸福的路上，而你们却在沿途乱扔秽物，现在他已对那条旧路厌恶至极。

当我在执行我最艰难的任务，并庆祝我的胜利时，你们却唆使爱我的人高呼那是我伤害他们最深的一刻。

真的，你们总是这样。你们使我最好的蜜与最优秀的蜂的勤劳都变得苦不堪言。

你们派遣最厚颜无耻的乞丐来接受我的善举，同时也召集许多无可救药的无耻者将我的同情之心团团围住。你们伤害了我的道德信念。

当我献上我最神圣的一切作为祭物，你们的“虔诚”立即锦上添花地在旁边放置许多丰厚的礼品，以致我最神圣的一切都被你们的油腻气息熏得喘不过气来。

我曾想跳一支从来没有人跳过的舞，我要在九天之外起舞，而你们却带走了我最喜爱的伴歌者。

现在他唱出一首阴郁的歌，啊，在我听来那仿佛是一种悲鸣的号角声！

杀人的伴歌者，受邪恶指使而完全无辜的工具啊，我已摆好姿势，准备跳一支最出色的舞，而你的音调却赶跑了我的兴奋之热情！

唯有在舞蹈中，我才知道如何来形容那至高无上的一切。不过，这种形容此刻还无法以我的四肢来表达。

我的最高希望还未被了解，而我年轻时的一切幻想和慰藉却已丝毫不存在！

我怎能忍受这一切，平息这创痛？我的灵魂怎能再度从坟墓中出来呢？

是的，我还有一个任何东西都无法伤害、任何巨石都无法将它击碎的珍藏。那就是我的意志。它已默默地伴随我历经许多岁月而丝毫未曾改变。

我的意志以我的双脚走它的路，它原本就冷酷而坚强。

我只有脚跟刀枪不入。你这最有耐心的意志一直在那里，并且始终保持着自己的本来面目！你已经打破一切坟墓的枷锁！

在你身上仍有我未曾实现的青春，而你就像生命和青春一般满怀希望地坐在湮没的荒冢黄土上。

是的，你仍是我一切坟墓的破坏者。我向你致敬，我的意志！有坟墓的地方才有复活。

查拉图斯特拉如是唱道。

34　自我超越

你们这些大智者认为推动自己，并使自己热衷其中的是“追求真理的意志”吗？

我却认为你们所谓的意志，是要求思考一切的意志！

你们想使一切都能为人类所理解，你们有相当大的理由，怀疑我们是否已经理解了所有的存在。

然而一切都得向你们屈服、迁就：你们的意志执意如此。它应当顺从精神，像精神的镜子与影子。

那就是你们这些大智者的整个意志——“权力意志”，甚至当你们谈到善恶与对价值的评估时也是如此。

你们一直想创造一个值得自己膜拜的世界，这是你们最大的希望和狂想。

不错，愚者与民众，就像是一条推动小船的河流，而价值的评估者则庄严矜持地坐在船中。

你们将自己的意志与价值放在变化无常的河中。民众认定是善或恶的一切，都向我显示出一个“权力意志”。

是你们这些大智者，把这样的客人放在小船上，并且将他们装扮得十分华丽，另外还赋予高傲的名衔，你们以及支配你们的统治意志！

现在这条河载着你们的小船前行。它必须如此。虽然白浪冲击着船头，那也算不了什么！

你们这些大智者的善恶终点和危险并不在这河，而是在你们的意志、追求权力的意志、用之不竭的生命的创造意志。

然而，为了使你们明白我对善恶的看法，我将先告诉你们我对生命以及一切生物本性所持的观点。

我曾蹑手蹑脚跟在生物之后，为了要了解它们的本性，我在大路或小径上跟着它们四处走。

我从千面镜中捕捉到它的一瞥，当它的嘴巴被封住时，它的眼睛就可以向我说话，也确实在向我说话。

只要在有生物的地方，我就会听到服从的语言。生物是一种深具服从天性的东西。

其次，我还听到：不能服从自己的人就得听令于人，生物的本性就是如此。

最后我所听到的是：命令比服从更难做到。这不仅由于施令者得肩负所有服从者的重担，也因为重担随时会将他压垮。

一切命令对我来说，似乎都是一种尝试或冒险，生物一发号施令，它就开始一场生命的冒险。

是的，甚至当它在命令自己的时候，也得为命令付出代价。它必须作为自身法律的法官、报复者与祭奠品。

为什么会这样呢？我扪心自问。究竟什么促使生物施令或服从，甚至在施令中也同时服从呢？

你们这些大智者，现在请听我说吧！要严格地测试我是否已经进入生命的内心深处！

只要在有生物的地方，我就会找到“权力意志”，甚至在仆役的意志里面，我也找得到要做主人的意志。

弱者应当服从强者，弱者的意志，就是说服自己成为更弱者的主人。这是他不愿让出的唯一喜悦。

弱者屈服于强者，好使自己获得主宰更弱者的喜悦；最强者也得屈服于自己，并为取得权力而拿生命当赌注。

冒生命的危险，做死亡的孤注一掷乃是最强者的屈服表现。

凡是有牺牲、劳役，以及爱的视角的地方，就有要做主人的意志。弱者经由小径潜入强者的堡垒中心，窃走强者的权力。

生命曾亲口向我说出这个秘密。“注意，”它说，“我就是那个必须不断超越自己的东西。

不错，你们称它为创造的意志、追求的目标，也认定它是更高、更远、更复杂的动机。总之，这些都是同一件事、同一个秘密。

我宁死也不愿放弃这唯一的东西，真的，只要有屈服和落叶的地方，就有为权力而牺牲自己的生命场景！

我必须成为奋斗、变化、目的与冲突。啊，谁要是猜中了我的意志，那一定也能猜出它必然经过的崎岖道路！

无论我创造什么、多么喜爱它，很快我就会与它以及我的爱对立。我的意志要我这样。

即使是你这个追求者，也只不过是我意志的小路与寸步而已。真的，连我的‘权力意志’也紧跟在你的‘求真意志’之后！

谁要是执着于‘存在的意志’这一信条，那他当然是找不到真理。因为，那种意志并不存在！

凡是不存在的，就没有意志可言，而已经存在的，如何还能追求自己的存在呢！

只要有生命的地方，就有意志，但不是求生的意志，而是‘权力意志’！

生物把许多东西视为高于生命的存在物，而‘权力意志’就是经由这种认知作用而产生的！”

生命曾这样对我说：你们这些大智者啊，我解开了你们心中的谜团。

真的，我告诉你们：永恒的善与恶并不存在！它们必然依其本性而不断地超越自己。

你们这些价值的评估者利用自己的价值和善恶的信条来行使你们的权力，而那就是你们深藏不露的爱，你们内心的闪烁、颤抖和丰盈。

然而，一种更强的权力和更新的超越就从你们的价值评估当中产生，它破壳而出。

真的，若有谁要创造善恶，就必须先将旧价值破坏捣碎。

因此，最大的恶就包含在最大的善之中，这种善就是创造性的善。

诸位大智者，让我们一起来谈谈吧，虽然这不是什么好事，但总比沉默不语的好，若将真理压在心里，不吐露出来，它会变成病毒。

让一切都归于破灭，我们的真理能粉碎一切！还有许多的房子在等着我们去兴建呢！

查拉图斯特拉如是说。

35 不凡者

我的海底十分平静，谁会料到其中却藏着奇妙的怪物!

我的深度始终保持不变，却闪耀着浮沉不定的笑声和谜团。

我今天遇见一个卓越、严肃的人，他同时也是一个精神的忏悔者。啊，我的内心却在嘲笑他的丑陋!

他有着高挺的胸膛，静静地站在那里，仿佛在做深呼吸。

衬托丑陋真理的，是他的战利品和许多破旧的衣服，在他身上还有许多的芒刺，却看不到玫瑰。

他还没有学到笑与美，这猎者就沉郁地从知识的森林中回来了。

他刚从与野兽的搏斗中回来，但从他那严肃的表情上，可以看出仍有一只野兽在旁边虎视眈眈，那是一只未被降伏的野兽。

他站着像一只蓄势待发的猛虎，我却不喜欢那些紧张的心灵，也讨厌那些钻牛角尖的愚人。

朋友们，你们不是对我说，选择好恶与尝试根本用不着议论吗?然而，整个生命就是一场关于选择好恶与尝试的争辩!

品尝好恶，既是砝码，也是天平与衡量者。任何生物不经一番对砝码、天平与衡量者的争辩，只求苟活，那是十分不幸的!

如果这个卓越不凡的人对自己的不凡产生厌倦的反感，那时，他的焕发的才华会展现，也只有在那时，我才会品尝他并找出他的风味。

唯有在他离弃自己的时候。他才会跳出自己的阴影，跃入他的太阳之中！

他在阴暗里坐得太久，这精神的忏悔者脸色十分苍白，他几乎饿倒在期待之中。

他的眼神依然包含轻蔑，紧闭的嘴则隐藏着厌倦。不错，此刻他在休息，但并非在太阳底下。

他应当像头牛一样，其喜悦是在亲近泥土的气息，而不是在轻蔑大地。

我很希望看见他像一头拖着铁犁而在不住喘叫的白牛，它的喘叫是对大地的赞颂。

他的脸上一片阴暗，因为被他的手影遮住。他的眼神还是黯淡无光。

他的行为依旧是遮盖自己的影子。行为往往会使行为者隐晦不显。他还没克服自己的行为。

我着实喜欢他那如牛般的肩胛，然而我也想看到他那天使般的双眼。

他也必须忘掉自己的英雄意志，他不仅是一个卓越不凡的人，也是一个高高在上的人。大气会提升他这个没有意志的人！

他制伏过怪物，也破解过谜团。然而他也应当为那怪物和谜团赎罪，使它们变成神圣的孩子。

他的知识还没有学会笑和不嫉妒，他那奔放的热情也无法在美之中归于宁静。

真的，他的渴望不应中止而消失在满足之中，而应在美之中！温文尔雅，是属于伟大人物的恢宏气度。

曲肱而枕，英雄就是要这样休息，也是要这样超越他的休息。

美对英雄来讲，是最难能可贵的事。一切狂热的意志都无法获得美。

增一分或减一分在这里都算是太过，因为美在这里正属圆满至极。

你们这些卓越不凡的人啊，要以松软的肌肉和无羁的意志来保持挺立不动，这对你们应该是最为艰难的事了！

当权力变得十分优雅而降落至可见之处！我便称这种谦抑的表现为美。

我只向你这强权者要求美，让你的善良作为你最后的自我征服吧。

我相信你背负满身的罪恶，我希望你能改过向善。

我常常笑那些因跛脚而自称善良的懦弱者！

你应当追求柱子的道德，它愈升高，就愈美丽飘逸，而内部则愈坚实强劲。

是的，卓越不凡的人啊，总有一天你也会变得十分美丽，并拿着镜子端详自己的美。

那时，你的心会因这神圣的念头而激动不已，甚至还向你的虚荣顶礼膜拜。

这是心灵的秘密，只有当英雄舍弃这个秘密之后，超英雄才会在梦中现身。

查拉图斯特拉如是说。

36 文化之地

我飞向未来太久了，一种恐惧从心底生起。

当我环顾四方，看啊！唯有时间与我同在。

于是我转身退返，速度加快。我又回到你们这些今日之人的身边，回到文化之地。

我首次抱着极大的希望，张大了眼来看你们——真的，我满怀热忱而来。

然后又如何呢？虽然我很惶恐——却不由得发笑！我从来没见过这种五颜六色的东西！

我一直在笑，同时内心和双腿都一样颤抖不已。

“这里竟然是一切颜料的老家。”我表达我的惊讶。

你们这些今日之人的脸上和四肢都涂得花花绿绿、怪模怪样。我惊讶地看着你们坐在那里！

在你们四周有五十面镜子，正谄媚地映出五彩缤纷的游戏！

真的，今日之人啊，还有什么面具能比你们自身的面目更适宜呢？有谁会认出你们呢？

你们身上原本已经涂满了过去的痕迹，而现在又加上新的记号。这样一来，任何破解密码的专家也无法揭露你们！

纵然有人检查肺腑，但谁会相信你们还有肺腑呢？！你们好像是用颜料和胶质废物捏塑而成的。

所有的时代和人民都想透过你们的面纱来看看那五彩缤纷的一切，而所有的习俗和信仰也想从你们的手势中来谈论那五彩缤纷的一切。

谁要是取下你们的面纱、裹布、涂彩和手势，他就会发现一个可以吓走鸟群的躯体。

真的，我就是目睹你赤裸无色的原形被吓走的小鸟，当这副骨架向我抛媚眼时，我急忙飞走了。

我宁愿在地狱中和鬼魂一起做工。因为地狱中的群氓比你们还要充实！

是的，今日之人啊，我既无法忍受你们的裸体，也不能忍受你们的衣着，这就是我内心的痛苦！

所有徘徊在未来并使迷失的小鸟颤抖不已的一切，都比你们的“实在”更令人自在与熟识。

你们说：“我们是全然实在的，丝毫没有任何信仰或迷信。”你们这么自夸，但也不是自夸！

事实上，你们这些思想上花花绿绿的人又能信仰什么呢？你们不过是过去一切信仰的抄本！

你们是对信仰流动的辩驳，与一切思想的转位。我称你们这些实在者是无信仰者！

所有的时代都在你们的精神之中相互论短较长，但所有时代的梦想和闲聊都比你们的清醒更实在可信。

你们是干枯而无法生子结果的华而不实者，你们缺少信仰。创造者永远有自己预知的梦想和灵异的感应。他有信仰，相信信仰！

你们是半开的门，而挖坟穴的工人就等在门外。你们的实在就是："一切都归于寂灭。"

噢，你们这些干枯的人都倚着一副空洞的骨架子站在我面前！其中必然也有不少颇具自知之明的人吧。

那些人说："一定是上帝趁我睡着的时候偷走了我的一些什么东西。那些东西足以为他自己制造一个女人！"

"我的肋骨竟然有短缺！"许多今日之人都这么说。

是的，你们这些今日之人真让我觉得好笑！尤其是在你们对自己感到十分惊讶的时候！

假如我不能笑你们吃惊的模样，而必须吞下你们盘中所有令人生厌的东西，那会十分难过！

然而，我可以减轻你们的负荷，因为我必须担负沉重的一切。假如一些小虫也停在我的重担上，那又有什么关系呢！

真的，我不会因此而更加吃重！会使我感到疲惫不堪的也并非你们这些今日之人。

噢，此刻我还得随同我的渴望爬上去！从群山之巅找寻我的祖国与乡土。

我苦苦找寻却找不到我的故园，我飘泊于各个城市之间，每个城门口就是我下一个行程的起点。

我的心曾把我推向今日之人，现在，他们不过是使我发笑的异乡人，而我则是被祖国放逐出来的哲人。

我只爱我孩子们的故土，在遥远的彼岸一块尚未被发现的地方，我吩咐我的帆船一直远航。

我要向我的孩子赎罪，我是我祖先的子孙，为了今日，我要弥补整个未来！

查拉图斯特拉如是说。

37 无瑕的概念

当昨晚月亮升起时，我看见它在地平线那么沉重丰满，想象它大概要生出一个太阳。

其实它是以大腹便便的模样在骗人，所以我宁可相信月亮中的男人而不相信女人。

不错，这个胆怯的夜游者也没有什么男子气概，他不怀好意地悄悄越过屋顶。

月亮中的修道者十分贪婪与嫉妒，他妄想染指大地与男女之间的一切欢爱。

不，我喜欢他，他是蹲踞在屋顶上的雄猫，我讨厌在半掩的窗外偷偷摸摸！

他虔诚地从群星的地毯上默默走过——我却讨厌那种蹑手蹑脚，走路不发出一丝声响。

任何一个光明正大的人走路都会发出声音，但是猫却悄无声息地四处蹿奔。看啊！那月亮像猫一般地偷偷过来了。

我对你们这些敏感的伪善者，“纯粹的求知者”好有一比，我把你们比作贪婪者！

你们也热爱大地和大地上的一切，我看穿了你们，你们的爱不怀好意，并有几分羞惭，你们就像月亮一样。

你们的精神轻信人言，鄙夷大地的一切，但你们的内脏并不如此，它们是你们身体里最强健的部分！

现在，你们的精神耻于接受内脏的役使，借着暗道和小路避开自己的羞惭。

“我认为最高等的事，”你们那爱撒谎的精神自言自语，“就像吐着舌头的狗一样，不怀任何欲念地凝视生命。

在凝视中自有快乐。此刻完全断绝意念，没有任何自私的贪求和占有，整个躯体就像槁木死灰，只剩下一双蒙眬如月般的明眸！”

“我认为最可爱的事，”这受人迷惑者又这么诱引自己，“就像月亮一样热爱大地，只用眼睛来感受它的美。

而这就是我所说的万物无瑕的概念：对万物不存任何妄想，只求能置身于它们的面前，就如置身在一面千眼之镜的面前。”

啊，你们这些伪善者、贪婪者缺少纯洁的欲念，因此你们要诽谤欲念！

真的，你们根本不像创造者、生产者与内心充满喜悦者那样热爱大地！

纯洁在哪里呢？它在有生产意志的地方。谁若想创造超越自己的东西，我就认为他具有最纯洁的意志。

美又在哪里呢？它在我必须以整个意志去追求的地方，也在我为了使形象不只是一个形象，而是一个能以死相期的地方。

爱与死二者自古以来就很亲密。而“爱的意志”也随时准备牺牲。我这样对你们这些懦弱者表明。

然而，你们却认为自己无神的眼光“沉思”：而能以懦弱的眼光来审察的一切则是“美”！啊，你们是高贵之名的亵渎者！

你们这些无瑕者与纯粹的求知者啊，永远不能生育将是你们所受的诅咒，虽然你们沉重而大腹便便地躺在地平线！

真的，你们这些骗子想用如簧的巧舌来诱使我们相信你们的内心在澎湃吗？

然而我言屈词拙，琐碎不连贯。我高兴地捡起你我用餐时掉在桌下的残羹剩饭。

我仍然能把真理告诉给伪善者听！我的鱼骨、贝壳与有刺的菜叶会使你们这些伪善者的鼻子发痒！

笼罩在你们与你们的餐席上的空气十分污浊，里面充斥着你们的欲念、谎言和秘密！

勇于相信你们自己和自己的内部！不相信自己的人必定永远在撒谎。

你们这些“纯洁者”在自己脸上挂了一个上帝的面具，你们那条可憎的蛇爬进了那个面具。

你们这些“沉思者”真会骗人！甚至连查拉图斯特拉也曾惑于你们那神圣的外表，他没有想到在这外表的里面则塞着盘屈的蛇。

纯粹的求知者啊，我好像曾在你们的游戏中目睹上帝的灵魂！我还没有梦过比你们更好的艺术！

蛇的秽物和恶臭将我远远地隔离，而四脚蛇的诡计则在附近蠢蠢欲动。

然而，我还是走近你们。接着，白昼降临在你我的身上，月亮的浪漫史也到此结束！

看吧，它在黎明之前惊慌得脸都变得苍白了！

由于红日降临，她同时也带来对大地的爱！整个太阳的爱就是纯洁无邪与创造的欲念！

看吧，太阳风尘仆仆来到海上！你们难道没有感到她对爱的焦渴与气喘吁吁吗？

她真想吸吮这海，把它从深处吸引到她的高度，而海也渴求献出它美味的琼浆。

海，极愿被太阳的焦渴亲吻，它想变成空气、高度、光明之路，甚至光明自身！

真的，我也像太阳一样，热爱生命与一切深沉的海。

这就是我所谓的知识：凡是深沉的一切都应当提升到我的高度！

查拉图斯特拉如是说。

38　学者

当我睡着的时候，一只小羊吃了戴在我头上之常春藤编成的花冠，它一边吃，一边说："查拉图斯特拉已经不再是一个学者！"

说完之后，就大摇大摆地走开。有个小孩把这些都告诉了我。

我很喜欢躺在这里。常有孩子们在蓟草和罂粟花湮没的废墙边嬉戏。

在孩子们与花草的眼中，我依然是一个学者。即使他们在淘气的时候，也十分纯洁。

我的命运叫我不再让那只羊把我当成一个学者，为此祈祷吧！

事实上，我早已离开了学者之家，并且随手把门带上。

我饥饿的心在他们的桌上坐得太久了！我不像他们那样，像敲碎坚果般地去研究学问。

我喜爱新鲜土地上的自由与空气。我宁可睡在牛皮上，也不愿躺在荣耀与尊严里！

我的思想常常因为高烧过度而难以继续下去，我必须走出所有灰尘四扬的房间而到空气流通的户外。

然而他们却漠然地坐在阴凉之处。无论对什么事，他们都只想做个旁观者，而绝不坐在太阳酷晒的石阶上。

就像那些站在街头张着嘴注视来往行人者一样，他们也伫立在那里，并且目瞪口呆地看着别人的思想。

若是有人用手去抓他们一把，他们就像面粉袋似的不知不觉扬起一阵灰尘。但是谁会料到，他们的灰尘是从稻谷与夏日田野上的金黄喜悦中获取的？

他们自以为聪明时所说的那些简短格言和真理，使我非常失望。在他们的智慧中往往有着很浓厚的沼泽味，真的，我已听到那里的蛙鸣。

他们十分伶俐——他们有灵巧的手指。我的单纯多么想习得他们的复杂！他们的手指懂得所有抽线、打结与编织的一切，于是他们编织起精神之袜！

他们都是很好的时钟，只要把发条都妥当地上紧！接着，他们便能指出正确的时刻，并发出谦卑的响声。

他们就像磨石与打谷机般地工作，只要投入一些麦谷，他们就知道该如何磨成面粉。

他们互相严密地看着对方，彼此一点也不信任。他们设计些许小花样以静待那些知识贫乏的人，他们像蜘蛛一样伺机而动。

我看见他们准备着毒药，预藏毒药的时候，总是戴上玻璃手套。

他们也知道如何掷假骰子，我看他们玩得起劲，满身大汗。

我们互不相识，我觉得他们的道德比他们的虚伪和假骰子还可恶。

当我与他们住在一起时，我总是居于楼上，他们非常讨厌我。

他们不想听到有人在自己头上行走，因此他们在自己与我之间堆置了一些泥土、木石和废物。

他们止住我的脚步，迄今，连最有学问的人也不曾听说过我。

他们在自己与我之间堆置了人类的一切过失与弱点，他们称此为家中的“假天花板”。

然而，不管怎样，我与我的思想总是在他们头上行走如故，即使我踩到自己的错误，也还是在他们的头上。

人类原本就不平等，正义这么说。我所立意要求的目标，他们却不认同！

查拉图斯特拉如是说。

39 诗人

“自从我对肉体有更进一步的了解，”查拉图斯特拉向他的一个门徒认真讲述，“精神对我而言不过是象征性的，而‘不朽’的一切也仅仅是一种比喻。”

“我以前听你这么说过，”那门徒回答道，“同时你还附带一句：‘但是诗人太爱说谎了。’为什么你要那样说呢？”

“哦？”查拉图斯特拉说，“你问为什么吗？我不是那种可以让人随便问为什么的人。

难道我的经验是昨日才得到的吗？我用我自己的经验来考证我的观点已有不少时日了。

难道我必须成为一个记忆的桶子，才能将自己的种种理由留住？

我甚至已无法保留自己的观点。许多的鸟都飞走了。

然而，偶尔我也会在我的鸟笼中发现一只逃脱的鸟，它十分怕生，当我伸手去抚摸它时，它颤抖不已。

查拉图斯特拉向你说了些什么呢？诗人太爱说谎吗？但是，查拉图斯特拉自己也是一个诗人啊。

你相信他在这里所说的都是真话吗？为什么你要相信那些话呢？”

门徒回答：“我相信查拉图斯特拉。”然而查拉图斯特拉摇头微笑。

“相信并不能将我神圣化，”他更正了一下，“即使是对我的信仰。

不过，假如有人极为认真地指出，诗人太爱说谎，那他说得很对——我们确实太爱说谎。

我们对一切懂得太少，而且拙于学习，所以我们不得不说谎。

我们哪一个诗人未曾在他的酒中掺过假呢？许多有毒的水酒都在我们的地窖中酝酿着，许多无法形容的东西都在那里完成。

就是由于我们懂得太少，我们从心底喜欢懵懂的人，尤其是懵懂的少女！

我们很想知道老妇们夜晚都在彼此谈论些什么，而我们称此为我们心中所具的永恒之女。

好像有着那么一条通往知识的特别秘道，而这条秘道却又不容无所不知的人通行，因此我们信任民众与其‘智慧’。

然而，诗人相信：无论是谁伸长耳朵躺在草地或斜坡上，都可以学到天地间的些许事物。

假如诗人感受到些许温柔的情意，就以为大自然也爱上了他们。

同时大自然还悄悄地在他们耳边低声细语、情话绵绵，他们在别人面前以此为豪，并引以为荣！

啊，天地间的许多事物，只有诗人才梦想过！

尤其是关于天上的事。所有的神都是诗人的想象与造作！

真的，我们被牵引向上，直往白云之乡。在那里，有我们所放置的艳俗木偶，而称其为神与超人。

他们的分量太轻，不足以安坐其位，这些神与超人？

唉，我是多么厌倦所有不成熟而被勉强看作实在的一切！唉，我是多么厌倦于诗人！”

查拉图斯特拉如是说，他的门徒都表现出不高兴的样子。查拉图斯特拉也沉默不语，屏息内观，就像在远望似的。最后，他轻叹一声，然后吸了一口气。

“我身属今日与过往，”他语重心长地向门人解释，“然而在我心中却有某些属于明日与未来的东西。

我已厌倦于那些旧诗人或新诗人，我觉得他们都是十分肤浅的小湖泊。

他们从来没有深思过，因此无法感受大海的最底层。

些许放荡与些许厌烦，这就是他们向来最好的沉思。

在我听来，淙淙的琴声有如幽灵忽隐忽现。到目前为止，他们究竟从昂扬的音调中了解到多少呢？！

我认为他们还不够洁净。他们将自己的水搅弄混浊，好显得很深沉。

他们乐于以和事佬自命，我却认为他们是墙头草与多事者，并且做事三心二意而不干净利落！

噢，我在他们的海中布下我的网，想要捕捉大鱼，然而我总是捞到一些古代上帝的头。

如是，海送给饥饿的人一块石头，而他们自己也像来自海里。

不错，他们也有珍珠，他们更近似蚌类的软体动物。在它们身上，往往只有咸稠的黏液，而不见心灵。

他们从海那里学到了虚荣，难道海不是孔雀中的孔雀吗？

甚至在最丑陋的水牛面前，孔雀也会开屏，它会毫不厌倦地展开那银丝的花边扇。

水牛鄙夷地望着，它的心正在沙地附近，离丛林和沼泽不远。

对它来说，美、海，与孔雀的彩屏又算得了什么呢，这只是我对诗人所说的一个比喻。

真的，他们的精神本身就是孔雀中的孔雀，以及一个虚荣之海!

旁观者在寻找诗人的精神，就算他们都是水牛!

然而我已厌倦这种精神，同时也看出他们厌倦自己的时刻就要来临。

是的，我已看到诗人在改变，他们的眼光都转向自己。

我已看到精神的忏悔者纷纷出现，他们都从诗人脱胎换骨而来。”

查拉图斯特拉如是说。

40 大事

海中有一个小岛，离查拉图斯特拉的幸福之岛不远，岛上有一个终年冒烟的火山。一般人，尤其是老迈的妇人都说这岛就是放置在地狱门前的一块岩石，穿过火山的小路正通往这扇门。

查拉图斯特拉在幸福之岛上小住时，有只船来到这火山矗立的岛泊岸，船员上岸去猎兔子。但当船长和水手们中午再度集合的时候，忽然看到一个人影越过空地，向他们走过来，并且口中还清晰地高喊着：“是时候了！现在正是时候了！”

而当那人影走近他们时，他像影子似的向火山飞奔而去，他们都很诧异，认出他就是查拉图斯特拉，除了船长之外，大家都见过查拉图斯特拉，也同样爱他，在敬爱之中还有几分畏惧。

“注意看！”老舵手用手一指，“查拉图斯特拉往地狱去了！”

就在这些水手登上这座火山岛的同时，岛上谣传查拉图斯特拉失踪了。当有人问及他的朋友时，都说查拉图斯特拉已经在晚上乘船离去，并且也没有说要去哪里。

岛上笼罩着一股焦灼的气氛。三天之后，在这焦灼的气氛中又有水手们的渲染。于是大家都说查拉图斯特拉被魔鬼抓走了。

他的门徒却对这些传言一笑置之，其中一个还说：“我倒相信是查拉图斯特拉抓到了魔鬼。”不过他们的内心深处仍充满着焦灼和渴望。

到了第五天，查拉图斯特拉又出现在他们的面前，使得他们雀跃不已。

这是查拉图斯特拉与火狗交谈的纪录：

“地球有一层皮，”他说，“而这层皮有许多疾病，其中一种就叫‘人’。

另外一种疾病，叫‘火狗’。关于火狗的事，人类对自己欺瞒了不少，就让他们去欺瞒吧。

为了揭穿这项秘密，我横渡重洋，目睹了赤裸的真理！从头到脚完全赤裸的真理。

现在我已明白火狗究竟是怎么回事，更知道老迈妇人所害怕的对立与叛逆魔鬼的真面目。”

“火狗啊，从你的内心深处出来吧！”我喊着，“并且说你藏身之处多么神秘难测！你厌弃的东西又在哪里？

你在这处海中鲸吞牛饮，苦涩的言辞已经表露！你这条幽暗之地的狗从地面取食的东西太多！

最多我也只把你视为大地的腹语者，当我听到对立与叛逆的魔鬼说话时，又觉得他们实在很像你——苦涩、虚伪，而且肤浅。

你们懂得如何吠叫，用飞沙遮蔽对方！你们最善于吹牛，你们完全学到了使渣滓沸腾的艺术。

无论你们在哪里，必有废物的渣滓与许多腐烂、空心而被压榨之物相随——它们想要争取自由。

‘自由’是你们所竭力呼吁的，但当‘大事’被许多的吠叫和烟雾笼罩时，我就不再信它了。

叫器的朋友，请相信我！最重大的事。并非我们最喧哗而是最静默的时刻。

这个世界不会绕着发明新嘈杂声的人旋转，只会绕着发明新价值的人而默默地旋转。

你就承认了吧！你的喧嚣和烟雾都消失时，一切将所剩无几。假如一个城市变成了木乃伊，一座石像倾倒在泥泞中，那又如何！

我还要向推倒石像的人再说一句：把盐投入海中；将石像推到泥水里，这些都是疯狂之举。

石像倒在你们鄙夷的泥地，这就是它的法则，它要从轻蔑之中获得新生与灵活的美！

现在它以更为神圣的形象现身，而以它的痛苦来做出诱引的姿态。真的，非常感谢你们这些破坏者将它推倒！

我这么忠告那些国王、教会，以及所有齿德俱衰的人，让人把自身推翻吧！这样你们才能重返生命，而道德才会再度投入你们的怀抱！”

我在火狗面前这么说，它愤怒地打断了我的话而质问：“教会？那是什么东西？”

“教会吗？”我回答，“那是一种政府组织，是最会骗人的。不过我还是少说几句吧，你这伪善的狗当然应对自己的同类知道得最清楚！

政府就像你一样，是一只伪善的狗。为了使人相信它的话乃源自万物的心里，它也像你一样地喜欢用吠叫和烟雾来表达。

政府必然要使自己成为大地上最重要的生物，而一般民众也认为它确是如此。”

我说完后，火狗仿佛因嫉妒而疯狂起来。“什么！”它大声地咆哮，“大地上最重要的生物吗？而大家也都默认了吗？”它的喉头发出可怕的声响，并且吐出许多的泡沫，以致我想它会被愤怒与嫉妒哽住而窒息。

最后，它渐趋平静，也不再那么痛苦，而当它默不出声，我便笑着说：

“你生气了，火狗！因此我对你的看法并没有错！

为了强调我的看法正确，再听我谈关于另一只火狗的事吧——它是真正打大地的心底说出来的。

它呼吸着金子和金雨，它的心渴望如是。沙灰、烟雾和沸腾的渣滓于它又算得了什么呢！

笑声有如一片彩云似的从它那里飘过来，它反对你打嗝、呕吐和腹痛！

然而，它的金子和笑声——乃是它从大地的内心深处取得的，如此，也叫你知道，大地的心是金制的。”

话说到这里，火狗再也听不下去，乃羞愧地拖着它的尾巴，哀鸣了几声而爬回它的洞穴。

查拉图斯特拉这么叙述着，但是他的门徒几乎都没有在听。他们急着想告诉他关于水手、兔子与飞人的事。

“我该怎么解释呢！”查拉图斯特拉很为难，“我真的是一个幽灵吗？

那一直是我的影子，你们应该听过流浪者与影子的传说吧！

不管怎样，有件事可以确定：我必须更加紧紧地握住它，否则它会破坏我的名望。”

查拉图斯特拉再度困惑地摇摇头说：“我该怎么解释呢！”

“为什么那个幽灵高喊着：‘是时候了！现在正是时候了！’究竟什么事情现在正是时候呢？”

查拉图斯特拉如是说。

41　预言者

“我看到一件很可悲的事降临至人类身上，最杰出的人都已厌倦自己的工作。

只要有一个学说出现，就有一种信念随之而起：‘一切都是虚空，一切都相似，一切都完了！’

每个山谷也都回应着：‘一切都是虚空，一切都相似，一切都完了！’

不错，我们有过丰收，然而为什么我们所有的果实都腐烂而枯黄了呢？还是昨夜从邪恶的月亮里落下了什么？

我们的辛劳功亏一篑，酒变成了毒药，邪魔摧残我们的田野和心灵。

我们都已干燥极了，如果再有火降临，我们就会变成灰烬。是的，连火也被我们弄得倦乏了。

我们的泉水都干涸了，甚至海水也在缩减。整个土地就要龟裂了，然而那隙缝还不会吞没我们！

‘天啊！哪里还有我们可以自沉的海呢？’我们如此抱怨着，怨声越过了浅近的沼泽地。

真的，我们甚至也懒得去死了，现在我们要保持清醒而继续活下去，在墓穴中。”

查拉图斯特拉听到一个预言者这么说而深受感动，并且改变了自己。他忧郁而倦乏地走着，结果也成为预言者所说的那种人。

“真的”，他对门徒说，“不久，漫长的黄昏就要来临了。我该如何在这段时间中保持光明不辍呢！

但愿它不要窒息在哀伤的感触中，因为它还必须是更为遥远的世界与黑夜的光明！”

查拉图斯特拉满腹心事地走着。整整三天他不饮不食，既不休息，也不说话。最后，他终于沉沉入睡。他的门徒则整夜在旁守护着，并焦急地等他醒来再说话，同时也希望他的痛苦能得以解除。

以下就是查拉图斯特拉醒来之后对门徒的教诲，而在那些门徒听来，他的声音仿佛来自遥远的地方：

“朋友们，请听我诉说刚才所做的梦，并帮我猜解其中的含义！

这梦对我仍是一个谜，它的含义被锁在里面而无法以自由之翼翱翔其上。

我梦到自己舍弃整个生命。我在孤单的死神山寨上变成守夜者与守坟者。

我在那里守着死神棺木，在霉臭的地窖里摆满各种战利品，而被征服的生命则透过玻璃棺木注视着我。

我呼吸着掺杂灰尘的永恒气息，闷热而混浊的空气充斥着我的心灵。有谁能使他的心灵获得通风呢！

夜色笼罩着我，孤独在一旁相陪，而我最差劲的朋友则屏息静观，有如一个局外人。

我身上带着许多锈得最严重的钥匙，也知道如何用它们来开启最破旧的门。

打开门时，尖锐的咿呀声响彻了回廊。夜鸟悻悻地叫着，好像在说它被吵醒的样子。

然而，当一切声响归于沉寂，我独自坐在这不怀好意的静默中时，更令人感到恐惧与窒息。

时间缓缓地消逝，如果时间还存在的话，我又何得而知呢！使我清醒的事终于发生了。

有如雷响似的，门被敲打了两下，而地窖的走道上也传来三次空洞的回响，我走到门边。

‘喂！’我喊道，‘是谁携着自己的骨灰到山上来呢？喂！喂！是谁携着自己的骨灰到山上来呢？’

我转动钥匙要将门打开，但我却无力推开那门。

这时，一阵大风袭来，吹开了两扇门，它尖声呼号着，抛给我一个黑棺。

在狂风的怒吼中，那个黑棺突然破裂，散发出无数如雷般的笑声。

还有无数孩子、天使、枭鸟、傻子，以及如孩子般大的蝴蝶的鬼脸，对着我大声地嘲弄与叫嚣。

我十分害怕，颓倒在地，大声惊叫。我以前从来没有那样惊叫过。

不过，我的叫声惊醒了自己，我苏醒了。”

查拉图斯特拉说完他的梦之后，沉默不语，他还不知道这个梦怎么解释，他最得意的门徒立刻站起来，握着查拉图斯特拉的手：

“噢，查拉图斯特拉，你的行止为这个梦做了最好的解释。

你自己不就是那阵呼啸着吹开死神之门的狂风吗？

你自己不就是那个装满缤纷的憎恶与天使鬼脸的黑棺吗？

真的，就像无数孩子的笑声一样，查拉图斯特拉走到每个墓穴中去，笑那些守夜者、守坟者以及叮当作响的管钥匙的人。

你用笑声使他们心生恐惧并颓倒在地，昏迷与苏醒则证明你控制他们的力量。

纵然漫长的黄昏与致命的疲乏降临，你这生命的拥护者也不会从我们的天空消失。

你曾使我们看到新的星星与夜色。真的，你把笑声当作五彩缤纷的天篷张挂在我们的上方。

此刻，孩子们的笑声不断从棺木中流泻出来，狂风不断袭来以制伏致命的疲乏，而你自己就是这一切的保人和先知！

真的，你梦到他们，梦到你的敌人，那是你最痛苦的梦。

不过，既然你已从他们那里苏醒过来而回到自己身上，则他们也会从自己的迷梦中醒来迎着你！”

门徒这么一说，其他门徒就围着查拉图斯特拉，紧握着他的手，想要劝他起床而勿再悲伤，并且恢复到他们的往日生活中去。但是，查拉图斯特拉坐在床上，脸上一片茫然，就像久别归来的人，他注视着门徒，端详每个人的面孔，他还无法认出他们。

直到他们扶他站起，他的眼神才突然转变过来，弄明白了刚才所发生的一切，捋一捋胡须，用洪亮的声音宣布：

“好吧，这些都来得正是时候。弟子们，留意不要耽误了我们的盛宴，我想为刚才的噩梦做一番修正！

然而那个预言者应当与我共享这顿饮食。真的，我将告诉他一个可以自沉的海！”

查拉图斯特拉如是说。他一直注视着那个解梦的门徒的面孔，并且还摇摇头。

42 救赎

某日，当查拉图斯特拉经过一座大桥时，有些残废者与乞丐将他围住，其中一个驼背的人向他说：

“看啊，查拉图斯特拉！大家都在向你学习，并且从你的说教中汲取信仰。不过，为了让他们能完全信你，有一件事不可或缺，你必须先说服我们这些残废者！现在你有一个很好的选择，也是一个绝佳的契机：你可以使瞎子重见光明、跛者奔跑，甚至减轻那背上负担太重的人。我想，那将是使残废者相信查拉图斯特拉的有效方法！”

然而查拉图斯特拉正色地回答：“若是有谁取走了驼背者背上的肉峰，也就等于取走了他的精神，大家都这么说。如果让瞎眼的人恢复视力，并因而看到世上的许多坏事，他就会诅咒治愈他盲疾的人。

谁要使跛者能奔跑，那就是为他制造最大的伤害，他刚能奔跑，恶行就会随之而来。这是一般人对残废者的说辞。而当大家在向查拉图斯特拉学习的时候，为什么查拉图斯特拉不也向大家学习一些呢？

自从我和大家住在一起，就发现一件微不足道的事：我目睹有人少了一只眼睛、有人少了一只耳朵，也有人缺了一只脚，更有人失去了舌头、鼻子，或者脑袋。

我还看过比这更惨不忍睹的事，我既不想将它完全说出来，又不愿完全隐瞒。总之，除了那些丑陋的遗物，每个人都缺少点什么。

有的人就只是一个大眼睛、大嘴巴、大肚子，或者别的什么大东西，我把他们统统称为隐蔽的残废者。

当我走出我的孤居而初次经过这座桥时，我几乎不敢相信自己的眼睛，在一番谛视之后，我说，那是一只耳朵！一只与人同大的耳朵！我向前更仔细地察看，不错，在耳朵下面还有一样纤弱的小东西。真的，这个庞然巨耳长在一根细小的茎干上面——那个茎干竟是一个人！如果有人在眼睛上再戴副眼镜，就可以看出一个怀着妒意的小脸孔，同时还有一个傲慢的灵魂在茎干上摇摆。

不过，人们告诉我，这只大耳朵不仅是一个人，而且还是一个伟人、一个天才。然而一般人所说的伟人，我是从不相信的——我坚信那些‘对他们而言，一样东西嫌太多，而一切又觉得太少’的人，必定是残废者的朋友。”

查拉图斯特拉对驼背者与他所代表的那群人说完这话之后，转过头来十分忧伤地向他的门徒倾诉：

“真的，朋友们，我走在人群之中，就好像置身在人类的断体残肢里一样！

我发现，人类身体破裂，四肢离散，就像在战场或屠宰场，实在是触目惊心。

我回过头去，却发现过去与现在并没有两样：到处是断体残肢和可怕的因缘际会，就是看不到一个人！

这世界的现在与过去。噢！朋友们！是我最无法忍受的困扰，我若不能预见将要来临的一切，那我真不知该如何活下去。

先知、价值创立者、创造者、未来，以及通往未来的桥。噢！

或可称为在这座桥上的残废者，凡此种种，都是查拉图斯特拉。

你们也时常自问："查拉图斯特拉对我们究竟算得上什么？我们应该如何称呼他？"就如同我一样，你们都把问题当作自己的回答。

他是一个许诺者或践行者？征服者或继承者？是收获或犁头？医生或病愈者？

他是一个诗人或纯真者？解放者或统治者？好人或坏人？

我走在人群之中，就好像置身在未来的碎羽断片里一样，未来则是我所想见的未来。

所有我的想象与努力就是将那些零碎的断片、谜团以及可怕的际会组合成一种单一的个体。

如果人不能兼任组合者、解谜者与际会的弥补者，我又岂能忍受孤身一人！

挽回过去，而将每个'已是'改为'我曾要它如是'，那才是我所谓的救赎！

意志，人们如此称呼解放者与报喜者，朋友，我曾这样教过你们，现在再学学这个吧：意志本身也是一个囚犯。

意志解放一切，然而将解放者置于牢笼之中的又是什么呢？

'已是'，人们如此形容意志的切齿之恨和最孤寂的苦痛。既然意志对一切既成的事实无能为力，因此它是过去一切的一个不怀好意的旁观者。

意志不能有倒退的想法，它无法粉碎时间与时间的欲望。这就是它最孤寂的苦痛。

意志解放一切，然而它本身又如何能摆脱苦痛而嘲笑它的牢笼？

噢，每个囚犯都变成了疯子！被拘禁的意志也在疯狂地试图自救。

意志所恼怒的是时间不能倒退。‘已是’的一切，它无法推移的石头。

意志因恼怒而竭力推动石头，它想对那些不与他同怒的人施加报复。

这样一来，意志这个解放者反而成了一个折磨者，它对能忍受痛苦的一切都加以报复，因为它无法退转。

是的，只有这才是报复：意志对时间和时间的‘已是’所产生的反感。

真的，在我们的意志里包含着一种极大的疯狂，而当这种疯狂获得精神之后，就变成了对整个人类的一种诅咒！

报复的精神：朋友，这是到目前为止人类最佳的思索，凡有痛苦的地方，也应该有惩罚。

‘惩罚’乃是报复的别称。它用一个伪装的名词来自我安慰，企图显示无愧于心。

既然意志者因不能想望退转而痛苦万分，意志本身与整个生命就应该是一种惩罚。

云，一片一片，在精神的上方飘荡，直到最后疯狂训道：‘一切都会死，一切都该死！’

‘时间规律，就是生存消亡，就是正义，它必须吞没自己的孩子。’疯狂如此疯狂地言讲。

‘万物依据正义与惩罚而有道德地各安其位。噢，何处是万物流转与惩罚的赎救的归宿呢？’疯狂如是宣道。

‘假如永恒正义果真存在，救赎可能吗？噢，既是这块石头已无法移动，那么一切惩罚也必将永远存在！’疯狂在如是宣讲。

‘一切行为都绝不可能被抹杀。惩罚怎能消解所造成的事实！这就是存在于惩罚之中的永恒之物，存在必是永远反复循环的行为和罪过。

除非意志最后能够挽救自己，意志变成非意志。’不过，我的兄弟，你们是知道这个疯狂传说的！

当我告诉你们‘意志是个创造者’时，我已带领你们走出了神话故事。

所有的‘已是’都不外是零碎的断片、谜团以及可怕的因缘际会，直到创造性的意志再加上一句：‘但是我曾要它如此’。

一直要到创造意志再加上一句：‘但是我要它如是！我将要它如是！’

然而，它有这样说过吗？何时说过呢？意志是否已经从它自己的疯狂中获得了解救？

意志是否已经成了它自己的解救者与报喜者？它是否已经忘掉了报复的精神和切齿的愤恨？是谁教它与时间和解，以及传授比和解还要高明的一切？

意志，权力意志，必定要追求比和解更高明的东西，但是它如何去践行呢？有谁能教它决意退转呢？”

说到这里，查拉图斯特拉忽然像一个受到极度惊吓的人中止了他的谈话，然后战战兢兢地环顾他的门徒，他的目光有如飞箭，穿透了他们的思想与意念，但是过不多会儿，他又展开笑容，语气非常平和：

“要在人群当中生活非常困难，因为不容易保持沉默，尤其是对一个爱说话的人。”

查拉图斯特拉如是说。

那个驼背者附耳倾听，当他听到查拉图斯特拉的笑声，就好奇地抬起头来慢慢地说：

“为什么查拉图斯特拉对我们所说的话和他对门徒所说的不一样呢？”

查拉图斯特拉回答：“这有什么好奇怪的！我们应当用驼背的方式来与驼背者交谈！”

“很好，”那个驼背者说道，“我们也不妨向走出校门的学生们传播这种论调。

不过，为什么查拉图斯特拉对门徒所说的话和对自己所说的迥然不同呢？”

43 世俗的智慧

高处并不可怕，可怕的是陡峭的斜坡！

站在斜坡上，两眼向下凝望，双手向上紧握；这两重意志令我一阵晕眩。

噢，朋友，你们是否能猜出我心中的两重意志？

我的斜坡与危险就是我的目光投向最高的顶端，而手则想抓牢并倚靠在深处！

我的意志缠住人类不放，我将自己和人类紧紧锁在一起，因为我被引向超人，所以我的另一个意志要往那里去。

也因此我才盲目地住在人群之中，就好像我不认识他们似的，这样我的手才不致完全失去对牢靠之物的信赖。

我并不认识你们这些人类，这种忧愁和慰藉时常袭上我的心头。

为那所有的歹人，我坐在门口质问：

谁想骗我呢？

这是我的第一项世俗智慧？我宁可让自己受骗，以免让欺骗者产生抵触心。

啊，假如我处处提防人类，人类怎么可能做我的船锚，人类不做我的船锚，我很容易被引向高不可及的地方！

这神意操纵着我的命运，我不能有先见之明。

谁若不想在人群中枯萎，就必须学习利用所有的杯子喝水；谁想在人群之中保持洁净，就必须懂得如何利用脏水为自己清洗。

我常常如此安慰自己："勇敢一点！振作一点！老迈的心啊！既然不幸降临在你身上，又何妨将它当作幸福来享受呢！"

这是我的第二项世俗智慧：我忍受虚荣者甚于高傲者。

饱受创伤的虚荣难道不是一切悲剧之母吗？然而，在高傲负伤之处，会长出一种比高傲更佳的东西。

如果想让生命这出戏博得大家的欣赏，就必须好好地表演，也需要好演员。

我发现每个虚荣的人都是出色的演员，他们卖力地表演，希望能博得观众的喝彩。他们的整个精神都投注在这个希望之中。

他们表演给他们自己看，也因此发现自己。我喜欢在一旁静静地看着生命。这样可以治好忧郁。

我忍受虚荣者，只因为他们是治疗我忧郁症的医生，同时也把我和人类联系在一起，就如把我和戏剧联系在一起。

况且，谁能想象出虚荣者的谦卑究竟有多深刻！我欣赏他们，也同情他们的谦卑。

他从你们那里学到自信。他以你们的目光为生，并从你们的掌中吞下赞美。

当你们故意赞美他时，他还是很喜欢聆听你们的假话，因为他会在内心深处叹道：“我算什么呢？”

如果说真正的道德乃是不自知，那么，虚荣的人就是不知道自己的谦卑！

这是我的第三项世俗智慧：我不会因为你们胆怯而厌烦恶人。

我很高兴看到炽热的太阳酝酿出的奇迹：老虎、棕榈树和响尾蛇。

即使在人群之中，也有那艳阳的美丽同类，在恶人身上也有许多奇妙的事物。

事实上，我觉得你们当中的大智者似乎并不是真的那么聪明：

同时，我也发现人类的弱点并没有人们认为的那么拙劣。

我常摇头自问：“响尾蛇，为什么你们要摇响尾巴呢？”

真的，即使是恶也还有未来；最热的南方尚未被人发现。

多少极恶之物也不过是十二尺宽，三个月之长！总有一天，更大的巨龙会来到这个世界。

为使超人也有他的龙，唯有超龙才能与他相匹配。必定还有许多酷热的太阳在潮湿的原始森林中展现威严！

你们的野猫必须进化为老虎，毒蟾蜍则进化为鳄鱼。因为，一个出色的猎人应当与出色的猎物相匹配！

善良者与正直者啊，你们有许多可笑的地方，尤其是对“魔鬼”的恐惧！

你们的心灵对伟大的一切是如此陌生，以致当超人表现亲切的时候，你们也会害怕！

你们这些智者与学者想躲避智慧的炙晒，而超人却在那里高兴地赤裸着身体沐浴！

在我眼前的你们这些最高等的人啊！这是我对你们的疑惑以及隐藏在我内心的莞尔一笑。我猜想你们一定会称呼我的超人为魔鬼！

噢，我已对这些最高等与最好的人感到十分厌倦与不耐，我渴望从他们的“高处”再往上升得更高更远，以达到超人的境界！

当我看到这些好人一丝不挂时，顿时感到一阵莫名的惊恐，于是，便振翅飞往遥远的未来。

飞往更加遥远的未来，飞往艺术家也从未梦想过的更南的南方。在那里，诸神羞于所有的穿着！

邻人与同伴啊，我希望你们装扮得像那些善良者与正直者，体面、自得、可敬。

而我也要装扮一番，然后坐在你们当中——这样我就分不出是你们还是我自己，这就是我的最后一项世俗智慧。

查拉图斯特拉如是说。

44　最静默的时刻

朋友，我究竟是怎么了？你们看出我十分苦恼，并且身不由己地被推搡着向前去，而准备。唉，离开你们！

是的，查拉图斯特拉必须再返回他的孤寂之所。不过，这次回到巢穴并不快乐！

我究竟怎么了？是谁对我颐指气使？噢，我那愤怒的情妇要我这样，她已吩咐过我。我是否向你们提过她的名字？

昨日傍晚，我最静默的时刻曾对我说：这就是我那凶悍的情妇的名字。

事情就这样发生了，我必须把一切经过都告诉你们，好让你们对这忽然离去的人能有所谅解：

你们了解睡着的人内心所怀着的恐惧吗？

他害怕得毛骨悚然，因为地在下陷，而梦正开始。

我给你们打个比喻。昨日在最静默的时刻，我脚下的大地塌陷下去，梦也开始了。

时针在走，我生命的钟则在呼吸，我从来没有感到那么沉寂，所以，我十分害怕。

接着，有谁无声地对我说："查拉图斯特拉，你知道吗？"

听到这句低语，我惊吓得叫了起来，脸上毫无血色，不过我默不作声。

于是那无声的话又在我耳边响起："查拉图斯特拉，你知道的，只是你不肯说罢了！"

终于，我鼓起勇气回答："是的，我知道，但我就是不愿意说出来！"

那无声的话又在我身边响起："你不愿意吗，查拉图斯特拉？真的吗？不要装出一副无所畏惧的样子吧！"

而我竟然像个小孩似的抽泣起来："啊，我愿意，但是我怎么能那样做呢！请不要逼我吧！我实在是做不到啊！"

那无声的话又在我耳边响起："这跟你又有什么关系，查拉图斯特拉！把你内心的话说出来，然后去死吧！"

我回答说："噢，我有这样说吗？我算什么呢？我正在等一个比我更值得为它而死的人，我没有资格如此。"

那无声的话又在我耳边响起："那有什么关系？我觉得你还不够谦卑，谦卑是最厚的脸皮。"

我回答说："我的谦卑之皮还有什么没忍受过！我住在自己的高山脚下，我的山顶究竟有多高，没有人告诉过我。不过我对自己的深谷知道得十分清楚。"

那无声的话又在我耳边响起："噢，查拉图斯特拉，不得不移山的人还得连深谷和平原都一齐搬走。"

我回答说："我所说的话还没有移过山，也不曾触及人类。不错，我走向人群，但还没有与他们接触。"

那无声的话又在我耳边响起："你懂什么？！当夜最沉静的时候，露水才会降落在草木上。"

我回答说："当我找到自己的道路循路而行时，他们都嘲笑我。我的两脚因而颤抖不已。

他们对我说：'你以前找不到路，现在竟不知道该怎么走！'"

那无声的话又在我耳边响起："让他们嘲笑又有什么关系！你已经是一个忘掉服从的人，现在应当由你来发号施令！

你不知道大家所需要的是谁吗？就是能指挥大事的人。

要完成一件大事固然不易，但更难的是指挥那件大事。

这就是你最不可原谅的固执，你有足够的权力，却不愿意统治。"

我回答说："我缺乏狮吼以下达命令。"

那无声的话又悄悄对我说："最沉默的话，往往会引起狂风暴雨，而能指导世界的多半是信鸽传来的思想。

噢，查拉图斯特拉，你应当有如即将来临的影子一样走向前去，你这样发号施令，左右指挥，你永远领先群氓，绝不退让。"

我回答说："我会感到害羞。"

那无声的话又在我耳边响起："你必须成为一个不知害羞的小孩。

在你身上，仍然能找到青春年华的高傲，你的青春姗姗来迟。谁想成为小孩，就必须先超越他的青春年华。”

我想了很久，颤抖不已。最后，还是重复我第一句回答的话：“我不愿意。”

顿时，在我周身爆发出一阵阵哄笑。噢，那笑声撕裂了我的五脏六腑，我的心都碎了。

而那无声的话最后一次在我耳边响起：“噢，查拉图斯特拉，你结成的果实成熟了，但是对你的果实来说，你自己还不够成熟！

因此，你必须再返回孤寂之中，这样才会变得圆熟。”

又是一阵哄笑袭来，随即消散于空气之中。我周身又归于静默，就像沉寂中的沉寂。而我躺在地上，浑身冷汗直流。

现在你们已经听完整个事情的经过，同时也明白了我为何必须返回我的孤寂中去。朋友，我把详情都说了出来，一点也没有保留。

你们已从我这最保守者的口中得知一切！

啊，朋友，我还要再对你们说几句话，我还有些东西要送给你们！而我为什么不给你们呢？是我吝啬吗？

查拉图斯特拉说完这些话之后，想到就要与他的朋友们分手告别，心中感到一阵刺痛，不由得放声悲泣，大家都不知如何安慰他。到了晚上，他悄无声息，独自离去。

卷三

当你们渴求提升时，便抬头仰望；我却低首俯视，因为我已高高在上。

你们当中，有谁能够且笑且提升呢？？

攀登至最高山顶的人，会嘲笑人世间一切如幻似真的悲剧。

——卷一：阅读与写作

45　流浪者

夜半时分，查拉图斯特拉从岛上的山脊里出发，以便翌日一大早就能抵达岛的另一处海边，他要在那里搭船。那里有一个很好的海湾，许多外来船舶都喜欢在那里停泊，那些船舶也载走了许多想离开快乐之岛的人。查拉图斯特拉爬山的路上，一边回想从少年时起就到处飘泊的经过，以及所攀登过的许多高山与峰顶。

“我是个流浪者以及登山者，”他对自己说，“我不喜欢平原。然而，看起来我似乎不能静坐太久。

无论我遭遇什么样的命运和际遇，流浪与登山是必不可少的，而一个人到最后所要面对的只是自己而已。

属于我的际会已经过去，还有什么未曾属于我的事会发生在我身上呢！”

我的“自我” 在经过一番漫长的四处流浪与世事磨练之后，终于又回到我这个家来了。

我还知道一点：此刻我站在自己的最终绝顶，那个早就为我保留的绝顶之前。噢，我必须攀登属于我的最艰难的山路！噢，我已开始我最孤独的流浪之行！

然而凡是与我一样的人绝不逃避这个时刻，这个时刻会对他说：现在你才算是真正走上了你的伟大之路！而山巅与深渊，都已混在一起了！

你走上你的伟大之路，现在这条路就成了你最后的藏身之所，而它同时也一直是你最后的险关！

你走上你的伟大之路，现在这条路必是你勇气的最大依托，它会使你义无反顾地勇往直前！

你走上你的伟大之路，在这条路上绝不会有人偷偷跟踪你！你的步伐会隐没走过的来路，而路上则写着：不可能。

假如今后所有的梯子都无法使你达到目的，那你就必须学着攀登到自己的头上，否则你怎能上得去呢？

登上自己的头，并超越自己的心！这时，你一定要使自己由温和变为强硬。

对自己一味姑息纵容者，终将因此而罹患恶疾。歌颂那使人强硬的一切吧！我不赞美流着奶和蜜的地方！

学习“无我”，就是与万物打成一片的秘诀，这种冷硬是每个登山者都必须具备的。

然而，谁的眼神若是像一个求道者那样热烈的话，则他如何能透视一切事物的表面而深入其中呢?

但是你，噢，查拉图斯特拉，你要追究一切事物的表里与根由，因此你必须超越自己，一直上去，直到所有的星球都悬浮在你的脚下!

是的！要俯视我自己，以及我的星球。只有这样，我才算是登上了我的绝顶巅峰，那早已为我留着的绝顶巅峰!

查拉图斯特拉在登山的时候，一边自言自语，以激励的格言抚慰自己，因为此刻他的心感到前所未有的痛苦。当他到达山脊的顶端，看啊，另一个海展现在他面前，他伫立，久久不语。在这高处的夜晚显得清凉如洗，而天空则缀满了星星。

我领悟到自己的命运，最后他哀伤地说，好吧，我已准备妥当。我那最后的孤独刚刚才开始。

噢，我脚下沉郁的海啊！幽暗的苦恼啊！噢，命运与大海啊！现在我必须趋就你们!

我伫立于最高峰与极远旅程之前，我必须先下降到未曾有的深处。

我必须降至未曾有过的痛苦之中，直到最黑暗的洪流，既然命运注定如此，也好！我已准备妥当。

我曾问，最高峰究竟来自何处？后来我才知道，原来它们来自海里。

它们的岩石和峰顶的崖壁都蚀刻种种证明。要想达到最高处，必先从最深处起步。”

查拉图斯特拉在陡峭的高山上这么说。而当他走到海边独自站在嶙峋的岩石间，顿感一阵疲惫，却比以前更加热切地向往。

“万物都睡着了，”他说，“连大海也早已入梦，它的眼睛正惺忪而怪异地望着我。

不过，我可以感受到它那微暖的呼吸，也可以感受到它正在梦中辗转反侧。

听！听！它在喃喃诉说刚才所做的噩梦！或许那是不祥的征兆吧？

噢，你这阴郁的怪物使我也感伤起来了，因此我自怨自艾。

噢，为何我的手如此软弱无力，我多么想把你从噩梦之中解救出来啊！”

查拉图斯特拉一边这样说着，一边却又惨然自讽。“怎么，查拉图斯特拉，”他说，“你竟然想吟咏、慰藉这片大海？

啊，查拉图斯特拉，你这老实的傻子、盲目的寄托者啊，你总是如此深信不疑地亲近可怕的一切。

你关心所有的怪物。只要它鼻口还有一丝温暖的呼吸、脚爪上还有几根柔软的绒毛，你就迫不及待地撩拨与爱抚它。

爱是最孤独者的危险要害，只要所爱的是活的一切！而在爱之中，我的那种疯狂和谦卑真是可笑！”

查拉图斯特拉如是说，而且，再度笑了。然而他又想到被自己所离弃的朋友们，仿佛在思念中，他对他们做错了什么，所以对自己的思念十分生气。可是，当他笑时，却又不禁泪如雨下。

查拉图斯特拉因愤怒和渴望而痛哭。

46 幻想与谜团

一

当查拉图斯特拉在船上的消息传开之后，水手们都抱着强烈的好奇心期待着——因为竟然有一个来自快乐之岛的人与他们同船渡海。但是查拉图斯特拉整整有两天都没有说话，哀伤使他感到不胜凛冽的寒风，默默无语。他对别人的眼光不予理会，也不回答任何问题。

第二天晚上，虽然他仍然没有开口，但他的耳朵却再度张开，在这只来自远处而又将前往更加遥远一方的船上，总有许多值得一听的奇异、冒险的故事。查拉图斯特拉很喜欢所有那些历尽沧桑的人，而不爱安逸的生活情趣。看啊！当他正在聆听的时候，口中的舌头终于松动了，同时心中的冰块也终于化解。接着他尽情宣讲：

你们这些勇敢的探险者，以及终年与狡猾的帆船和恐怖的大海为伍的人啊，

你们这些醉心于谜团和黄昏，以及整个灵魂被笛声引到每个叛逆港湾去的人啊，

你们不愿以怯懦的手抓牢一条绳线，而只要你们还能忖度，便绝不使用想象。

我只对你们诉说我亲眼目睹的谜团，一个最孤独者的幻想，最近我常在阴沉的黄昏里抑郁不乐地漫步，每天的太阳都为我而西落。

一条孤独的小径在乱石堆里向上延伸，这条没有草木的山路在我勇毅的脚步下不时发出碎裂的咯吱咯吱的声音。

我静默地踏着发出嘲弄声的石子往前走，同时一边还踩着滑不溜秋的石块。

我强迫自己向上走。

向上，不顾肃然的精神，以及想把我拖进深渊的魔鬼和劲敌。

向上，虽然那肃然的精神有如半侏儒、半鼹鼠一样瘫坐在我身上，使我四肢无力，并且还把铅液倾注到我的耳朵里去，甚至灌输到我的脑中。

“噢，查拉图斯特拉，”它一字一顿讽刺地低语，“你这智慧之石啊！你将自己投得如此高远，然而一切向上抛掷的石块最终必然落下！

噢，查拉图斯特拉，你这智慧之石、被掷之石、星球的毁灭者！你将自己投得如此高远，然而一切被向上抛掷的石块终必落下！

噢，查拉图斯特拉，你被判定要被自己所投掷的石块打死。固然你把石块投掷得很远，但是它依旧会落在你的头上！”

于是那侏儒安静了下来，而且久久不语。这沉寂的气氛使我有隐隐窒息之感。真的，虽然我们是两个人在一起，却比我一个人时还要感到孤独些！

我一路向上走着、梦想着、思索着——然而一切仍挤压着我。我有如一个病人刚因剧痛的疲极而入睡。

但是，在我身上有一个名叫勇气的东西，它一直在为我剪除所有的颓丧与忧郁。这勇气终于叫我站住，并且说道：“是你侏儒，还是我？！”

由于攻击的勇气乃是最佳杀手，因此在每项攻击中，都必有胜利的乐声。

就因为人是最勇敢的动物，所以能征服其他所有的动物。他在胜利的乐声之中克制了一切痛苦，然而，人类本身就是最大的痛苦！

勇气同时也为我剪除了面临深渊时的晕眩。人往哪里走不是深渊呢？他只要随便用眼一望，处处皆是深渊！

勇气是最佳的杀手，它也能剪除同情。同情乃是最深的渊谷。一个人对生命体会有多深，对痛苦的了解就有多深。

勇气——攻击的勇气是最佳杀手，它也能剪除死亡，它高傲地宣称：“那曾是生命吗？好吧！让我们重新再来一次吧！”

就在这番话里，洋溢着许多胜利的乐声，让有耳朵的人去聆听吧。

二

“站住，侏儒！”我喝住他，“不管‘侏儒’是你还是我，我总比你强，你无法窥知我的思想底蕴！同时那也是你所不能忍受的！”

接着，我变得身轻体健，因为这侏儒，伺机刺探人心的精灵从我肩上跳下来。他盘坐在我面前的一块石头上，而在我俩的旁边，正有一个出入口。

“看这出入口，侏儒！”我继续质问，“它有着截然不同的两面。两条路在此交汇，都没有到达它们的尽头。

这条往后的路没有尽头，而那条向前的路也同样无限地伸展。

这两条道路背道而驰，却直接交汇，这出入口就是它们的交汇点，上面还刻着名字：‘刹那’。

若是有人循着其中一条路一直走下去，侏儒，你想这两条路会永远相背吗？”

“凡是直者必有诈，”侏儒一脸不屑，“所有的真理都是弯的，连时间本身也只是一个圆圈。”

“你这肃然的精神，”我怒声斥道，“不要轻率地回答我的问题，否则我会将你这跛足者丢弃在你现在所坐的地方。别忘了我已把你带到了高处！”

“看这刹那！”我不厌其烦，“从这刹那的出入口起，有一条朝后无限延伸的路，在我们背后有一个无穷的后退。

万物之中，凡能跑的不都已跑完了那条路吗？万物之中，凡会发生的不都已经发生而且成了过去吗？

假如万物都曾存在过，那么，侏儒，你对这刹那有何想法呢？这出入口岂不也曾存在过？

难道万物不是如此周旋着，而想使这刹那留住未来的一切吗？最后，甚至它自己也是这样？

因此，万物中最能奔跑的就应当循着这条向前的路继续跑下去！

这只在月下爬行的蜘蛛与这一片月光，还有在这出入口低声互诉永恒之万物的你我，不都存在过吗？

难道我们不应当再次跑完眼前这另一条漫长而古怪的路吗？

难道我们不应当一直循环下去吗？”

我以逐渐消沉的声音说道，我害怕自己的思想与其背后的意图。蓦地，我听到有只狗在我附近吠叫。

我曾经听过狗这么吠叫吗？我的思想在回溯。是的！就在我极为遥远的童年，当我还是一个孩子：

那时，我听过一只狗这样叫，同时我还见过它毛骨悚然地颤抖不已，就在那连狗也相信有鬼的沉寂之夜。

我不禁心生怜悯。那时，一轮圆月正悄悄地挂在屋顶上面，并且停在那里不动，这个发光的星球就像歇在谁的领地似的静静躺在屋顶。

这狗一直在害怕，它也相信有鬼与小偷。而当我又听到它在吠叫不已，也再度寄予无限的同情。

此刻，侏儒到哪里去了呢？出入口、蜘蛛，以及一切的低语呢？我是在做梦吗？我究竟醒了没有？忽然，我发现自己竟是一个人独自站在阴郁月光下的嶙峋岩石中。

不过，那里躺着一个人！而那只受到惊吓的狗不住地跳跃、哀鸣，看到我走近，它又叫了起来，我曾经听过狗这样地哀叫求救吗？

真的，这一切都是我从来未曾见过的。我见到一个年轻的牧人气喘吁吁、面部抽搐，同时身体也在扭动，一条粗黑的蛇正盘在他的嘴外边。

我曾经见过这样一个极度的憎恶与惨白的恐怖面孔吗？他或许早已睡着了？于是那条蛇就爬进他的喉管里面咬住不放。

我用手去拉那条蛇，但是白费力气！我无法将它从牧人的喉管里拉出来。

于是我高喊："咬吧！咬吧！把它的头咬掉吧！咬吧！"

我的恐惧、憎恨、厌恶和同情这么叫道，我的善与恶也异口同声地如此嘶喊。

我身边的探险者、你们这些终年与狡猾的帆船和恐怖的大海为伍的人、醉心谜团的人啊！

请为我解开我所目睹的谜团，并诠释这最孤独者的幻想吧！

这只是一个幻想、一个征兆，究竟我能从这些描述中看到什么呢？谁又是那终将来临的人呢？

究竟谁是那蛇盘口外的牧人呢？而容忍所有粗黑之物盘据其喉的人又是谁呢？

果然，那牧人照着我的喊话做了，他狠狠地咬死那条蛇，并将它的头吐得很远，而自己也跳了起来。

他已不再是一个牧人，甚至不是一个人，他成了一个变形体，周身有一道光圈，同时还笑着！从来没有任何人像他那样笑过！

啊，兄弟们，我听到一阵不像出自人类的笑声。此刻，一种饥渴、一种永不满足的热望正在啃噬着我。

我对那阵笑声的热望正啃噬着我。噢，我怎么能如此苟延残喘下去呢？！我又怎么能甘心现在就死呢？！

查拉图斯特拉如是说。

47 意外的幸福

查拉图斯特拉怀着这些谜团和悲苦飘洋过海。不过，当他离开快乐之岛和朋友四天之后，就克服了所有的痛苦，他胜利并坚定地再度接受自己的命运。然后查拉图斯特拉对其喜不自胜的心灵这样低诉：

我现在又回到独处的境地了，这也是我所乐意的。独自遨游于明朗的天空与开阔的大海之间，下午再度围绕着我。

我曾在某个下午初次遇到我的朋友们，而第二次也是在一个下午，当所有的景色都在最静谧的时刻。

一切仍在天地之间游移的幸福正想寻找一个光彩明亮的灵魂，作为它的休憩之所，一切光明因幸福而更加静谧。

噢，我的生命午后啊！我的幸福也曾下降到深谷去寻找休憩之所，后来它找到了那些真诚而亲切的灵魂。

噢，我的生命午后啊！我抛弃所有，只为得到一样东西，我思想的肥沃园圃与最高希望的黎明！

创造者也曾找过同伴与他的希望之子，后来才知道，除非他先创造同伴，否则便无法找到这些同伴。

因此，当我工作到半途时，就向我的孩子们走去，并回到他们的身边。为了孩子，查拉图斯特拉必须先完成自己。

在一个人的心中，他只爱自己的孩子和工作。伟大的自爱乃是孕育某物的预兆。这是我发现的。

我的孩子们仍然一起站在新绿的早春中，共享和风的吹拂，那是我园中最佳土壤所培植的树木。

真的，树木茂密的地方就是快乐之岛。

不过，终有一日，我要将它们拔起来而隔离栽种，这样它们每一株就都能学到孤独、无畏和谨慎。

它必将像健壮的虬龙、坚韧刚强地挺立在海边、有如一座永不屈服的生命的活灯塔。

在狂风暴雨席卷入海，以及山的长鼻饮水之处，每株树都得日夜值班守候，作为它的检验与明证。

每个孩子都必须经过考验与证明，让人知道它是否属于我的同类与后裔，也让人知道他是否为长久意志的主人，即使在说话时也是静静地，在施与时就像是不得已而接受似的，只有这样，将来他才能成为我的同伴，以及一个与查拉图斯特拉共同创造，共同享受成果的人，这个人会把我要使万物变得更加美满的意志写在我的标记上面。

为了他和他的同类，我必须先完成自己。因此我现在处处躲避幸福而自动接受所有的厄运与不幸，以此作为我最后的考验与证明。

真的，我该走了。流浪者的影子、最漫长的滞留，以及最静默的时刻，所有这一切都对我说："现在正是时候！"

风透过钥匙孔而吹向我，并且说："来吧！"门则狡猾地自动打开，并对我说："去吧！"

然而，我对孩子们的爱绊住了我。对爱的渴望设下这个陷阱，而使我成为孩子们的俘虏，我在他们之中失去了自己。

现在对我来说“渴望”就是“失去自己”的称谓。孩子们，我拥有你们！而在这拥有之中，一切都应该安全可靠而无丝毫的渴望。

爱的太阳正炙晒着我，查拉图斯特拉在自己的汁液中备受煎熬。然后，一切影子与疑惑从我头上飞过。

现在我渴望着寒冬与冰雪：“噢，但愿寒冬与冰雪再度使我发抖，牙齿打颤吧！”我叹了一口气。于是形成一层冷雾。

我的过去穿破它的坟墓而出，许多深埋的痛苦也都苏醒过来，它们只是裹着尸衣饱睡了一场。

因此一切都以信号向我示意：“是时候了！”但是，直到我的山谷震动，我的思想将我咬痛，我才恍然大悟。

噢，我那深渊的思想啊！究竟要到何时，我才能做到听你挖掘而不颤抖呢？

当我听到你在挖掘时，我的心几乎要从嘴里跳了出来！你这深沉的哑者简直使我窒息！

我从来不敢叫你上来，我受够了将你带在身上！我还不足以表现我那狮子般的放恣与戏弄。

你的重量便让我畏惧三分。不过，终有一日，我有足够的力量，决绝地狮吼将你叫上前来。

当我在这点克服我自己之后，接着还得在另一个更大的方面克服自己，而胜利就是我的了。与此同时，我一直独自在海上飘泊不定，甜言蜜语的际会在奉承我，我前后瞻顾，仍不见尽头。

属于我最后的搏斗时刻还没有到来，或许就在此刻？真的，大海与生命都以诡谲的美打量着我！

噢，我的生命午后啊！噢，日落前的幸福啊！噢，大海上的苍穹啊！噢，不安定中的宁静啊！我对你们是多么的怀疑啊！

真的，我不相信你们那诡谲的美！我就像恋人似的，不敢相信一个太过甜媚的微笑。

像嫉妒者温柔又坚决地推开他的所爱，我也同样推掉眼前这幸福的一刻。

幸福的一刻，请离开吧！你为我带来一个意想不到的幸福：而我却准备接受最苛刻的痛苦，你来得真不是时候！

幸福的一刻，请离开吧！你还是到我的孩子们那里寻找你的休憩之所吧！快点，请带着我的幸福在日落前为他们祈祷吧！

太阳落下去了，夜幕已经低垂。去吧，我的幸福！

查拉图斯特拉如是说。他整夜都在等待厄运的降临，然而却落空了。夜明净如旧，幸运愈来愈接近。但当天将亮时，查拉图斯特拉发出会心的微笑，语气里带着一丝嘲讽：“幸福之所以追我，是由于我不追女人的缘故。其实，幸福就是一个女人。”

48 日出之前

噢，我头上的天，明净而幽渺的天啊！光明的深谷啊！每当我向你望去，就不由得会因神圣的意念而颤抖不已。

我将自己抛至你的高处，那是我的深度！我将自己隐藏在你的纯洁之中，那是我的天真！

上帝把自己的美遮盖起来，这样一来，你也隐藏了自己的星球。你默然不语，这样一来，你对我就宣示了你的智慧。

今日，你为我在怒海之上默默升起，你的爱和羞怯仿佛在向我暴烈的灵魂启发什么。

你掩藏在自己的美之中，并且雍容华贵地向我走过来。你默然无语地以自己的智慧向我明白地展露。

啊，我怎么一点也没想到你心中的所有温顺呢！你在日出之前向我这最孤独的人走来。

我俩向来是好朋友。我俩有共同的忧伤、恐惧和动机，连太阳也为我俩所共有。

我俩从不交谈一句，只因彼此都很了解，我俩脉脉相对，用微笑来传达彼此的知识。

你不是我的火所放出来的光吗？你不是我智慧的姊妹心灵吗？

我俩曾共同研习一切，也曾共同研习如何超越自己和做出开朗的微笑。

从远处用明亮的眼睛开朗地向下微笑，当一切束缚、目的与罪恶在我们脚下如雨般地喷注时。

当我踽踽独行于黑夜的迷途中时，我的心究竟在渴望什么呢？假如我登山不是为了找你，那还会找谁呢？

我的流浪与登山都只是愚笨者的下下之策，却也是不可缺少的。我的整个意志想向你飞去！

还有什么会比飘浮的云朵和使你堕落的一切更让我憎恨呢？

我甚至憎恨自己的恨意，因为它也会使你堕落！

我憎恨飘浮的云朵，那些贼似的猫偷走了我俩共有的战利品，无限的肯定与祝福。

我俩都憎恨那些调停者和善于交际的人，就像憎恨飘浮的云朵。他们都是三心二意的人，从来都不知道无论祝福或诅咒都得发自内心。

我宁可躲在桶子里，或者栖息于深渊之中，完全不见天日，不愿看见你这明净的天被飘过的云污染！

我常想用闪电的金线将它们紧紧拴住，好让我能像巨雷一样，在它们铜鼓似的肚子上擂击一番。

一个愤怒的鼓手，只因它们从我这里抢走你的肯定与主妇！我头上的天，明净的天啊！光明的深谷啊！只因它们从你那里抢走了我的肯定与祝福。

因为我喜欢喧闹之声、响雷和暴风雨的摧折，甚于惊醒而多疑的猫一样的憩息：同时我也憎恨那些在人群里蹑手蹑脚和三心二意的人，以及犹豫不定飘浮的云。

“不想祝福者，则当学诅咒！”这清楚的启示从明净的天传给我，而这个星球即使在黑夜里也高悬在我的天空静止不动。

然而，我是一个祝福者与肯定者，假如你这明净的天、光明的深谷只在我的身边，那么，我会把我的祝福和肯定送到所有的深谷中去。

我成了一个祝福者与肯定者。我曾经过一番漫长的奋斗而成为一个奋斗者，为的是使我有一日终能以自己的手去自由地祝福一切。

然而，我的祝福是：要立于一切之上，就像它是自身的天空、圆形的屋顶、蔚蓝的挂钟，以及永恒的保障一样，而这样祝福的人也会受到祝福！

由于万物都受过永恒之泉的洗礼，所以超出善恶之外。善恶本身也不过是变动无常的影子、沮丧消沉的痛苦和飘浮不定的云朵。

真的，当我说“在万物之上有机运之天、无邪之天、冒险之天和放肆之天”时，其意在祝福而非亵渎。

“孤注一掷”，这是世界上最古老的尊号，我将它从目的的束缚中解放出来，并还给万物。

当我说“在万物之上或万物自身之中并无‘永恒的意志’存在”时，我不过是把这个自由和青天般的明朗像蔚蓝的挂钟似的放置在万物之上罢了。

当我说“在万物之中，有一点是绝不可能的，理智！”时，我不过是拿这个放肆和疯狂来取代那个“永恒的意志”！

不错，将一点理智、一粒智慧的种子散播到每个星球，这酵母被掺在万物之中。而为了疯狂，就将智慧掺在万物之中！

一些智慧着实可能，然而我在万物之中找到祝福的保障，以致他们宁可用运气的舞步来跳舞。

噢，我头上的天，明净而高远的天啊：你没有永恒的理智之蛛与蛛网，我想这就是你的纯洁之处吧。

我认为，你只是一个神圣机运的舞池，或是骰子与赌徒的神圣神桌！

你害羞了？难道我说了什么不该说的吗？还是我想祝福反而冒犯了你呢？

或者是因为只有我们两个人使你害羞？你叫我离去，什么话都不说，难道是因为天快亮了？

世界十分深邃，比白天所见的还要深邃。有许多事不宜在白天说出来的。现在天快亮了，且让我们暂时离别吧！

噢，我头上的天，温婉而热情的天啊！你是我日出之前的幸福！天已经亮了，我们就此分手吧！

查拉图斯特拉如是说。

49　萎缩的道德

一

查拉图斯特拉到了陆地之后，并不直接取道返回他的山上洞穴中去，仍然四处游逛，同时不住地探询各种事物。他对自己如此细语："看啊，这里有一条百折归源的河，"因为他想知道在他离开的这段时间里，人们究竟又发生了些什么事，他们究竟是变得更伟大还是更渺小。有一回，他看到一排新盖的房子，就十分诧异地打听：

"这些屋子究竟是怎么回事？说实在的，没有一个伟大的人物会用这些屋子作为自己的表征！

可能是哪个无知的小孩从他的玩具盒里拿出来的吧？我希望有别的小孩再把它们收回玩具盒里面去！

这些屋子可以让人出入吗？我觉得它们像是为玩偶，贪吃者所做的。”

查拉图斯特拉站在那里静静地思索着，最后他哀伤地说：“一切都变小了！

举目所见，都是一些低矮的房门，与我身材类似的人还可以穿过，但是他必须俯首折腰！

啊，究竟什么时候我才能回到我不必俯首折腰的家乡，不必向小人俯首折腰的家乡呢？”

查拉图斯特拉叹了一口气，然后向远方凝望。

就在那天，他做了一些关于萎缩的道德的谈话。

二

我从这些人群之中走过，同时举目四顾：他们不能原谅我一点也不嫉妒他们道德的样子。

他们争着撕咬我，我苦口婆心地对他们讲：小人当然只需要小的道德，我实在想不通小人存在有何必要！

我在这里就像是一只陌生农场中的公鸡，连母鸡们也来啄我，但是我对他们一点也不敌视。

我小心翼翼地对待他们，就像在处理某些小烦恼一样。我觉得对任何小事物都保持警惕，而举刺乃是刺猬的智慧。

当他们晚上围坐在炉火边时，都在谈论着我，大家都在说我，却没有人在思索我。

这是我刚刚才体验到的另一种沉默——他们的喧哗包围着我，就好像为我的思想披上一件外衣似的。

他们彼此大呼小叫："这阴郁的云要对我们做什么呢？我们留意不要让它为我们带来某种疾病吧！"

最近，有个妇人抓住她那想要走近我的小孩，并且喊道："叫孩子们躲开，这种眼睛会灼伤孩子们的心灵。"

当我说话的时候，他们就不住地咳嗽，他们认为咳嗽是对狂风的一种抗拒，他们都想象不到我的那种幸福狂欢。

"查拉图斯特拉不适于我们的时代。"他们都这么反对，然而一个不适于查拉图斯特拉的时代又算得了什么呢？

即使他们都赞美我，我又怎能安睡在他们的赞美上？他们的赞美对我来说，犹如一条有刺的腰带，就算将它解下，它还是会刺到我。

我还从那群人之中学到：赞美者往往做出一副报答的样子，其实他是想多得到一些！

问问我的脚，它是否喜欢他们的赞美和迷人的旋律？！说真的，它实在不想照着那滴答的拍子跳舞，或者伫立不动。

他们想用小道德来诱引并讨好我，同时也想用小幸福的拍子来说服我的脚。

我从这些人群之中走过，同时举目四顾。他们已经变小了，也还会一直变小，由于他们的幸福与道德学说。

他们在道德上也表现得十分谦卑，他们想要安逸。也唯有谦卑的道德，才会与安逸相称。

不错，他们也以自己的方式学着大步前进，那是我所谓的踱行，因此他们成了一切赶路者的障碍。

他们当中有许多人在前进时，还不住地以僵硬的脖颈向后张望，我真想把他们撞倒。

脚和眼都不应说谎，也不应互相欺瞒。然而，在小人群中到处都是不诚实的话。

他们当中有些人立意要如何如何，其余大部分都受人左右。有些人十分老实，其余大部分都是蹩脚的演员。

他们当中还有一些不自觉的和不情愿的演员，老实人毕竟是少数，尤其是老实的演员。

他们多半缺少男子气概，因此女人只得使自己男性强起来。唯有十足男子气概的人才能解救女人中的女人。

这是我在他们当中所发现的最蹩脚的伪善，发号施令的人还要故意装作受役使的样子。

“我服务，你服务，我们大家一起来服务。”统治者的伪善这么唱着，假如至高无上的主人只不过是最上等的仆役，那将是多么可悲啊！

啊，我的目光曾好奇地关注他们的伪善，我猜透了他们那苍蝇般的幸福，在阳光照射玻璃窗上不停打转。

有多少仁厚，就会有多少懦弱：有多少公正与怜悯，也就有多少的懦弱。

他们彼此以圆滑、公平与慎重相待，有如沙粒彼此以圆滑、公平与慎重相待一样。

谦卑地接受一个小小的幸福，这就是他们所谓的“听天由命”！而与此同时，他们却谦卑地偷觑着另一个小小的幸福。

他们由衷希望的一件事就是：不要有人伤害到他们。因此，他们处处为人设想，并善于交际。

不过，这就是懦弱，虽然他们称之为“道德”。

当这些小人偶尔粗里粗气地说话时，我只听到他们嘶哑的声音，因为每一口气都会使他们哽咽不语。

他们着实机灵。他们的道德有着一双伶俐的手，然而却没有拳头，他们的手指不知道如何弯曲形成一个拳头。

他们认为道德可以使一切变得谦卑而驯服。于是他们使狼变成狗，而使人变成最好的家畜。

“我们把椅于置于一切的中间，”他们很得意地告诉我，“与将死的角斗者和满足的猪之间保持同样的距离。”

不过，这就是平庸，虽然他们称之为“节制”。

三

我从这些人群之中走过，同时投下许多的警语箴言。但是他们却不知拾取，也不知珍惜。

他们很奇怪我为什么不斥责人们的荒淫与罪恶。事实上，我来此并不是为了提醒大家谨防扒窃的！

他们很奇怪我为什么不开导他们并启发他们的智慧，就好像他们当中自以为是的人还不够多似的。然而那些人的声音却有如麦芒一样刺耳！

当我大声疾呼：“诅咒在你们内心的一切懦弱的魔鬼吧！它们很爱呜咽啜泣、双手交叉并随便崇拜。”

他们高喊：“查拉图斯特拉不信神。”

而尤其是教他们听天由命的人喊得更响。我反倒更喜欢附在他们的耳边叫道："是的，我就是不信神的查拉图斯特拉！"

这些教人听天由命的人！只要有任何卑贱、病态，或肮脏的地方，他们就像虱子般地在那里爬行。我的厌恶使我不想挤碎他们。

好吧！这就是我对他们的训诫："我就是不信神的查拉图斯特拉。请问，还有谁比我更不信神，好让我能聆听他的教诲？

我就是不信神的查拉图斯特拉，何处有我的同道呢？我的同道就是那些只接受自己的意志而垂弃听天由命的人。

我就是不信神的查拉图斯特拉，我在自己的锅中煮着所有的时机，等到时机煮熟了，我才把它当作佳肴般地收下。

真的，有许多时机很傲慢地走向我，然而我的意志却用更傲慢的态度对它们说话，于是它们便哀求地下跪。

它们向我哀求，希望能在我这里找到它们心的住所。它们对我极尽谄媚：'看啊，查拉图斯特拉，只有朋友才如此亲近朋友啊！'"

假如无人聆听，我又何必多说呢？因此我要向风大喊：

"你们这些小人将会一直变小！你们这些贪图安逸者终将崩溃灭绝，由于你们的小道德、小怠慢，以及小小的听天由命！

你们太柔弱、太退让了，你们所生长的土地原本就是如此！然而，一棵树想要长高的话，它就得以强韧的根去盘绕粗硬的巨石！

你们所疏忽的一切正在编织着整个人类的未来之网。甚至连你们的空无也是一个蛛网，以及一只以未来之血为生的蜘蛛。

你们这些小有德者啊，当你们在拿取什么时，就如同在偷窃一般。然而，即使是对歹徒，荣誉也会这般狂言：'只有在不能

抢劫的地方才可以偷窃。’

‘这是那东西自己要给我们的。’这是另一种听天由命的说法。不过，我对你们这些贪图安逸的人说：‘这是那东西拿去的，它将从你们身上拿走愈来愈多！’

啊，但愿你们能舍弃所有的‘动摇的意志’，并且立意懒散，像你们立意行动一样！

啊，但愿你们能明白我所说的话：‘做你们想要做的事——但是得先成为一个能够立定意志的人。

要爱邻如己，但是得先成为一个自爱的人。

先成为一个以大爱与大恨来爱自己的人吧！’”不信神的查拉图斯特拉这么说。

假如没有人在聆听，则我又何必多说呢？这个时刻对我而言还嫌太早。

在这些人群里面，我是我自己的先行者与黎明黑巷中的鸡鸣。

不过，他们的时刻到了！我的时刻也来临了！每一刻他们都变得更小、更穷和更不成熟可怜的草木！可怜的土地！

不久，他们将如枯草与草原般地伫立在我面前。真的，他们对自己也感到厌倦了——同时渴求火甚于水！

噢，幸福的闪电一刻啊！噢，午前的神秘啊！终有一日，我将使他们成为流火与口吐火舌的使者。

终有一日，他们会用吐火之口来报信：那伟大的午时来了！近了！

查拉图斯特拉如是说。

50 在橄榄山上

冬日这个恶客坐在我的屋中，我的手则因他的寒暄把握而变得青紫。

我尊敬这个恶客，不过我宁可让他独自留在屋子里。我很高兴能躲开他，谁若是善跑就能逃过他。

带着暖和的双脚和思想，我跑向风静的地方，橄榄山上充满阳光的一隅。

在那里，我笑我那位严肃的客人。不过，我也感谢他清除了我屋中的苍蝇，而增添了几分静谧。

他不喜欢听到一两只苍蝇的营营声，所以将小巷也整理得十分沉寂，因此连夜晚的月光也显得十分害怕。

他是一个很冷酷的客人，但是我尊敬他，我不像那些柔弱的人，只知礼拜那大腹便便的火神。

即使是有点牙齿打颤，也比崇拜偶像要好，我这个人就是这样，我尤其憎恨所有淫荡而蒸腾的火神。

当我爱一个人时，我在冬日比在夏日更爱他。假如冬日坐在我的屋中，我会更加嘲弄我的敌人。

真的痛快，即使我匍匐在床上，深藏我心中的幸福依旧尽情欢笑与放纵，甚至迷离的梦幻也暗自偷笑。

我是一个匍匐者吗？我一生从未在当权者面前匍匐过。假如我曾说过谎，那也是为了爱。因此，即使在我的冬日之床上，我也十分高兴。

一张寒酸的床比一张华富的床更令我感到温暖，因为我生怕失去我的穷困，而它在冬日里却对我最忠实。

我每天都以一个恶作剧作为开始：我以冷水浴来嘲弄冬日，我那严肃的室友因此而啧有怨言。

我还喜欢用支蜡烛去撩拨他的痒，好使他最后不得不让天从灰色的黎明中放出光明。

我在早晨更加刁钻，一大早天还未亮，水桶在井边嘎嘎作响，马在灰暗的巷子里兴奋地嘶鸣时，我正焦急地等待着天色大明，这冬日的天空犹如一个白发苍苍的古稀老者。

这寂静的冬日天空竟然常把太阳给冰封起来！

这漫长的清明寂静，是我从它那里学来的呢？还是它从我这里学去的呢？或者是我俩各自发明的？

一切美好事物的产生往往是多方面的，既然一切淘气的美好事物都是为了欢乐而存在，则又何妨再来一遍呢！

漫长的寂静也算是一件淘气的美好事物，就如冬日的天空似的，它从有着清澈大眼的圆脸远眺，就像冬日的天空一样，把太阳和坚强而热情的意志冰封起来。真的，我对冬日的恶作剧这种艺术已经十分娴熟了！

我最喜爱的恶作剧与艺术，就是我的沉默已经懂得不耽于沉默在自身之中。

我用骰子和掷骰子的啪啦声骗过了这些严肃的助手，我的意志和目的就是要规避所有那些缜密的观察者。

我之所以发明漫长的清醒的沉默，就是要使任何人都不能透视我的内心深处与最高意志。

我曾遇到过许多十分机灵的人，他们将自己的面孔遮盖起来，同时把水搅混，以使任何人都无法见底。

不过，有一些更机灵的怀疑者和钻牛角尖者却正找上他们，并想从他们的水中钓出藏得最隐秘的鱼！

那些清明、真诚与率直的人则是最聪明的沉默者，他们那沉潜的深度即使是最清澈的水也无法外泄。

噢，你这白发苍苍、沉默不语的冬日天空啊！你是我的心灵与其放纵的神圣象征！

我是否绝不像吞金者一样地把自己深藏起来，以免让人剖开肚子？

我是否绝不踩着高跷，好让我周围的嫉妒者与中伤者看不到我的长脚？

这些肮脏、破旧、心地不纯的人，他们的嫉护怎能忍受我的幸福？

因此我只把我山顶上的冬日与冰雪露给他们看，而保留系着山腹的太阳的腰带！

他们只听到我的冬日之狂风在呼啸，却不知道我也和渴望、沉重而炎热的南风一样曾经过温暖的大海。

他们十分同情我的不幸遭遇，但是我却说："接受发生在我身上的一切不幸遭遇吧，它们是和小孩同样无辜的！"

假如我不在幸福的周围布置许多悲惨的事故、冬日的苦难、熊皮帽以及雪袍的话，则他们怎能忍受我的幸福呢！

但愿我不同情那些嫉护者与中伤者的怜悯！

但愿我不在他们面前叹息与瑟缩，而毅然地沉浸在他们的怜悯之中！

这是我内心的淘气与善意的明智之举：它绝不隐藏它的冬日与刺骨的寒风，也不掩蔽它的冻疮。

对某种人而言，孤寂乃是病患者的安居之所：而对另一种人而言，则它又是躲避病患者的安居之所。

让那些在我周围瞄着眼的可怜歹人都听到我因冬寒而牙齿打颤与叹息的声音吧！如此我才能逃出他们那温暖的房间。

让他们都同情我的冻疮，并为此而叹息吧。“他会冻死在知识的寒冰之中！”他们如此惋惜道。

在此同时，我以暖和的双脚在属于我的橄榄山上到处漫跑。在那山上充满阳光的一隅，我高歌嘲弄所有的怜悯。

查拉图斯特拉如是说。

51 路过

查拉图斯特拉如此悠然地游历了许多部落和城市，之后便要返回山上的穴居之处去。然而，当他无意中经过一个大城的城门时，一个发狂的疯子伸着双手迎向他并挡住他的去路。那个疯子一般的人都称其为“查拉图斯特拉之猴”，因为他很会模仿查拉图斯特拉的言行举止，同时也常借用查拉图斯特拉储藏的智慧。这个疯子对查拉图斯特拉如是说：

“噢，查拉图斯特拉，此处是个大城，在这里你不但找不到任何东西，反而还会失去原有的一切。

为什么你要涉足泥泞之中呢？还是爱惜你的脚吧！不如向这城门吐一口口水，然后转身回去！

这里是隐者思想的地狱，许多伟大的思想都在此被活生生地煮得稀烂。

一切伟大的思想都在此逐渐腐烂。在这里，只有垂死的咽喉才能咯咯作响！

难道你没有闻到精神的屠宰场与食馆的味道吗？这座城市不是因被屠宰的精神烘熏而在冒气吗？

难道你没有看到一颗心有如抖动不洁抹布似的被悬挂着吗？而他们竟然还用这些破布去做报纸！

难道你没有听到这里的精神早已变成一种文字的游戏吗？它将胃里无法消化的残肴都吐了出来！而他们竟然还用这些吐出来的残肴去做报纸：

他们互相追逐，却不知是为什么缘故！他们互相激怒，也不知是为什么缘故！他们将铜和金子掺在一起叮当作响。

冰冷的他们想从酒精里面寻找温暖，而当他们有了热意，又想从冰冻的精神中找寻凉快；他们因群氓的意见纷纷而病痛不已。

所有的淫乐和罪恶都以此为家，不过这里也有德行清高的人以及许多精巧能干的道德。

许多会用手指写字而执意无所事事的道德人物都受到小小勋章和一些浅薄女孩的福佑。

这里还有许多的怜悯，以及在万人之主耶和华面前的许多将口水舐净的忠诚行为。

由于勋章和口水是‘从高处’落下，因此每个没有挂着勋章的胸脯都向上渴望。

月亮自有它的宫廷，而宫廷中也有其卫星的拱护。然而这些行乞的人民与这些能干的行乞道德却向着那宫廷祈祷。

‘我服务，你服务，我们大家一起来服务。’所有能干的道德都向君主如此祷告，好让值得的勋章终于能挂在纤细的胸脯上。

然而，月亮依旧绕着大地的一切而旋转，因此君主也不免绕着最世俗的一切而旋转，但那却是商人的金子。

耶和华并非金子之神。君主只是提供意见，而由商人决定施行!

噢，查拉图斯特拉，以你光明、坚强而美好的一切，唾弃这个商人的城市而回去吧!

唾弃这个属于闯入者、厚颜者、胡言乱写者，与太过热衷于野心家的城市吧!

唾弃这个充满破碎、肮脏、放荡、怀疑、扰乱与腐烂一切的城市吧!

唾弃这个偌大的城市而回去吧!”

这时，查拉图斯特拉打断了这个口吐白沫的疯子的话。

“请你立即住口吧!”查拉图斯特拉喊道，“我早就对你的言行举止感到厌恶了!

为什么你要一直住在泥沼之旁，而使自己最后也变成了癞蛤蟆呢?

现在那污浊冒泡的泥沼之血不也在你自己的脉管中流动着，

也使你知道如何学蛙鸣与骂人吗？

为什么你不到森林里面去呢？又为什么你不去找块地耕作呢？大海中不是满布青翠的岛屿吗？

我不在乎你对我的轻蔑。如果你对我提出警告，那你何不警告自己呢？

只因我的鄙夷与警告之鸟应从爱中而非泥沼里飞起！

发狂的疯子啊，大家都把你当作我的猴子；不过我却称你为不住打呼噜的猪，你的呼噜甚至还破坏了我对疯狂的赞美。

初次令你打呼的究竟是谁？只因为没有人对你献媚，所以你就坐在这些秽物的旁边，好为自己的不住打呼寻找借口，但愿你有许多报复的借口！因为报复才是你的整个狂乱。我猜透了你这个虚荣的疯子！

然而，即使你刚才所说的那些疯言疯语一点也没错，但它们还是会伤害到我！而纵然查拉图斯特拉的话千对万对，你终会误解我的话！”

查拉图斯特拉如是说。

他望着那个大城而感叹不已，沉默了一段很长的时间之后，又开口说道：

“我也十分憎恶这个大城，而不只是这个疯子。到处都是一样，既好不到哪里去，也坏不到哪里去。

愿苦难降临这个大城吧！我真希望现在就亲眼看到将整个大城烧成灰烬的冲天火柱！

因为这个冲天的火柱必能使那伟大的午刻提早来临。不过，这也自有其时与命在，我把这项告诫送给你这个疯子作为临别赠言：当一个人无法再爱某个地方时，那就路过吧！”

查拉图斯特拉如是说，并从那个疯子和大城旁走过去。

52 叛教者

一

啊，不久前，这块还是青葱碧绿且繁花缤纷的草地如今都已摧萎枯黄了！我曾在此采集过多少希望之蜜携往我的蜂巢里去啊！

那些青春活泼的心都已变得老迈了，其实也不是老迈，只是倦怠、疲惫与烦琐罢了——他们声明：“我们又变得虔诚了。”

最近我还看到他们在清晨时跑得十分起劲，然而他们的知识之脚已经疲惫不堪，现在反而怪罪到他们早晨的那份生龙活虎的朝气！

真的，当我的智慧笑着向他们眨眼时，其中有许多人曾一度像舞者似的举起他们的脚，然后他们都陷于沉思之中，刚才我还看到他们匍匐着向十字架爬过去。

他们也曾像蛾蚋和年轻的诗人一样，绕着光与自由振翅飞舞。至于那些老迈一点或心冷一点的人，都大惑不解、口齿不清、娇生惯养。

或许他们都十分沮丧，只因孤寂已然将我吞没？或许他们曾枉费心力地伸长渴望的耳朵，只为想听我号角的鸣声和先知的启示？

啊！精神坚毅而充沛的人总是为数不多，其余的则都是懦夫。

其余的永远居多。他们都是一些庸碌而多余的人，都是懦夫！

与我同一类型的人也会在路上遇到与我相同的经验，因此他的第一批同伴必定是一些死尸与小丑。

不过，他的第二批同伴必定会自称信徒，他们将是怀有许多的爱与疯狂以及天真崇拜的活泼一群。

与我同一类型的人不应将他的心系在这些信徒身上：明了人类懦弱的人不应相信那些春日的时光与缤纷碧绿的草地！

如果他们无法做到这些，那么也就无法行使他们的意志。那三心二意的人往往会破坏整个大局。而当树叶都枯黄时，我们还悲叹什么呢！

噢，查拉图斯特拉，不要悲叹，就让它们飘落吧！最好你也和呼啸的风一起吹向它们！

尽管向那些树叶吹吧，查拉图斯特拉，好让枯萎的一切能快点离你而去！

二

“我们又变得虔诚了。”那些叛教者如此自白，而在他们当中还有一些人竟然胆怯得无法启口。

我仿佛要透视他们的眼神，我当着他们那羞得通红的脸厉声教导：你们是重新恢复祷告的人！

祷告总是可耻的！对你我以及所有头脑清醒的人而非对整个人类来说，你的祷告是一件十分可耻的事！

你自己心里非常明白，然而你心里那胆小的魔鬼却喜欢将双手交叉在胸前而贪图逸乐，这个胆小的魔鬼哄你说：“那里有上帝在！”

你成了那种怕光类型的人，永远不能在光明中得到安息。现在，你必须每日逐渐加深地将自己的头掩埋在阴暗与雾气之中！

真的，你来得正是时候，因为夜鸟刚好都已四散飞出。怕光者的时刻，亦即黄昏与休息的时刻到了，而它们却不“休息”。

我听到也闻到了，他们狩猎与游行的时刻已经到来。事实上他们并非要猎捕野兽，而是猎捕驯服者、跛足者、哼哼不语者、蹑手蹑脚者以及低声祷告者，追逐多愁善感的傻子。所有要猎取心灵的捕鼠器都已安置妥当！只要我一揭开布幕，便会有一只夜蛾从中飞出来。

或许它刚才是和另一只夜蛾坐在一起的？我到处都可以闻到闭藏小社会的气味，而只要有小房间的地方，就会有新的皈依者以及其调调。

他们终夜靠在一起，并且说：“让我们返回童年而念着‘亲爱的上帝’吧！”他们的口腹都被虔诚的糖果吃坏了。

或许他们终夜就在观看一只狡猾而潜伏一旁的蜘蛛，而它正在向别的蜘蛛宣传智慧：“在十字架底下很适于织网！”

或许他们终日坐在沼泽旁垂钓而自以为非常深沉。不过，在没有鱼的地方垂钓者，我认为他连肤浅都称不上！

或许他们在向一个作曲家愉悦而虔诚地学弹竖琴，那个作曲家很乐于以竖琴去打动少女们的心，因为他已对年纪大的女孩感到乏味并且也不想再赞美她们。

或许他们在向一个不甚狂妄的学者请教如何颤抖，而那个学者正在黑暗的房间里面等待幽灵的出现，其实幽灵早已完全跑掉了！

或许他们正在聆听一个吹着风笛的老乐师，而那个老乐师已从悲风之中学到了凄惨的音调，现在他以风笛诉说着满腔哀怨。

他们当中有些人成了守夜者。现在他们都知道如何吹响这号角，并在夜里巡视，以惊醒那沉睡已久的古老旧物。

昨夜我在花园的墙角下，听到五句关于那些古老旧物的对话，这些话是出自两个年老而悲寂的守夜者之口。

“他身为人父，却对自己的孩子都照顾得不好。倒是人类的父亲表现得有过之而无不及！”

“他太老迈了！因此无法再照顾自己的孩子。”另一个守夜者如是说道。

“他有孩子吗？除了他自己之外，谁也无法证明这件事的：我早就希望他能完完全全地证明一次。”

“证明？你的意思好像是他曾经证明过什么似的！要他提出证明是很难的一件事，他只强调别人对他的信任。”

“是的，是的！相信他，就可以挽救他。这是前人的一贯作风！而我们也是如此！”

这两个年老的守夜者与怕光者这样互相耳语，接着他们凄然地鸣起号角。这一切都是昨晚发生在花园墙角下的事。

然而，我的心被笑紧紧地憋着，几乎快要爆开了，它不知该往哪里去，结果竟然闯进横膈膜里。

真的，当我看见这些醉汉以及听到这些守夜者如此怀疑上帝而要我不笑是会憋死的。

对这一切的怀疑不是早已成为过去了吗？现在还有谁可以唤

醒这些在打盹的怕光旧物呢！

这些古老的众神老早就死了。真的，那是一个非常完美的圆寂！

他们并不是抑郁而死的，那是他们自己捏造的！反之，他们是笑死的！

那是发生在当有个神说出一句最不信神的话，“只有一个上帝！除我之外，你们不应当还有别的神！”

一个嫉妒而满口白胡子的年老之神如此忘形地宣告。

于是众神笑了，并且放声大叫：“有许多神而不止一个上帝，那不是很神圣的吗？”

就让有耳朵的人去细听吧。

查拉图斯特拉在他所热爱的斑牛镇里这样宣教。因为他只要花两天的时间，就可从这里走回他的穴居之所，并与他的鹰与蛇相会。当他知道快要回到家的时候，内心真是兴奋不已。

53　回家

噢，孤独！我的家园啊，我在蛮荒的外地胡乱生活得太久，如今回到你的身边，怎能不叫人涕泪纵横！

现在，就像母亲般地甩手指吓唬我吧；现在，就像母亲般地向我微笑吧；现在，只要对我说：“从前那个像一阵旋风似的匆忙离我而去的人是谁？他临走时曾经大声喊道：‘我与孤独相处得太久，以致竟然忘掉了沉默！’现在你一定记起来了吧？

噢，查拉图斯特拉，我知道你比从前和我在一起时更受到人们的嫌弃，你这特立独行者！

被人嫌弃是一回事，孤独则又是另一回事。你现在明白了吧！其实，在人群中，你永远是狂野而陌生的。

即使他们爱你，你在他们眼中仍是狂野而陌生的，主要是因为他们想得到你的纵容！

然而，这里毕竟是你的故园、你的家。在这里，你可以大谈一切，尽吐所有的心曲：在这里也不必为那些隐藏而凝结的情感感到羞于启齿。

在这里，万物都喜欢听你讲话，并且称赞不已，因为它们想骑在你的背上。在这里，你可以骑骑每个象征以达到每项真理。

在这里，你可以坦率地对万物高谈阔论。真的，只要有一个人对它们说话，它们就以为那是在赞美自己。

总之，被人嫌弃是另一回事。噢，查拉图斯特拉，你还记得吗？当你在森林里，徘徊于一个死人之旁而不知将何去何从时，你的老鹰在你头上呼啸。

当你说：‘让我的鹰与蛇来引导我吧！我发觉在人群中比在动物群中还要危险！’时，那就意味着被人嫌弃！

噢，查拉图斯特拉，你还记得吗？当你坐在你自己的岛上时，你就是一切空酒桶的酒泉，在饥渴的人群中广为布施。

直到你自己成为那些醉汉当中唯一的最渴者，并且夜夜悲叹：‘难道接受不比给予更幸福吗？难道偷窃不比接受更幸福吗？’那意味着被人嫌弃！

噢，查拉图斯特拉，你还记得吗？当你最沉默的时候，将你驱离你自己时，当它对你恶毒地耳语：‘开口说话然后去死吧！’时，当它使你对自己的等待与沉默感到不耐烦，并消磨了你那卑微的勇气时，那便意味着被人嫌弃！”

噢，孤独！我的家园啊！你是多么愉悦而温柔地在向我细语啊！

我们既不互相质问，也不互相抱怨，一起坦诚地走过洞开的门。

你的一切都是坦诚而光明的，甚至连时间在此也加速了脚步。因为，时间在黑暗中比在光明里更沉重。

在这里，一切生物的言辞都向我迎来；在这里，存在的一切都想倾诉，而变化无常的一切都想向我学习如何说话。

不过，在那里一切都是空的！遗忘与漠视就是最高的智慧，现在我学到了这个。

想要了解人类的一切，就必须去接触一切。然而，要做这件事，我的手太过干净了些。

我实在不想吸到他们的气味！而我竟然在他们的喧嚣与浊气中生活得如此之久！

噢，我周身幸福的静谧、纯洁的馥郁啊！这静谧所引起的纯洁空气真叫人想深深地吸它一口！这静谧的幸福是多么凝神地在倾听啊！

在那里，无物不语，然而却什么也听不到。假如有人用洪钟般的声音宣示他的智慧，那么市场上商人的钱币声会比那话语声更响。

在他们那里，无物不语，然而谁也听不懂。一切都像是掉入水里而非深井中。

在他们那里，无物不语，却都无法表达自己。一切都如鸡般地啼个不停，但是有谁还想留在窝里孵蛋呢？

在他们那里，无物不语，一切都被说尽了。昨日时间与时间的牙齿还认为非常坚硬的东西，此刻已被今日之人的嘴给咬得稀烂。

在他们那里，无物不语，一切都被揭露了。昨日还被称为深沉灵魂的隐私和秘密，今日已成了街上的吹嘘者与放荡者。

噢，人类的叫嚣、黑巷中的喧哗啊，你真是个奇妙的东西！现在你又落在我的后面了，我最大的危险竟然躺在我的后面！

我最大的危险在于宽容和怜悯，而整个人类的叫嚣也就是想博得宽容和怜悯。

凭着深藏不露的真理、疯狂的手、被嘲弄的心，以及许多怜悯的小谎言，我一直如此生活在人群之中。

我化装之后，坐在他们当中，随时准备否认自己，忍受他们，同时自动地对自己说：“你这个傻子根本对人类一无所知！”

当一个人生活在人群中时，他就会忘了他们，因为整个人类的前景着实太多了，在那里，高瞻远瞩的眼光又能怎样呢！

假如他们误把我当作是一个疯子，则我会因此而宽容他们甚于自己。我已惯于对自己冷酷无情，所以会因这宽容而对自己施加报复。

我被毒蝇蜇遍了全身，有如被恶水滴穿的石块。我就是这样一直坐在他们之中，并且还对自己说：“卑微的一切对自己的卑微是无辜的！”

我发现尤其是那些自称“善者”的人才是最毒的毒蝇，他们只知一味地蜇刺、说谎，他们怎么会以正道待我呢!

凡是与善者生活在一起的人，怜悯就会教他说谎。怜悯会使所有自由的心灵郁闷难受，因为善者的愚昧是无法测知的。

将自己与自己的所有隐藏起来，我在那里学到了这个。我发觉他们每个人都很懵懂无知，而当我说我了解他们时，那是出于我怜悯的欺骗。

或者当我说我明白感觉得出来，何者是他们所能接受的，而何者又是他们所难以接受的!

我认为，他们那些严肃的智者聪明有余而严肃则未必，就这样，我学会了油腔滑调。

掘坟穴者病倒了，只因在那些老朽的废物之下到处充溢着恶心的腐臭味。我们不应该去搅动沼泽，而应当生活在高山之上。

我那幸福的鼻孔又再度吸到山上的自由空气了！我的鼻子也终于从人类扰攘的气息中挣脱出来!

由于清新空气，我的心就像是被冒泡的酒刺激似的打起喷嚏来了，它一边打喷嚏，一边还向自己庆贺地大呼：“祝你健康！”

查拉图斯特拉如是说。

54　三种毒害

一

在我今日清晨的梦中，我曾伫立于天涯，手持天平，衡量这个世界。

啊，这黎明来得多么早。这个嫉妒者用耀眼的光线将我唤醒！它总是嫉妒我清晨梦中的光芒。

有时间的人可以计时；善于过秤者可以称重；有坚强的翅翼者可以到达任何地方；神圣的胡桃夹子可以卜卦。我从梦中发现这世界就是如此。

我的梦是一个大胆的水手，一半是船，一半是飓风，静如蝴蝶，动如鹰隼。为何它今日会有那闲情逸致去称量这个世界呢？！

或许我那含笑而清醒，且嘲讽过整个“宇宙”的日间智慧曾向它悄悄地说了些什么？因为它说：“力量使主人居于多数地位，那就显得更加有力。”

我的梦是多么充满信心地思索着这个现实的世界！它既不好奇、恋旧、怯懦，也不祈祷。

就如同一个成熟而表皮光滑的金苹果放在我掌中一样，这世界就如此呈现在我面前，如同一棵枝叶茂盛而弯曲成仿佛行人憩息之所，且不住向我点头的树一样，这世界就如此与我遥远相对，就如纤纤玉手持着一个盒子，那是一个为博得谦卑崇敬之眼的欢心而打开的盒子，向我走来一样，这个世界就将自己展露在我面前，非神秘莫测不足以吓阻人类对宇宙之谜的关爱；非解开谜题不足以中止人类的智慧。我今日才觉得这个传闻并不美好的世界，竟是如此地富有人性！

我多么感谢我今晨的梦，它使我得以在今日的黎明时刻衡量这个世界！这个梦和心灵的慰藉者有如一个富有人性之美好的东西，来到我的身边！

为了在白天也能进行同样的事情，并且仿照它最好的地方，我现在要把三件最坏的事放在天平上，而以人类的观点来好好衡量一番。

教人祝福者必也教人诅咒。在这世界上最受诅咒的三件事物是什么呢？我要将它们放在天平上。

色欲、权力欲和私欲，这三者是迄今为止最受诅咒与争论的，我会以人类的观点来衡量这三者。

啊！这里就是我的海之一角，而那里是海。我所心爱的年老忠实的千首狗怪不住摇着尾巴滚向我。

啊！我会在汹涌的海上手持着天平，同时还要选择一个旁观的见证人。你，隐逸的树，我爱你那茂盛的枝叶和浓烈的香气！

现在，究竟该从哪条桥前往未来呢？究竟是什么限制使得高者必须屈就于低者呢？而命令那最高者向上成长的又是什么呢？

现在天平挺立不动而平衡了。我将三个深重的问题放在一个盘子上，而将三个答案放在另一个盘子上。

二

对轻蔑肉体的苦行者而言，色欲有如受锥心刺骨或火焚般的一种痛苦，同时也像“这个世界”一样，被所有的遁世者诅咒，因为它往往会嘲讽并作弄那些犯错而步入歧途的教师。

对低下的群氓而言，色欲是烘烧他们的慢火；但对虫蠹的木头或肮脏的破布而言，它则是常备的火炉。

对自由的心灵而言，色欲是一种天真与自由，同时也是大地的花园之幸福，以及未来对现在的感激之情。

对懦弱者而言，色欲是一种甜蜜的毒药；但对于有着狮子般的意志的人而言，它是一服很好的强心剂以及陈年的酒中之酒。

色欲是一种至高的幸福与希望的最佳快乐的象征，因为对多数人而言，它允许婚姻行为的意义甚于婚姻形式的本身。

对多数人而言，他们对彼此的误解远甚于男女之间的一切，又有谁会悟到男女彼此之间是多么地互不相知！

然而，我必须将自己的思想和言语用篱笆围起来，以免猪与游荡者闯入我的花园！

权力欲是冷酷无情者甘之如饴的鞭笞，也是用来对付残忍至极者的酷刑，以及焚身之火的璀璨火焰。

权力欲是黏附在最虚荣之人身上的毒虻，也是所有游离道德的嘲弄者，它骑在所有的马匹与骄傲之上。

权力欲乃是粉碎与颠覆空洞而腐朽的一切的地震，也是毁除伪善者粉饰之墓的破坏者，以及不当答案疑问的信号。

在权力欲的逼视之下，人类俯首匍匐于其面前，连猪狗都不如，直到不凡的轻蔑从他内心发出呐喊。

权力欲乃是不凡轻蔑的可怕教师，它当着城市与帝国的面大声喝斥“你滚吧！”直到它们也发出呐喊：“我走好了！”

权力欲甚至还诱人地攀附在纯洁者、孤独者以及自足的崇高者身上，同时也有如渲染在天边紫色幸福的爱情一般发出光热。

当居于高位者想去迁就于权力时，还有谁会称权力欲为一种热情呢！真的，在这种热情和迁就之中丝毫没有任何病态的成分！

但愿孤独的高处并不永远孤独和自足，也愿高山能降临深谷，高处的风能吹至平地。

啊，谁能给予这份渴望一个适当而尊荣的名称呢！“施与的道德”——这是以前查拉图斯特拉为它所取的名称。

接着，他竟然首度赞美私欲，来自强壮有力的灵魂的善良而健全的私欲。

这个强壮有力的灵魂拥有一个美丽、喜悦而和谐的高等肉体，而在这肉体四周的一切就成了一面镜子。

这柔顺而善道的肉体，这舞者，他的象征与一切乃是自得其乐的心灵。而肉体与心灵的自得其乐则称为“道德”。

这种自得其乐用其善与恶的言辞来保护自己，像用圣洁的手套来保护双手一样，同时以幸福之名祛除所有足以轻蔑的一切。

它也祛除了所有懦弱的一切：“恶就是懦弱！”它认为，那些时常叹息、抱怨，以及爱贪小便宜者都是鄙薄而不足挂齿的。

它也蔑视所有苦乐参半的智慧。真的，也有在黑暗中绽放的智慧，那夜之影的智慧时常叹息：“一切皆空！”

它也视羞怯的怀疑为卑下的情操，任何将誓言看得比相视与握手还重的人必然也对智慧十分怀疑。因为这就是懦弱心灵的典型模式。

它觉得那些躺在地上摇尾乞怜而又媚态十足者更是卑下。当然也会有那种摇尾乞怜而媚态十足的智慧。

它既痛恨又厌恶那些既一味吞忍所有鄙夷与难堪而从不自卫、那些能忍受一切与满足一切的人，因为这就是奴隶的典型模式。

不管他们是屈服于众神的鄙夷，还是受役于人类的愚见，这受到祝福的私欲都会唾弃所有的奴性。

恶，它如此称呼所有精神破灭与奴颜婢膝的一切，勉强眨个不停的眼、沉重压迫的心和矫情柔媚的风度，都以懦弱的厚唇献吻。

虚假的智慧，它如是称呼所有奴颜婢膝、老态龙钟与衰疲无力的智者，尤其是教士们荒谬而疯狂的一切行径！

然而，那些伪智者、教士、厌世者、深具女柔与奴服之本性的人。啊，他们都一味在戕害私欲！

而他们又称对私欲的戕害为道德的行为，而是一种美德！至于“无私”，则是那些厌世的懦夫与十字架下的蜘蛛想借着光明正大的理由去表现的！

但是，他们的白日、变化、判断之剑和伟大的午时已然降临，于是许多东西都将显现出来！

那个宣称自我健全神圣，并且赞美私欲的人，那个预言者说出了他所知道的一切：“看啊，那个伟大的午时来了！近了！”

查拉图斯特拉如是说。

55 严肃的精神

一

我的口，是群氓的口：我对那些矜持者讲话太过粗俗而直率，至于舞文弄墨的人听起来则会觉得很怪异。

我的手，是疯子的手。所有可供疯子胡写乱涂的一切以及桌子、墙壁等都是多么地不幸啊！

我的胃，是鹰的胃？因为它最喜爱羔羊的肉，所以当然是只猛禽的胃。

简单而少量的食物是有益身体的，我随时准备振翅，急于高飞远扬，这是我的本性。我的本性里面怎么会没有某些鸟的气质呢！

尤其是我对严肃精神的敌视更是一种极具猛禽特点的表现。真的，极端的敌视、天生的敌视、誓不两立的敌视！噢，何处没有我的敌视？

我能为此高歌一曲，而我也愿意唱出来，虽然我独自在一间空屋里，但我还是得唱给自己听。

当然，其他的歌者只有在屋中挤满了人的时候，才会有美妙的歌喉、优雅的手势、动人的眼神和清醒的心智。但是，我不与他们一样。

二

能教人类飞翔的圣人，终将转移所有的陆标。他认为，所有的陆标都会自己飞走，而他也将为大地重新命名，称之为“轻盈的身体”。

鸵鸟跑得比马快，但它还是会把头插入沉重的地里，不能飞翔的人类也是如此。

大地和生命对人类而言是沉重的，而严肃的精神也如此要求！若有谁想变得轻盈如鸟，就必须先爱自己。我如此告诉你们。

绝对不可用患病或神志不清者的爱来爱自己，因为即使他们的自爱必须是真真切切的！

一个人必须先学习如何爱自己，我如此告诉你们，用健康而正常的爱来爱自己，这样，一个人才能与自己安然相处而不致在外流连。

这种流连自称为“友爱”，这些字眼本来就是最佳的谎言和欺瞒，尤其是对那些一直是人类的沉重负担者来说。

事实上，没有人要我们在今日或未来学习如何爱自己。这毋宁是所有艺术之中最为出色、精巧与深具包容性的一种。

凡被拥有的一切对其拥有者都是深藏不露的，属于自己的珍藏总是要到最后才会被挖掘出来，这些都是由严肃的精神所造成的。

当我们几乎还在襁褓中时，就已被赋予许多沉重的名词和价值：“善”与“恶”，它自称为天赋。就是由于这些名词和价值的缘故，我们的生存才被宽容。

因此，当我们有了小孩时，就禁止其适时地爱自己，这些都是由严肃的精神所造成的。

而我们，我们忠实地将天赋的一切承担下来，背负着它越过险峻的高山，当我们汗如雨下时，人们就会承认：“是的，生命是一个非常吃力的重荷！”

然而，也只有人本身才是一个非常吃力的重荷！因为他的肩上扛着太多外来的东西。他有如骆驼般地屈膝下跪，然后让人将重荷置于其上。

尤其是那种强壮足以负重而心怀敬意的人，身上背着更多外来的沉重名词与价值。所以，生命对他仿佛就是一个沙漠！

事实上，许多原本属于我们自己的东西也是很难背负的！人类有许多内在的东西有如牡蛎一般，既滑手也不讨人喜欢。

因此他们必须有一个精致的外壳，以精致的装饰来为自己辩护。我们也得学习这种艺术：要有一个外壳、一个美好的外表以及聪明的盲目！

再者，由于许多外壳不够美好而楚楚可怜，至多仅是个壳，所以在人类身上往往有许多东西被隐瞒了。我们从未想到自己身上竟然潜藏着如此多的善与力，千里马竟然遇不到伯乐！

最出色的女人知道身材的肥瘦怎么调理。噢，多少命运就决定在这微小的差别上。

人是不容易被发现的，尤其最难被自己发现。精神常常装出一副关怀心灵的样子。而这些都是由严肃精神所造成的。

然而，发现自己的人会说："这就是我的善与恶。"于是那些口口声声主张"全体的善、全体的恶"的瞎子和侏儒都不再说话。

真的，我也不喜欢那些声称一切皆善，而这个世界乃是最好的世界的人，我称他们为无不满意者。

满足，它知道如何去品尝一切，那却不是最上乘的滋味！我很佩服那些执拗而挑剔的舌与胃，它们都知道说"我""是"和"否"。

总之，去咀嚼一切、消化一切，这正是猪的本性！永远唯唯诺诺，满口"是是是"，也只有驴和驴样的人才会如此！

我喜爱深黄和大红两色，因而常将血和各种颜色调在一起。若是有人将他的屋子漆白，那无异于告诉我他的心灵也涂上了一层白色。

有些人迷恋木乃伊，又有些人则迷恋鬼怪，而两者都敌视血与肉。啊，我们的喜好是多么的不同！因为我深爱血。

我不喜欢驻留在人人恶心与唾弃的地方：这就是我的癖好，我宁可和小偷与伪证者生活在一起。谁也没有满口金子。

不过，舐人口水者更令我感到憎恶，我觉得他们是人类当中最可恶的动物，我替他们取了一个名字，叫作“寄生虫”，他们不想去爱，却要依爱而活。

那些只有一个选择，不是成为猛兽，就是成为猛兽的驯服者的人十分不幸，我不会将我的帐篷搭在他们当中。

那些必须永远等待的人，他们不合我的口味，十分不幸，他们是税吏、商人、帝王、地主以及店主。

真的，我也学会了等待，而且是一心一意。然而，我只等我自己，我更学会了站立、慢步、快跑、跳跃、攀爬和跳舞。

这就是我的告诫：要想飞翔的人必须先学习站立、慢步、快跑、跳跃、攀爬和跳舞，他是不能一下子就飞起来的。

我学会了用绳梯越窗、用敏捷的腿爬上高高的桅杆。坐在知识的桅杆对我而言，似乎并不只是一种微不足道的幸福，在桅杆上如小火苗般地不住地摇曳闪动，虽然只是一点微光，却是遇难水手与沉船者的一大慰藉！

我以各种不同的方式去达到我的真理，我并非只用一个梯子爬到两眼能够远望的高处。

我就是不愿向人问路。这不合我的喜好！我宁可询问路的本身，并且试着去走。

整个我的漫游就是一种尝试与质问。真的，我们还得会回答这种问题！而这就是我的喜好。

这纯粹只是属于我个人的喜好而已，并不关好或坏，我既不再为此感到害羞，也不再隐瞒。

“这就是我现在要走的路，你们的路在哪里呢？”我曾如是回答那些向我问“路”的人，因为“那条路”并不存在！

查拉图斯特拉如是说。

56 旧表与新表

一

我坐在这里等待着，一些被撕毁的旧表和尚未写成的新表散落在四周。我的时刻究竟什么时候才到来呢？

我降落、下山的时刻究竟什么时候才到来呢？因为我想再度走向人群。

我正在等待那个时候的来临。必须先有信号通知我时候已到，那信号就是含笑的狮子和成群的鸽子。

在等待的同时，我自言自语地仿佛很悠闲的样子。没有人告诉我新的东西，所以我只好自己讲给自己听。

二

往昔我走到人群中，发现他们都沉溺在古老的迷恋里：他们自以为早就知道何者为善、何者为恶。

他们认为，谈论道德是一件很无聊的事。谁若想睡个好觉，就不妨在上床前谈谈善恶。

当我告诉他们除了创造者之外还没有一个人知道善恶时，乃惊醒了他们的好梦！

然而，也只有那个为人类创造目的，并赋予大地意义与未来的人才能成就善恶。

我曾叫他们推翻老旧的讲坛以及任何迷恋所盘踞的席位，我曾叫他们笑那些道德大师、圣贤、诗人以及救主。

我也曾叫他们笑那些阴沉的哲人以及任何坐在生命之树上把教育说成如黑色的稻草人般的人物。

我曾坐在他们的墓道上，甚至坐在尸骸和秃鹰旁，笑他们过去的一切和正在腐烂的荣耀。

真的，像忏悔的说教者和疯子，我痛斥并羞辱他们的伟大和渺小。啊，他们的至善竟是如此的渺小！啊，他们的至恶也是如此的渺小！所以我笑他们。

我那诞生在高山之上的聪明渴望在我心中狂喊大笑，那真是一种野性的智慧！我振翅欲飞的伟大渴望。

它时常带我在笑声中上下翱翔，于是我便怀着晕眩的狂喜，像箭一样地颤飞而过。

它将我带到从未梦见过的遥远未来，以及比雕刻家所想象的还要炎热的南方。在那里，裸舞的诸神以一切穿着为耻。

但愿我能用各种比喻来描述，并且像诗人一样欲言又止。我着实为自己仍不得不做个诗人而感到羞惭！

我觉得，那里的一切仿佛都成了诸神的狂欢裸舞和恣意放荡，而开放无羁的世界逃入自身之中，有如诸神永无休止的自我逃避和重新追寻，也有如诸神普受祝福的自我冲突和重归于好。

我觉得，那里的整个时间只是无数刹那之中一个受到祝福的嘲讽而已。在那里，需要即是自由，它愉快地与自由的刺激物相戏，我还在那里遇到我的宿敌、旧恶、严肃的精神，与它所创造的一切：禁制、律令、需要、因果、意志、善恶。那些我们所踏舞过去的一切难道不是必要的吗？为了轻盈与最轻盈者。那些鼹鼠和笨重的侏儒难道不是必要的吗？

三

“超人”这个字也是我在那里的路上捡来的，还有“人是应当被超越的”这句话。

人类只是一座桥梁而非目的为他的午时和夜晚而高兴吧，因为那是另一个黎明的先声。

查拉图斯特拉有关伟大午时的谈话，以及我悬在人类头上有如血红的落日余晖般的一切。

真的，我曾使他们目睹新的群星与夜空，也曾透过云层，日夜散布我的笑声如一个彩色的天棚。

我将我的一切梦想和抱负都告诉了他们：把人类身上所有断裂的碎片、谜团和可怕的机会组合成一个单独的个体。我以组合者、解谜者和机会挽回者的身份告诉他们要创造未来以及过去的一切，以创造来挽回。

要挽回人类的过去，要改变“已是”的一切，直到意志对我道出实情：“就是因为我曾要它如是，所以我要它如是。”

我称此为挽救，我也教他们只称此为挽救。

现在，我等待着自己的赎救，这样我才能最后一次重归他们的怀抱。

我要再度回到人群之中，我要在他们那里陨落，而当临死之前，我会将我最珍贵的礼物赠送给他们！

我从落日这个富裕者的身上学到了这个：它将无穷的金子倾倒在海上。

以致连最穷的渔人也得用金桨来划船，我曾经见过这种景象，当时我还感动得不住落泪。像落日般，查拉图斯特拉也要下去了。现在他坐在这里等待着，近身四处是撕毁的旧表和尚未写成的新表。

四

看啊，这是一个新表，但是帮我一起将它带到山谷和血肉之躯的心中去的那些兄弟究竟到哪里去了呢？

我的大爱如是要求那些最为遥远的人："不必顾虑你的邻人！人是应当被超越的！"

人类可以用各种不同的方法和模式来超越自己，就看你自己如何去努力！不过，只有小丑会这么想："人类也可以被跳跃过去。"

甚至还要超越在邻人心目中的你。自己能取得的权力，绝不可让别人来给予：

你所做的事，别人无法再做。因此，并无所谓报酬。

凡不能命令者便当受令。有许多人虽能命令自己，但是仍极缺乏自我服从的意志！

五

高贵心灵的典范如是希望：他们不愿不劳而获，尤其是生命。

芸芸众生都想不劳而获地生活，至于我们则不然，因为生命既已把它自己交给了我们，我们就应当念兹在兹：我们该用什么来好好报答它！

这真是一句金玉良言：“我们应当好好珍惜生命为我们所许下的诺言！”

不能贡献欢乐者就不应当希冀享受欢乐。而一个人也根本就不应存有享乐的念头！

享乐与天真是最为害羞的东西，二者都不喜爱人们的相寻。一个人本来就应当拥有它们，然而他却宁可去追逐罪恶与痛苦！

六

噢，兄弟们，凡是作为先驱者就必然得牺牲，而我们正是那先驱！

我们在隐秘的祭坛上流着血，我们被焚来供奉古代偶像。

我们所拥有的最好条件就是还年轻，这引起了那些老朽的胃口。我们的肉十分细嫩，我们的皮也只是羔羊的皮。我们怎能不刺激那些崇拜偶像的老教士呢！

那个崇拜偶像的老教士依旧留在我们的心中，他将我们所拥有之最好的东西拿来烹煮，以作为他的盛餐。啊，兄弟们，先驱怎能免于牺牲呢！

然而，我们的典范也如是期望着，同时我也深爱那些不求一己的生存者，我以整个的爱去爱那些行将凋逝的人，因为他们已经过了桥。

七

要真实，这是很少人能做到的！而能够做到的人却又不愿去做，至少善良者是如此！

啊，那些善良者！好人绝不说实话！这样的善良是一种精神上的病态。

那些善良者都屈服于自己之下，他们人云亦云，一味服从。然而，服从别人的人必定不听信自己。

善良者称之为恶的一切都必须汇集起来，以形成一个真理。噢，兄弟们，你们是否有足够的厄运来造就这个真理呢？

匹夫之勇、一味地怀疑、残酷地否定、厌烦、快刀斩乱麻地断绝。凡此种种的组合成一体是多么的少见啊！然而，唯有从这样的种子里才能生出真理来！

所有的知识迄今都是依附于不良居心而衍生出来的。撕吧！你们这些求知者，将这些旧表统统撕毁吧！

八

当水中架起木板而在河上铺成一座桥时，真的，如果谁说“一切都在流动”，那是没有人会相信的。

不过即使是傻子也会反驳他道：“什么？一切都在流动吗？那木板和桥不是依旧在河上吗？”

“在河上，一切都是十分稳固的，所有的价值、桥梁、意义，以及‘善’‘恶’等凡此都坚定不移！”

然而不久，无情的冬季，那河流的驯服者来了。那时连最机灵的人也会开始怀疑，而不仅只有傻子质问：“一切都依旧没有变动吗？”

“一切根本都没有变动。”这正是一个冬季的信条、萧条时期的好彩头、冬眠者与围炉者的莫大慰藉。

“一切根本都没有变动。”然而解冻的暖风提出抗议了！

那解冻的暖风是一只不事耕耘的斗牛。一个暴躁的破坏者，它以愤怒的双角戳破了冰层！而流冰乃将桥冲垮！

噢，兄弟们，现在一切不是都在流动吗？所有的木板和栏杆不是都落入水里去了吗？还有谁会执着于‘善’与‘恶’呢？

“我们何其不幸！也何其有幸！那解冻的暖风起了！”兄弟们，到大街小巷报信吧！

九

有一种古老的幻想，即所谓的善恶，这种幻想的轨道一直围绕那些占卜星术旋转。

以前人们都相信占卜星术那一套，所以他们认为：“万般皆是命。你应当如何如何，乃是因为你必须如何如何！”

后来人们不再相信占卜星术之士，于是他们就认为：“万般皆自由。你能够如何如何，是因为你要如何如何！”

噢，兄弟们，直到目前为止，我们对于星球和未来可说除了幻想之外便一无所知；因此，关于善恶方面，我们所拥有的也只是幻想，而无知识。

一〇

“你不可抢劫！你不可杀戮！”像这一类的告诫以前被视为神圣的，人们在这些告诫之前俯首跪拜，并且还脱去鞋子。

不过，我问你们：世上还有比这些神圣的告诫更厉害的强盗和凶手吗?

在整个生命之中不也时刻充斥着抢劫和杀戮吗?而当这些告诫被称为神圣时，真理岂不就惨遭毒手了吗?

或者这些违背生命、阻扰生命而被视为神圣的告诫根本就是死亡的说教?噢，兄弟们，撕吧!为我撕毁这些旧表吧!

——

这就是我对整个过去的同情，我看到它被弃置不顾。

整个过去被弃于未来每个时代的偏爱、精神与疯狂，同时还将其过去的一切当作是自己的桥梁!

也许会有一个权势极大或手段不凡的奇人异士能够以他的赏罚来迫使整个过去变成自己的一座桥、一个预兆、一位报信的使者，或是一声鸡鸣。

不过，还有另一个危险，亦即我的另一个同情，一般凡夫俗子只会终日缅怀他的祖父，然而时间已与他的祖父一起流逝不返。

整个过去就这样地被舍弃了，因为也许有一日，芸芸众生会变成主人，而把时间淹溺于浅水之中。

所以，兄弟们，我们必须要有一个新的贵族，他们将是那些芸芸众生和霸道势力的对手，同时会把“高贵”这个字重写在新的表上。

为了造成一个新的贵族，我们需要许多不同类型的高贵之士!或者，像我曾表示过的：“只有许多的神而没有上帝，那才正是所谓的神圣!”

一二

噢，兄弟们，我封你们为新的贵族，同时也指引你们如何成为一个新贵族：你们要做个未来的创造者、耕耘者和播种者。真的，要成为一个无法用金钱交换的贵族，因为一切有价的东西是值不了什么的。

让你们的荣耀不在于你们所来自之处，而在于你们将要前往的地方！你们的意志以及不断想要超越自己的步伐。这些才是你们的新荣耀！

真的，你们的荣耀既不在于你们曾服侍过一个国王，国王又算得了什么，也不在于你们成了保护并巩固现有一切的屏障！

既不在于你们的家族在朝廷中得势，也不在于你们学会了将全身涂彩，而有如红鹤般地在水池中久立。

因为久立乃是佞臣的长处，而所有的佞臣都认为赐坐则是死后的福佑！

甚至也不在于所谓的“圣灵”曾引导你们的祖先进入上帝所许诺的国度，那是我所厌恶的；因为，在恶林、十字架、丛立的地方是没有什么值得歌颂赞美的！

真的，无论那“圣灵”将它的那些骑士引往何处，总会有许多的羊、鹅、疯子和怪人跑在这个行列的最前头！

噢，兄弟们，你们这些贵族绝不可向后顾看，而得向前展望！你们应当被放逐于所有的祖国与故土之外！

你们应当去爱孩子们的故土。就让这份爱成为你们新的高贵气质吧。这个在远处海中而尚未被人发现的地方，我命令你们的船要永无休止地将它找到！

你们应当为自己乃是祖先的子孙而向你们的孩子悔过。你们必须这样来挽回整个过去！我将这个新表放置在你们的上方！

一三

“我们为什么要活在这世上呢？一切都是空的，而活着只是为了打草，以及不能取暖的自焚罢了。”

诸如此类的陈腔滥调仍然被视为“智慧”之言，只因为它们的古老，而且还带有霉味，所以更加博得人们的敬重。连发霉都能提高身价。

小孩子可以这么说：他们怕火，因为火曾烧伤他们！而在智慧的古书中就充满了许多类似的稚气。

一直在打草的人怎么可以嘲弄打谷的人呢！我们应该将这些疯子的嘴巴封起来！

这些人什么吃的东西都没拿，甚至也不饿，就坐在餐桌上，还呵斥：“一切都是空的！”

兄弟们，大吃大喝并不能表现出空虚的艺术！撕吧，为我将这些不懂人生乐趣者撕毁吧！

一四

“在纯洁者的眼中，一切都是纯洁的。”大家都这么说。但是我告诉你们：“在猪的眼中，一切都猪化了！”

因此，那些幻想家和一天到晚低着头胡思乱想的人都说：“这个世界是一个肮脏的怪物。”

这是因为那些人的精神原本就不干净，尤其是那些除非能从背面看世界，否则便无法安心的人，遁世者！

虽然这话会让人听起来觉得不舒服，但我还是当着那些人的面说：“这个世界就像我们人一样，它也有一个背面，这千真万确！”

在这个世界上，有许多肮脏的东西。这是千真万确的！但是世界本身并没有因此而变成一个不干净的怪物！

“在这个世界上，有许多臭不可闻的东西。”有这么一句智能之言。厌恶本身可以创造出双翼和寻找泉源的力量！

即使在最好的东西里面也难免含有些许令人厌恶的杂质，因此，它也是应当被超越的！

噢，兄弟们，“在这个世界上，有许多肮脏的东西。”这是一句很有智慧的话。

一五

我听到虔诚的遁世者在自言自语——虽然并不存有任何心机，但是再也没有比这番话更诡诈的了：

“就让世界保持现在这个样子吧！甚至请不要举一根手指而加以反对！”

“就让那些想要扼杀人民、屠戮人民、搜刮人民的人去搞吧！甚至请不要举一根手指而加以反对！这样他们才会知道如何离弃这个世界。”

“而你自己的理智，应当由你亲手将它扼死，因为它是这个世界的理智，这样你也才会知道如何离弃这个世界。”

噢，兄弟们，撕吧！撕掉那些虔诚者的旧表吧！撕烂那些毁谤世界者的格言吧！

一六

“知道太多，会忘掉所有强烈的欲望。”人们在每条黑暗的巷子里如此互相低语着。

“智慧累人，一切皆空，你不必存有任何欲望！”我发现市场里悬挂着这份新表。

噢，兄弟们，也为我将这份新表撕毁吧！那些厌世者、死亡的说教者以及狱卒把它挂在市场上。看啊，这也是一种奴役的说教，只因他们没有学到好的东西，而且又学得太早与太快；只因他们吃得不好，所以乃伤害到肠胃，他们的精神是一个败坏的胃，它在宣说死亡！真的，兄弟们，精神根本就是一个胃！

生命本是一个欢乐之泉，然而那痛苦之母的败坏的胃却抱怨所有的泉水都被毒染了。

追求，这是具有狮子般意志的人的欢乐！那半途倦怠的人只好任由意志的摆布，而被一波波的浪潮推来推去。

而这就是弱者的本性：他们总是在半途迷失了自己。最后，他们的倦怠会问道：“为什么我们要走这条路呢？其实还不是都一样！”

他们觉得这种论调听起来十分顺耳：“一切都是空的！你们根本不必讲求意志！”然而这种论调却是奴役的说教。

噢，兄弟们，查拉图斯特拉的降临，对那些倦游者而言，无异于一阵醒人的狂风，许多鼻子不住地打喷嚏！

我那自由的呼吸之气透过围墙，直入狱中，传送给那些被囚禁的精神！

意志可以解放一切，因为行使意志就是一种创造的行为，我如是宣说。你们只应为创造而学习！

而且唯有跟着我学，才能真正学到东西，让会听的人来听吧！

一七

船已在那里，或许它将航向浩瀚无垠的虚无。然而，有谁想要前往那未可知的“或许”呢？

既然你们都不想踏上这只死亡之船！那么为何要厌世呢？

厌世者啊！你们根本尚未从这块大地退隐！我发现你们还对大地有所渴求，甚至还爱恋着你们对大地的厌倦！

你们那微翘的唇并非是没有含义的，在它上面仍然坐着一个属于大地的小小愿望！而在你们的眼中不是飘着无法遗忘大地幸福的一片微云吗？

大地上有许多别出心裁的发明，有些极为实用，有些则赏心悦目。为此大地还是可爱的。

更有许多发明就像女人的脸蛋儿一样，既实用又赏心悦目。

然而，你们这些厌世者、怠惰者必须让人不断地鞭打！唯有鞭子才能使你们精神振奋。

假如你们不是被大地所摈弃的病人或弱者，就是狡猾的树獭或好玩贪吃的懒猫。假如你们不想继续昂扬地跑下去，就会受到淘汰！

我们不必费心去医治那些无可救药的病人，查拉图斯特拉如此告诫。因此，你们还是死了吧！

不过，要做一了断比写一首新诗还需要更大的勇气，这是所有的医生和诗人都明白的。

一八

噢，兄弟们，有些价值是由倦怠和腐化的懒散所构成的，虽然它们的论调没有什么两样，但却要人们以不同的角度去听。

看看这个了无生气的人吧！他离自己的目的只有一掌之遥，但却因倦怠而固执地躺在地上不肯起来。这个勇敢的家伙！

他因对自己的路途、大地、目的甚至自己感到倦怠而呵欠连连，他不愿再往前多走一步。这个勇敢的家伙！

此刻，阳光照在他的身上，一些狗在舔舐他的汗水，他仍躺在那里宁愿渴死也不起来。

渴死于距离目的只有一掌之遥的地方！真的，你们还得用手抓他的头发，将他拖入自己的天堂。这个勇敢的英雄！

不过，你们最好还是让他躺在原地而不要去碰触他吧，这样，睡魔便会以清凉的细雨抚他安眠。

就让他那样躺着，直到他自己醒过来，直到他自动排拒所有的倦怠以及倦怠所给予他的一切！

然而，兄弟们，小心地将他身边的狗群、懒散者以及所有蠕动的寄生虫统统赶走吧，那所有只吸吮英雄之汗水的有教养之寄生虫！

一九

我在自己的周围画了一道圆圈作为神圣的界限，山愈爬愈高，而与我一起攀登的人便愈来愈少：于是我把诸多较为神圣的山峦视为一个山脉。

噢，兄弟们，无论你们随我攀登至何处，务必小心不要让寄生虫附着你们一起攀登！

寄生虫，这是一种畏缩的爬虫类生物，它总想依你们的弱点和伤处而养肥自己。

而它的艺术就是：它能够猜出在何处的攀登者是倦怠的。它在你们的烦恼、沮丧和敏感的怯懦中构筑令人厌恶的窝巢。

强者的弱点以及高贵者姑息之处，都是它筑巢的所在。寄生虫多半住在大人物的小伤处。

生物中何者为最高等？何者为最低等？寄生虫应是属于最低等的生物，而凡是最高等的生物就收养最多的寄生虫。

因为那有着最长梯子的灵魂多半会降至最低处，这样一来，它怎么不会有最多的寄生虫黏附其上？

那无所不容的灵魂一味引导自己狂奔、漫游，甚至迷路，那最迫切需要的灵魂因好玩而将自己投入机会之中。

那存在的灵魂一头钻入无常的变化之中，那着魔的灵魂竟想获取欲望和意念。

那逃避自己的灵魂在绕着大圈追逐自己，那最聪慧的灵魂却向愚蠢的一切诉说最动听的故事。

那最自爱的灵魂，万物在其中或升或沉，或进或退。啊，那最崇高的灵魂怎么不会有最坏的寄生虫呢？

二〇

噢，兄弟们，我残酷吗？不过我要说的是：对于堕落的一切，我们都应推它一把！

今日的一切都在堕落、腐化，有谁还想紧抓不放！但是我，我只想推它一把！

你们体会得到将石块滚下险坡绝壁的乐趣吗？看那些今日之

人如何滚落到我的深处吧!

噢，兄弟们，我是引导最佳演员出场的序曲！一个典范！向我看齐吧!

假如你无法教这个人飞翔，则我请你教他。尽快降落吧!

二一

我爱勇者，然而仅做一个剑客是不够的。他还得知道该将剑术用在何处!

有时为了替自己留下一个更有分量的敌人而不动声色地从对方身边走过，那才是大勇!

你们应当只有可恨的敌人而没有可鄙的敌人，你们应当以有那样的敌人而感到骄傲。我曾这么教过你们。

噢，兄弟们，你们应当为自己保留一个较有分量的敌人，因此对有些人大可不顾而去。

尤其是那些在你耳旁聒噪地谈论国家与民族的无知群氓。

让你们的眼不见那些人的“赞成”与“反对”为净！其中有许多的是是非非，会引起旁观者的公愤。

旁观与砍杀，两者是同一件事，因此还是遁入深林中而封剑吧!

你们走你们的路吧！也让国家与民族各走自己的路吧！真的，在那些黑暗的路上竟然再也找不出丝毫希望的亮光!

就让商人统治只有他自己的金子在发光的地方吧！现在已不是王国的时代，眼前那些自称为人民的群氓已不配有国王。

看那些国家是多么像商人般地在所有废弃的垃圾堆里捡拾着最微不足道的蝇头小利啊!

它们互相监视、互相隐瞒，这就是它们所谓的“睦邻”。啊，在过去某个幸福而久远的时代，曾有某个民族叫嚣：“我将统治所有的民族！”

兄弟们，这个世界应当由最佳者来统治，而最佳者本身也想要统治这个世界！同时，与此说不同的地方必然是欠缺最佳者的地方。

二二

假如他们能有不劳而获的面包，多可悲啊！他们还会要求什么呢！难怪他们的生活，他们的真正消遣，十分艰苦！

他们是肉食类的野兽。他们的“工作”里包括抢夺，而在“谋取收入”中也不离巧诈的手段！毋怪他们的生活十分艰苦！

他们必须变成比较优秀、机智、灵巧，同时也更近似人类的食肉兽，人类是最佳的肉食动物。

人类早已将一切兽性据为己有，这就是为什么人类在一切动物之中活得最为艰苦。

只有鸟类依旧在他之上。假如人类还想学飞的话，天啊！他的贪婪之心究竟能飞得多高啊！

二三

我诚愿男女如是：一个要适于战斗，另一个要适于孕育，然而两个都得适于以头脑和双脚跳舞。

将那不曾起舞的日子算作我们的损失吧！将那不曾带来欢笑的真理算作虚假的吧！

二四

留心，不要使你们的婚姻成为一个不良的结合！你们的结合太过匆促，很快就破裂了！

不过，婚姻的破裂总比婚姻的苟延残喘与相瞒来得好！一个女人对我这么说：“不错，是我毁了这桩婚姻，但是婚姻却先毁了我！”

我发觉怨偶的报复心最为强烈，他们因为自己已无法再像以前那样地单独行动而使大家也要一起尝受痛苦。

我要那些真诚的人互相传诉：“我们彼此相爱，就让我们好好珍惜这份爱吧！不然，我们的盟誓不就成了一个错误吗？”

“请给我们一个期限和一个小小的结合，好让我们明了是否适于较大的结合！因为两个人要结为一体实在是一件大事。”

我对真诚的人说：假如我不这么奔走疾呼，我对超人以及所有未来之一切的爱尚有何可言？

你们的繁殖不仅要向前，同时还得向上。噢，兄弟们，愿婚姻之园地帮助你们！

二五

凡明了往古发端的人，终将追寻未来之泉和新的根源。

噢，兄弟们，新的民族就要兴起，同时新的源泉即将流入新的深处。

由于地震的缘故，堵塞了许多井泉，引起严重的枯竭，然而它也为大地内在的力量和秘密带来了光明。

地震暴露了许多新的源泉。在往昔民族的浩劫中，时常有新的泉源迸射出来。

无论是谁高喊“看啊，这里有一处可供许多干渴者饮用的井泉、一颗足慰许多期望者的心、一个能当许多工具使用的意志。”则在他的四周必会聚成一个民族，即许多尝试者。

能命令者亦当能受令，这就是他们所要尝试的。啊，那是一个多么漫长的不断追寻、解决、失败、学习和再尝试！

人类的社会就是一项尝试，我是这么说的，也是一种漫长的追求，它在找寻统治者！

兄弟们，那是一项尝试，而非“合同”！毁了它吧，我请你毁掉这个柔弱而三心二意者所发表的言论！

二六

噢，兄弟们！是谁将为整个人类的未来带来最大的危险呢？不就是那些善良与正直者吗？

他们心中觉得：“我们早已明了善良与正直的一切，同时也拥有它们。那些独自在忙着找寻的人真是可悲！”

无论恶人如何为非作歹，那善良者所造成的伤害永远最大！

无论毁谤世界的人如何为非作歹，那善良者所造成的伤害永远最大！

噢，兄弟们，有个曾透视那些善良与正直者之内心的人说道：“他们都是法利赛人。”然而人们却不明白他话中的含义。

那些善良与正直者也不明其何所指，他们的精神都被自己的良知所拘禁。善良者的愚昧正是一种高深莫测的机智。

但是这一点也不假：那些善良者必然是法利赛人，他们没有选择的余地！

这也是事实：那些善良者必然要将那自创其德的人钉在十字架上！

另有一个发现到那些善良与正直者的家国、内心与故土的人则问道："他们最痛恨谁呢？"

他们最痛恨创造者以及旧习俗与旧价值的破坏者，他们称之为法律的破坏者。

只因那些善良者本身无法创造，他们永远是一个终点的开始，他们将那个在新表上填写新价值的人钉在十字架上，他们为了自己而牺牲未来，他们所钉死的是整个人类的未来！

善良者，他们一向是一个终点的开始。

二七

噢，兄弟们，你们是否了解这句话的意思？还有以前我曾提及的"末人"？

是谁将为整个人类的未来带来最大的危险呢？不就是那些善良与正直者吗？

驱散了吧，请你们将那些善良与正直者统统驱散吧！噢，兄弟们，你们明白这句话吗？

二八

你们在躲避我吗？你们害怕吗？你们一听到这句话就发抖了吗？

噢，兄弟们，唯有当我叫你们驱散那些善良者并将他们的表统统撕毁时，我才会使人类航行于大海之上。

此刻，所有的大恐惧、大展望、大病痛、大呕吐以及大晕海都降临在他的身上。

那些善良者曾传授给你们许多假的海岸和安全之道，你们自始至终都生长在善良者的谎言中。善良者早已将万物彻底变造和扭曲了。

发现“人类”国度的人必会发现到“人类未来”的国度。现在你们应当作为我的勇敢而坚毅的水手！

兄弟们，及时一往直前，并学习如何使自己保持一往直前吧！大海在翻腾，有许多人正要依靠你们才能使自己再度挺立呢。

大海在翻腾，一切都在海上。振作吧！你们这些老态龙钟的水手之心啊！

祖国算得了什么！我们的船首正指向孩子们的国度！前进，我们澎湃的期望比那翻腾的大海还要激昂！

二九

“你为何如此坚硬！”有一日煤炭对钻石说，“难道我们不是近亲吗？”

为何如此柔软呢？噢，兄弟们，我问：你们不是我的兄弟吗？

为何如此柔弱、顺从而退让呢？为何在你们的心中有那么多的否定和自抑？为何在你们的眼中那么缺乏命运的影子？

假如你们不愿作为命运的化身和冷酷无情者，则将来怎能与我一起从事征服的工作呢？

假如你们的坚硬不愿将一切割成碎片并发出火花，则你们将来怎能与我一起从事创造的工作呢？

创造者原本就是强硬的。你们应当觉得能将手如印在蜡上般地印在千年的世代上乃是一种福祉，像镌刻在铜上般地将文字写在比铜坚硬比铜高贵的千年意志上，也是一种福祉。最坚硬者才是最高贵的。

噢，兄弟们，我将这个新表悬挂在你们的上方，要变得强硬！

三〇

噢，你，我的意志啊！你改变了我所有的需要！并且防止我贪求每个小小的胜利！

你，主宰我的灵魂之命运啊！你入乎其中，又超乎其外！请为我保留一个伟大的命运吧！

我的意志啊！将你的伟大留到最后吧！如此你便能在胜利中保持冷静而不为所动！噢，谁没有被自己的胜利征服过呢！

噢，有谁的眼睛不曾在这醉人的黄昏中变得蒙眬的！有谁的脚不曾在胜利中颤抖而忘了该如何挺立的！

但愿我终有一日能在那伟大的正午时分准备就绪，臻于成熟，就像光芒四射的金块、酝酿雷电的云朵、健壮结实的胸膛，为我自己与最隐秘的意志而准备，就像一张弓渴求它自己的箭，而一支箭又渴求它自己的星星。

一颗在午刻备妥并成熟的星被毁灭之日的箭所照射、刺穿与祝福。

太阳本身与其无情的意志正准备自毁于胜利之中！

噢，意志，你改变了我所有的需要！请为我保留一个伟大的胜利吧！

查拉图斯特拉如是说。

57 大病初愈者

一

查拉图斯特拉回到山上不久，一天早晨，他从床上像个疯子般地跳起来，并且厉声大叫，仿佛他的床上还有一个人不愿起来似的。由于他那可怕的声音在四处回响，所以他的鹰与蛇都恐惧地走到他的身边，而邻近的所有动物也都纷纷弃穴而逃，各以其不同的足翅或飞、或爬、或跳、或跑。查拉图斯特拉却说话了。

起来，无底的思想从我内心深处起来吧！我是你的鸡鸣与曙光。你这睡过头的爬虫，起来！起来！我的声音早已将你唤醒！

拔掉你的耳塞，听吧！我想听听你的高论！起来！起来！雷声已足以引起坟冢的谛听！

揉擦你的睡眼，祛除一切惺忪和模糊吧！也以你的眼睛听我细说，我的声音甚至能治愈那些天生的瞎子。

只要你一被唤醒，就永远不会再坠入睡梦之中。我不惯于将列位祖先唤醒，然后又吩咐他们再睡！

你起身、伸伸懒腰并喘气了吗？起来！起来！不要喘气，而应该对我说话！查拉图斯特拉，那个不信神的查拉图斯特拉在呼唤你呢！

我，查拉图斯特拉，生活的热爱者、痛苦的肯定者、轮回的倡导者，我在呼唤你，我最深邃的思想啊！

我听到你走近的足音！心中着实感到高兴！我的深渊开口说话了，我将我最深之处转向。

我着实高兴！请靠近些！将手伸给我。唉，算了！真是！恶心，恶心，恶心。我真可悲！

二

查拉图斯特拉一说完这些话，就像死人一般地倒了下去，并且久久不起。当他苏醒过来时，脸色十分苍白，还不住地发抖，他依旧躺在地上，完全不吃不喝，就这样过了七天。他的鹰和蛇日夜在他身旁守护着。鹰则不时飞出去找寻食物，而把衔来的东西放在查拉图斯特拉的床上，以致查拉图斯特拉最后竟卧于红莓、葡萄、苹果、香草和松子等许多果实之间。另外，在床尾还躺着两只羔羊，那是鹰花了一番工夫从牧羊人那里偷来的。

查拉图斯特拉终于在七日之后从床上起来。他拿了一个红苹果用鼻子闻了一闻，觉得这个苹果十分芳香，鹰与蛇便知道该对他说话了。

“噢，查拉图斯特拉，”它们说，“你已沉睡了七日，难道还不想起床吗？

走出你的穴居之所吧，这世界正像个花园般地在等着你的光临呢。风将追寻你的芳香吹来，而所有的溪流都想跟着你走。

在你独自昏睡的七日当中，万物无不惦记着你，走出你的穴居之所吧！它们都想为你诊疗呢！

或许你在昏睡中有获得一种崭新、痛苦的知识吧？你躺在那里有如一块发酵的面团，你的灵魂在向四面膨胀。”

“噢，我的鹰与蛇，”查拉图斯特拉慨叹，“就这样继续说下去吧，听你们的一席话，顿然使我精神大振。我觉得在有高论的地方，世界就像个花园。

那些话语和声籁都是多么的迷人啊，它们不都是跨于永远分隔的一切之间的彩虹和虚幻之桥吗?

每个灵魂均有其各自不同的世界，对别的灵魂而言，无异于另一个世界。

在最为相似的一切之中，外表总是最能令人上当，因为最小的沟渠往往最难跨越。

我认为，我之外怎么可能还有其他的东西呢？不，身外无物！然而，当我们一听到那声籁时，我们就忘了这点，而这种遗忘是多么美好的一件事啊!

万物之所以有名称和声籁，不就是要激励人们吗?谈吐是一种美丽的疯狂，人们正是因为它而在万物之上舞蹈。

所有的语言和声籁都是多么的可爱啊！我们的爱因为声籁而在彩虹之上翩翩起舞。”

“噢，查拉图斯特拉，”接着鹰与蛇说道，“那些与我们想法一样的人，都认为万物是自己在舞动的，它们牵着手而来，带着笑而去，然后又回转。

万物去了又来，存在之轮永远在转；花儿谢了又开，存在之光一直循环。

万物分了又合，同一存在之屋不停自建；一切离了又聚，存在之环始终对自己忠实无欺。

存在始于每一个‘那里’，每一个‘那里’之球都绕着每一个‘这里’旋转，其中心无所不在，永恒之路乃是弯曲的。”

“噢，你们这些诙谐的话匣子啊！”查拉图斯特拉笑着回答，“你们哪里明白在这七日之中究竟完成了些什么事，还有这怪物是如何潜进我的喉内而使我透不过气来啊！然而我毕竟咬断了它的头，将它吐出来。

而你们，你们是否已经把这些编成一则动人的故事？不过我却因为刚才费力地咬吐而累得到现在还躺在这里。我为了救赎自己而依旧病着。

而你们却一直袖手旁观？噢，我的鹰与蛇，难道你们也是那么残酷的吗？难道你们也像人类一样，喜欢看着我陷于极苦之中吗？因为人是最残酷的动物。

他一直认为观看悲剧、斗牛和处刑，是世上最大的赏心乐事，当他为自己制造一个地狱时，那就是他在世上的天堂。

当大人物在喊叫时，卑下者立即跑过去，而所有的贪念使他的舌伸于口外，他却称此为‘怜悯’。

卑下者尤其是诗人多么热情地用诗句诅咒生命！仔细听吧，不过，可别忘了去体会出整个诅咒中的喜悦之情。

这些生命的诅咒者，只消秋波一转，生命就可以征服他们。‘你爱我吗？’这个高傲者说，‘等一下吧，我现在没空呢。’

人类是对自己最残酷的动物，可别忘了在所有自称‘罪人’‘背十字架者’和‘忏悔者’等人的怨尤与诅咒中，要明辨混在其中的欲念。

至于我自己，是否因此想成为人类的诅咒呢？噢，我的鹰与蛇，迄今我也只学到了这点：人类的大恶对他的至善是必不可缺的。

大恶就是他最佳的力量，以及最高创造者的最硬之石。人必然要变得更好与更坏。

我还不曾被绑在这个十字架上过，我知道人性本恶。但是我曾呼喊过，而尚未有人如此呼喊过：‘噢，为何他的大恶和至善都是如此地微不足道！’

对人类的极度厌恶，它爬进了我的喉头，使我哽噎难受，而占卜者曾预言：‘万物大同小异，一切都无价值可言，知识则使人窒息欲死。’

一个漫长的黄昏在我面前跛行着，而一种致命的疲累与沉醉的悲伤则呵欠连连地说，

‘他不断地来回，这个你所厌倦的小人！’我的悲哀打着呵欠，同时拖曳着他的双腿而无法入睡。

人类的大地对我似乎成了坟穴，它的胸膛下陷，一切生物都化为尘土、枯骨以及腐蚀的过去。

我端坐在整个人类的坟冢上而无法起身，叹息与质问日夜不停地唠叨、咬牙地诉苦。

‘噢，人类不断地来回！卑下者不断地来回！’

我曾见过最伟大的人与最渺小的人不穿衣服时的原形，他们非常相像，都太人性化了，即使是那最伟大的人，也仍然太人性化了！

人类也都太渺小了，即使是那最伟大的人物。这就是我厌恶人类之处！而连最渺小的人也不断地来回。这就是我厌恶整个存在的地方！”

“唉，厌恶！厌恶！厌恶！”查拉图斯特拉如是说，同时不住地且叹且颤，他想起了自己的病痛，于是鹰与蛇不让他再说下去。

“你这个大病初愈者请不要再说了！”他的鹰与蛇说，“到那世界有如花园般在等待着你的地方去吧。

到玫瑰花丛、蜂群和鸽群里去吧！更到会唱歌的鸟儿那里去向它们学习唱歌吧！

因为大病初愈者很适于唱歌，而唯有健康的人才可以说话，假如他们也想要唱歌的话，则必唱异于大病初愈者所唱的歌。”

“噢，你们这些诙谐的话匣子啊！静一静吧！”查拉图斯特拉笑着对他的鹰与蛇说，“你们多么明白我在这七日当中为自己所制造的慰藉！

我还得再唱一遍，那是我为自己所制造的慰藉，而这是我的大病初愈。你们还想再编一则动人的故事吗？”

“不要再说了，”他的鹰与蛇说，“你这个大病初愈者，最好先为自己准备一张新的七弦琴吧！

噢，查拉图斯特拉，看啊！为了你的新歌，还需要有一张新的七弦琴才行。

噢，查拉图斯特拉，将你的歌唱起来吧，也好让歌声能抚慰你的心灵，以使你能承受别人所未曾承受过之伟大的命运！

噢，查拉图斯特拉，只因我们了解你是怎样的一个人，以及你将成为怎样的一个人，所以看啊，你是永恒回归的导师，是你眼前的命运！

既然你必须成为传授这种学说的第一人，这个伟大的命运怎能不成为你最大的危险和弱点呢！

看啊，我们知道你所传授的一切，万物不断地来回，我们也不例外。我们已经重现过无数次，而它们也一样。

你还提到一个变化无常的无边岁月，一个岁月的大怪物，它必须像沙漏定时器一样不断地倒转过来，好让自己重新流泻成空。因此，所有那些岁月在极大与极小的情况中，均显得并没有什么两样；而在每一个年华里，我们自身在极大与极小的情况中也十分相似。

噢，查拉图斯特拉，假如你愿意现在就死，那么，我们也会知道你将对自己如何诉说，不过我们还祈求你切不可死！

你毫不颤抖地诉说，同时心情更加轻松，你将摆脱一个极大的重荷与压力，你这最有耐心者！

‘现在我将死去，并且消逝无踪，’你会说，‘霎时之后我将不复存在！灵魂和肉体一样，终归灭亡。

然而，我被缠在因果之网里面，它会再度创造我！而我乃因此而落入永恒轮回的因果之中。

我会伴同这太阳、大地、鹰与蛇等一起再度降临，并非为了一个新的生命，或者较好与较相近的生命。

我会不断地返于这个各种大小情况都完全相同的生命，并传授万物的永恒轮回。

再强调大地与人类伟大午刻时分的宣言，并向人类预告超人的来临。

这番话说得我精疲力竭，我的永恒之命运要我如先知般地死亡！

现在该是那些行将凋逝的人为自己祝福的时候了，如是也结束了查拉图斯特拉的凋逝。’”

当鹰与蛇说完这些话之后，就静待查拉图斯特拉的指示。然而查拉图斯特拉却不知它们已经说完了，独自动也不动地躺在那里，仿佛睡着了似的。其实他并没有入睡，因为他正在和他的心灵交谈。鹰与蛇看他沉默不语，为免妨碍到他四周的宁静，就悄悄退出。

58　大希望

噢，我的心，我已如教你说“从前”和“往日”般地教你说“今日”，并且依你的身材而舞于每一个“这里”“那里”和“远处”等节拍上。

噢，我的心，我从所有的角落中救你出来，我拭去了你身上的灰尘、蛛网和晦气。

噢，我的心，我将你那小小的羞怯和角落的气质统统洗刷干净，并且使你愿意赤裸裸地面对太阳的眼睛。

我以所谓“精神”的大风暴袭掠你那激荡的海。我将满天的云雾吹散，甚至将所谓“罪恶”的杀手扼死。

噢，我的心，我已授予你如大风暴“否定”一切以及如晴空“肯定”一切的权力，此刻你就像那阳光一样的平静，并从容穿过否定的大风暴。

噢，我的心，我将一切已创造与尚未创造的自由都还给了你，而有谁能明了未来的欲望如你呢？

噢，我的心，我已把那并非虫蚀般的而是伟大的挚爱之轻蔑教给了你，那轻蔑最爱最受轻蔑的一切。

噢，我的心，我已教过你如何去说服所有的理由，就像太阳劝服大海而使其提升至自己的高度一样。

噢，我的心，我已除去你身上所有的服从、卑屈和隶属。我曾经视你为“需要的操纵者”和“命运”。

噢，我的心，我给了你许多新的名称和五颜六色的玩具，我曾经称你为“命运”“环中之环”“时间的脐带”以及“蓝钟”。

噢，我的心，我已把所有品尝新酒的智慧和窖藏不知多久的陈年烈酒的智慧都给了你。

噢，我的心，我将所有的白日、黑夜、寂静和希望都倾注于你身上，然后我才觉得你已长得像一棵葡萄树了。

噢，我的心，你现在饱满而沉重地挺立，就好像一棵布满成串金色葡萄的葡萄藤，同时满载幸福有如不胜负荷，在丰实中等待，而在等待又感到羞愧。

噢，我的心，现在再也不可能有更加挚爱、无所不容与无所不至的心灵了！未来和过去还能在何处更与你接近呢？

噢，我的心，我已将一切都给了你，我两手空空，而现在好了！你却满怀郁闷而含笑对我说：“我们两人当中，应当谁来谢谁呢?

给予者难道不该感谢接受者吗?难道给予并非必要的吗?而接受又不是可怜的吗?”

噢,我的心,我了解你那忧郁的微笑,你的充溢现在已伸出了渴望的双手!

你的丰实遥望着激荡的海,同时也在寻找与等待。你的眼从其自身含笑的天空绽放出渴望。

真的,我的心!有谁能目睹你的微笑而不感动得落泪呢?纵然是天使也会为你那微笑所含的大慈大悲而落泪。

你的仁善与大慈大悲丝毫没有怨尤与悲泣,但是,我的心啊!你的微笑渴望着泪水,颤抖的嘴则渴望着呜咽。

“难道不是所有的哭泣都在埋怨?而所有的埋怨都在诅咒吗?”你对自己这么说。因此你宁可微笑也不愿倾泻你的悲伤,噢,我的心。

你甚至不愿以夺眶而出的泪水来倾泻你整个丰实的悲伤,以及葡萄树渴望采葡萄者与剪刀的痛苦!

但是,我的心啊!假如你不想哭出你那紫色的忧郁,那么就必须高歌。你看,我也微笑着向你预示:

你必须唱热情激昂的歌曲,直到所有的海都归于平静来聆听你的渴望。

直到那只金色的小船滑过平静之渴望的海,而一切善的、恶的,与奇妙的东西都围着它跳跃不已。

还有许多大大小小的动物,以及有着轻盈的脚步能在开满紫罗兰的路上飞奔的一切。

奔向那金色的天然的小船与其主人，奔向带着金钢剪准备采葡萄的人。

噢，我的心，无名者是你的大救主，只有他才知道未来之歌的曲名！而且真的，在你的呼吸之中已有未来之歌的芳香气息。

你已在燃烧与梦想，并饥渴地啜饮所有回响着慰藉的深井之水，你的忧郁已安息在未来之歌的祝福。

噢，我的心，我已将一切，甚至我最后的仅有之物都给了你，我因而两手空空。我要你高歌，这是我最后要给你的，我要你高歌，现在你说好了：究竟我们二人当中，谁该谢谁呢？或者，最好是由你为我高歌，我的心！而让我向你致谢！

查拉图斯特拉如是说。

59　第二支舞曲

一

“啊，生命，我最近曾注视你的一双明眸，而发现在你那黑夜般的眼中闪耀着金色的光芒。我的心因而兴奋得停止了跳动。

我看见一只金色的小船在黑夜的水上熠熠发光，那是一个半浮半沉、酩酊大醉而不住眨眼的金摇篮！

你向我那狂舞不止的脚投以莞尔、怀疑而感动的一瞥。

你以一双小手将你的响板仅拍了两下，而我的脚已想疯狂地起舞了。

我的脚后跟翘得很高，十只脚指头则都在聆听，它们知道你，因为舞者的耳朵长在脚指头上！

我向你跳去，而你转身逃开，飞扬的散发彷佛是在向我招手！

我又跳离你和你的散发，于是你立即止步而半转过身来，眼中满含着关怀。

你以歪斜的眼光教我许多弯曲的舞步，我的脚在弯曲的舞步上学到了许多诡谲的奇想。

当你走近我时，便使我感到害怕：而当你远离我时，却又引起我的爱慕不已。你的逃避在勾引我，而你的寻觅却又吓坏了我，我万分痛苦，然而为了你，我还有什么不能欣然忍受的呢！

只为你的漠然使人振奋：你的恨意使人迷惑：你的逃避使人身不由己；你的嘲弄更使人心悦诚服。

有谁不恨你这个操纵者、纠缠者、诱惑者、追寻者、发现者！

有谁不爱你这个天真、急躁、迅如飘风而两眼如孩童般清澈的罪人！

你这个机灵而顽皮的孩子要将我牵引到哪里去呢？而现在你又躲起来捉弄我，你这可爱的顽童真淘气！

我在后面跟着你的步子跳舞，甚至独循那模糊不清的足迹。你在哪里呢？请把手伸过来，或者只有手指也可以！

这里到处都是山洞和丛林，我们会迷路的！好，不要再走了！难道你没有看到那些枭隼和蝙蝠正惊飞而起吗？

你这蝙蝠！你这枭隼！你们在戏弄我吗？我们现在究竟是在什么地方呢？你已从狗那里学会了吠叫和咆哮。

你以细小的白牙亲热地咬着我，而你那不怀好意的眼则在略曲的睫毛之下向我猛瞄！

这是一场在树上所跳的舞蹈。我是猎人，你愿意做我的猎犬或羚羊吗？

现在，站在我身边！好，快跳，上！越过去！真不幸！我在跳跃时跌倒了！

啊，你这个淘气者，看我如何倒地并乞求别人大发慈悲之心吧！我还是会高兴地追随你，在比较可爱的地方追随你！

在爱的道路上，穿过缤纷、宁静而整齐的矮树丛！或者沿湖而行，那里有许多金鱼在且游且舞！

你累了吗？那里有羊群和落日的余晖，而牧人的横笛不是正好能使我们安详地入梦吗？

你真的那么累吗？我抱你去好了，你不妨将两手放松：或者你还感到口渴，我这里有点东西，但是你大概不会喜欢喝的！

啊，这条可咒、灵敏而滑溜的蛇，善于隐藏的女巫！你躲到哪里去了？我总觉得自己的脸上有你的两个手印和红斑点！

我着实不想再做你的牧羊人了。女巫，假如我一直向你高歌不已，那么现在你就应当对我大声斥责！

你应当按照我的鞭子之韵律而狂舞呐喊！我没有忘记带鞭子吧？不会的！”

二

接着，生命便掩着耳如是回答我：

“噢，查拉图斯特拉！请不要把你的鞭子挥响得如此可怕！

你应该很明白嘈杂的噪音是会扼杀思想的，而此刻我的脑海里正浮现出一种十分美妙的思想呢。

我们是既不为善也不为恶的一对。我们在善恶之外找到属于自己的岛屿和青草地——只有我们两人！因此我们必须相亲相爱！

纵然我们无法由衷地相爱，而难道我们若是不能完全相爱，就必须相恨吗？

我爱你，而且往往是爱得太深，这你应该知道，原因就是我对你的智慧非常嫉妒。噢，这个老疯癫——‘智慧’！

假如有一日，你的智慧离你而去，那么我的爱也会迅速地离你而去！”

生命深深向四周环顾了一下，然后又轻轻地说：“噢，查拉图斯特拉，你对我不够真诚！

你并没有如你所说的那么爱我，而且我也知道你正想尽快离开我。

那里有一个古老、沉重而隆隆作响的大钟，它在夜晚所发出的鸣声会传到你的洞中，当你听到午夜的钟响时，你正在思量着那件事。

噢，查拉图斯特拉，你正在思量那件事，我知道，你想尽快离开我！”

“是的，”我犹豫了一下答道，“但是你也知道。”我附着它那乱发覆盖的耳朵说了一些话。

“噢，查拉图斯特拉，你知道吗？没有人知道。”

我们彼此凝视了一会，然后转而向那凉夜初临的草地望去，接着一起不由得哭了起来。

突然，我觉得生命从未有像此刻比所有的智慧更接近我。

查拉图斯特拉如是说。

三

1!

噢，人类！小心！

2!

这深沉的午夜究竟在诉说些什么？

3!

“我刚睡着，

4!

却又从大梦之中惊醒，

5!

这世界是深邃的，

6!

且比白天所能看到的更深邃。

7!

它的痛苦是深刻的，

8!

而欢乐比那种痛苦还要来得深刻。

9!

痛苦说：去吧！去吧！

10!

而欢乐要求永恒，

11!

希望能幽深地永远存在！”

12!

60　七个印记

一

假如我是一个占卜者，并且充满了漫游于两海之间的一座高山之上的预测精神，就像一片沉重的云朵似的在过去与未来之间飘荡，敌视闷热的原野、所有倦怠和不生不死的一切，同时预备在黑暗的胸怀发出雷电与赎罪之光，并加强“肯定”与“否定”的雷电！准备发出预测之光，我们应当祝福如此对自己充电的人！真的，那有如长久蕴积于山上的沉重乌云的人，终有一日必然会举起未来火炬！

噢，那我怎么能不为永恒和婚姻之环——轮回之环而燃烧呢？

除了这个我所深爱的女人之外，我还未曾遇到过其他我愿借其生子的女人，那是因为我爱你，噢，永恒！

噢，永恒，我爱你！

二

假如我的愤怒曾使坟墓破裂、界碑迁移，并将撕毁的旧石碑统统推落到险峻的深渊。

假如我的嘲讽曾把一切腐朽的言辞都席卷一空，同时我的降临有如一把横扫蛛网的扫帚或一阵清除陈旧骨灰的风。

假如我曾高兴地坐在往昔诸神的葬身之处，而在往昔毁谤世界者的纪念碑旁祝福世界与热爱世界。只因我也爱教堂和诸神之墓，当苍穹以其清明的眼望穿它们残破的屋顶时；而我有如蔓草与野花般欣欣然地坐在颓废的教堂之旁。

噢，那我怎么能不为永恒和婚姻之环，为这个轮回之环而燃烧呢？

除了这个我所深爱的女人之外，我还未曾遇过其他我愿借其生子的女人，因为我爱你，噢，永恒！

噢，永恒，我爱你！

三

假如我能呼吸到创造的气息，以及迫使机会做星球之舞的神圣需要。

假如我曾以创造闪电的笑声开怀大笑，而行动的巨雷则不甘而驯服地跟随而至。

假如我曾与诸神在大地的神案上一起掷骰子，使得大地震恐、崩裂并喷出火浆。

只因大地就是一张神案，由于新的创造性格言和诸神的投掷骰子而使它颤抖不已。

噢，那我怎么能不为永恒和婚姻之环，为这个轮回之环而燃烧呢？

除了这个我所深爱的女人之外，我还未曾遇过其他我愿借其生子的女人，那是因为我爱你，噢，永恒！

噢，永恒，我爱你！

四

假如我曾喝下一杯加有香料、混合万物且又冒着泡沫的饮料。

假如我的手曾调和最远与最近的一切、火和精神、欢乐和悲哀、至善和极恶。

假如我自己也是一粒能调和万物之味的补救之盐。

只因有一种能结合善与恶的盐，即使是极恶也有增添风味而使泡沫四溢的功效。

噢，那我怎么能不为永恒和婚姻之环，为这个轮回之环而燃烧呢？

除了这个我所深爱的女人之外，我还未曾遇过其他我愿借其生子的女人，因为我爱你，噢，永恒！

噢，永恒，我爱你！

五

假如我喜欢大海和似海的一切，尤其是当它们愤怒地驳斥我时更讨我钟爱。

假如我的内心充满了探寻的喜悦，而那种喜悦会使我的船驶往未知的天地；假如我的内心也充满了水手的喜悦。

假如我曾兴奋地喊道："海岸已经消失，现在我的最后一条锁链也断落了。

天地的一切在我四周呼啸，时间与空间则遥远地闪耀——振作吧！老迈的心！"

噢，那我怎么能不为永恒和婚姻之环，为这个轮回之环而燃烧呢？

除了这个我所深爱的女人之外，我还未曾遇过其他我愿借其生子的女人，那是因为我爱你，噢，永恒！

噢，永恒，我爱你！

六

假如我的道德乃是一种舞者的风范，又假如我时常跃入金玉般豪华的狂欢之中。

假如我的邪恶乃是一种含笑的粗鄙，而在玫瑰丛中、百合篱下会感到十分的自在。

或者在笑声中暴露一切的邪恶，而为自己的祝福所解救并净化。

假如“重的一切都变成轻的，所有的物体都变成舞者，而每个精神都变成飞鸟”乃是我的始与终。真的，但愿那是我的始与终！

噢，那我怎么能不为永恒和婚姻之环，为这个轮回之环而燃烧呢？

除了这个我所深爱的女人之外，我还未曾遇过其他我愿借其生子的女人，那是因为我爱你，噢，永恒！

噢，永恒，我爱你！

七

假如我曾为自己展现一片静谧的苍穹，并以自己的双翅翱翔于其上。

假如我曾悠游于幽渺而又光明的远方，又假如我的自由变成飞鸟的智慧。

而飞鸟的智慧曾如是说道："看啊，既没高空，也没低地！你这轻盈者就把自己向前后左右摆动！唱吧！不要再多说了！

难道所有的言辞不都是为那些沉重者所造的吗？难道所有的言辞不都是在欺骗那些轻盈者吗？唱吧！不要再多说了！"

噢，那我怎么能不为永恒和婚姻之环，为这个轮回之环而燃烧呢？

除了这个我所深爱的女人之外，我还未曾遇过其他我愿借其生子的女人，那是因为我爱你，噢，永恒！

噢，永恒，我爱你！

卷四

唉，世界上还有什么地方有比怜悯更愚痴的事呢？同时，还有谁会做出比同情者的愚行更令人痛心的事呢？

充满爱心者若是不能超越他的怜悯之情，则将是一件十分可悲的事！

魔鬼曾经对我这样意味深长地说："上帝也自有其地狱，那就是它对于人类的爱。"

最近我又听到他说："上帝死了，是对人类的那份怜悯害死了他。"

——卷二：同情者

61 蜜之祭礼

岁月从查拉图斯特拉的心上溜过去，而他未曾留意。他的头发都变白了。有一日，他坐在洞穴前的一块石头上，静静地望着远方，从这里可以越过崎岖的深谷而看到大海，他的鹰与蛇则若有所思地在绕着他打转，最后站在他的面前。

"噢，查拉图斯特拉，"它们说，"你在探视你的幸福吗？"

"我的幸福又算得了什么呢！"他回答道，"我早就不再追求幸福，而只努力做我自己的工作。"

“噢，查拉图斯特拉，”它们又说，“听你说话的口气，就好像你拥有太多的善似的。你不是躺在一个幸福的碧湖之中吗？”

“你们这些小淘气真会引喻，”查拉图斯特拉笑着答道，“不过你们也该知道我的幸福十分沉重而不像流动的流水，它挤压着我而不想离去，有如熔化的沥青。”

接着鹰与蛇又若有所思地绕着他走，然后再度站在他的面前。“噢，查拉图斯特拉，”它们说，“难道这就是虽然你的头发看起来像白麻，而自己却仍是变得越来越黄与越来越黑的缘故吗？看啊，你简直就像是坐在柏油中了！”

“我的鹰与蛇啊，你们在说什么呢？”查拉图斯特拉笑道，“当我提到沥青时，确实有点辱骂的味道。发生在我身上的事，同样也发生在所有成熟的果实上。我脉管中的蜜使我的血液更加浓稠，心灵也更加平静。”

“噢，查拉图斯特拉，事情本来就是这样的，”鹰与蛇贴近他说，“然而，难道今日你不想登上一座高山吗？现在空气那么新鲜，我们可以比以前更看清这个世界呢。”

“是的，我的鹰与蛇，”查拉图斯特拉回答，“你们说得不错，而且深合我的心意，我今日正想去攀登一座高山！不过还得随身备妥一些黄的、白的、好的、凉的、金色而成波纹状的蜜，因为我要在山上献蜜作为祭品。”

不过，当查拉图斯特拉到达山顶之后，便将伴他而来的鹰与蛇遣散回去，而让自己一个人独处，他打内心笑了出来，并举目四顾而这样说道：

“我刚才提到的蜜的祭品只不过是言辞上的一种设计，并且还是一种十分有用的狂行呢！在这高处比在隐者的山洞和家畜前更能自由自在地说话。

说什么祭品！我根本就在浪费别人所给予我的一切，我这千手的浪费者怎么能称那是一种奉献呢？

我要蜜，不过是要用它作饵，以甜美的黏液来引诱咆哮不已的熊和怪异的恶鸟。

我需要像渔猎时摆下的那种最佳的饵。因为假如这个世界果真成了一个充满各种动物的阴暗森林和所有猎人的娱乐场所，则我倒觉得它更像一个多姿多彩而深不可测的海。

一个充满各种鱼蟹的海甚至连诸神都想接近，而且被诱得想到那海里去打鱼，这个世界是如此地富于各种大大小小的奇事妙物！

尤其是这个人类的世界、人类的大海。我向它投下我的金钓竿，并且说道：“打开吧，你这人类的深渊！

打开吧，将你的鱼和发光的蟹都扔给我！我今日要用最佳的饵来引诱最奇特的人类之鱼！

我将自己的幸福远远地撒掷在各方，看看那些人类之鱼是否会接近并争夺我的幸福。

直到它们咬到我那藏在其中的利钩，就不得不升至我的高度，最斑斓的渊底之鱼被迫接近最恶毒的渔人。

我从开始便由衷地如此，拖引、接近、举起、卸下。一个训导大师曾经语重心长地对我说：‘要成为你自己！’

让人类上升到我这里来吧，只因我还在等待着沉降的信号。虽然我终归要回到人群之中去，我还不愿自动这么做。

所以，我狡猾而轻蔑地在高山之上的此处等着，也无所谓焦急或不焦急，倒像是一个忘了耐心的人。因为他已不再‘痛苦’了。

我的命运并没有在催促。也许它已将我遗忘？或是它正坐在一块大石后面忙着捕捉苍蝇？

真的，我非常感谢我那永恒之命运的宽缓，而使我有时间短暂作乐，所以我今日才会来到这高山上钓鱼。

有谁在高山上钓过鱼？即使我所想做的事是一种疯狂的行为，我宁可如此也不愿下山，因为等待，变成呆板的、绿的与黄的。

因为等待，变成骄矜粗暴的人，有如从山里传来的神圣风暴，不耐烦地向山谷吼道：‘一仔细听着，不然我会以天谴来惩罚你！’

我不会因此而憎恨这些恼怒者，反而让我觉得好笑！他们现在一定十分焦急，那些喧吵的大鼓若是此刻再不发泄，以后就没有机会了！

然而我与我的命运，我们既不和‘现在’交谈，也不向‘永不’发话。我们有足够的时间可以从容地谈话，它终将来临而无法偷偷地溜过去。

究竟什么是那必将来临而不能溜走的呢？就是我们的‘孤注一掷’。我们的伟大而遥远的人类王国——千秋万载的查拉图斯特拉王国。

那王国究竟如何‘遥远’与我又有什么相干？我并不会因为它‘遥远’而觉得不够真实，我的两脚正坚定地站在这块土地上。

在这永恒的土地、原始的磐石，以及最高、最坚挺的原始山，所有的风都聚集一处，然后彼此询问着所来与将去的方向，就像这里是诸风的聚散点。

健壮而神采奕奕的不良居心啊，笑吧，笑吧！将你金光闪闪的轻蔑之笑从高山上掷下来吧！用你的光芒为我诱致最佳的人类之鱼！

所有海中属于我的一切，万物中的那自我，请为我把那些人都钓上来并送到我这儿，我正在等待那些最狡诈的渔人。

去吧！去吧！我的钓钩！到水中并沉下去吧，我的幸福之饵！滴出你最甜美的露吧，我的心灵之蜜！咬紧一切黑色苦痛的内腹吧，我的钓钩！

看吧，我的眼睛，有多少海正围在我的身边，好一个人类未来的黎明啊！而在我上方，好一片透着微红的静谧！好一片万里无云的静谧啊！”

62　求救的呼声

翌日，查拉图斯特拉又坐在山洞前的石块上，他的鹰与蛇则在外面四处寻找新的食物和新的蜜，因为查拉图斯特拉已经用完了原有的最后一滴蜜。当他坐在那里，手握一支木条描着他的身体投在地上的阴影陷于沉思，既不是在想自己也不是在想自己的影子时，他突然感到一阵恐惧并不由得颤抖起来，他看到在他的影子之旁还另有一个影子。

他急忙地抬头回顾，同时站了起来，这才发现那个曾与查拉图斯特拉同桌进食的预言者正站在他的身边。那个倦怠的宣告者曾经说过："一切都相似，一切都没有价值，这个世界没有丝毫意义，而知识则令人窒息。"不过，从那时起，他的容貌就改变了，而当查拉图斯特拉注视他的眼神时，他又莫名其妙地害怕起来，许多不祥的征兆与灰白的闪电从他的脸上掠过。

那个预言者大概知道了查拉图斯特拉心里在想什么，于是连忙用手将自己的脸抹了几下，仿佛要除掉那些痕迹似的，而查拉图斯特拉也跟着采取同样的举动。当他们两人如此默不作声地定下心并提起精神之后，便相互握手以表示要再了解彼此一番。

"欢迎来到这里，"查拉图斯特拉说道，"你这大倦怠的预言者，你应该没有忘记曾经做过我的客人，还共同进餐过。今日我们再一同吃饭吧，同时还要请你原谅一个兴奋的老人与你同桌进餐！"

"一个兴奋的老人？"那个预言者摇头答道，"啊，查拉图斯特拉，不管你是什么人或者你想成为什么样的人，你在这山上已经住得很久了。再等一会儿，你的船便将离开陆地而去！""在你山下的海水一直不断地高涨，"那个预言者答道，"巨大灾难和苦痛的浪潮很快就会举起你的船而把你载走。"

于是查拉图斯特拉愕然而无言以对，"难道你还什么都没听到吗？"那个预言者接着说，"那不是山谷的急吼和咆哮声吗？"

查拉图斯特拉仍然默不作声，并倾耳聆听，于是他听到一声长啸，在深谷中回荡转移着，因为每一座山都不愿接收这个啸声，它听起来是如此不祥。

"你这居心不良的宣言者，"查拉图斯特拉终于开口说道，

“我告诉你，这是求救的呼声，而且是出自人类之口，大概是从黑暗的海上传过来的。然而，人类有难又关我什么事呢！那早已留给我的最后一项罪名，想必你应该知道吧？”

“同情！”预言者心直口快地，同时还高举他的两手，“啊，查拉图斯特拉，我来就是要引你犯那最后一个罪！”

话未说毕，那呼叫声又再度响起，而且比先前更拉长与更急近。“啊，查拉图斯特拉，你听，你听到了吗？”那个预言者叫道，“那呼声是在叫你呢，快，快，快，是时候了，现在正是时候！”

查拉图斯特拉茫然，不知所措，然后喃喃自语：“会是谁在叫我呢？”

“其实你自己心里明白，”那个预言者很不高兴地回答，“何必还要隐瞒呢？那是较高等的人在向你求救啊！”

“较高等的人？”查拉图斯特拉惊惧地大叫，“他想怎样？他要什么？那个较高等的人！他究竟想来这里做什么呢？”同时他还冒了一身的冷汗。

然而那个预言者并没有注意到查拉图斯特拉恐慌的样子，而兀自弯身一心在聆听。等到四周又恢复宁静好一会儿，他才回过头来，并看到查拉图斯特拉站在那里不住地发抖。

“噢，查拉图斯特拉，”他开始以哀伤的语气说，“你并不像是一个被幸福冲昏头脑的人：你必须跳舞，免得跌倒！

假如你果真在我面前起舞，并且使出你的浑身解数，没有人会对我说：‘看啊，最后一个快乐之人正在这里跳舞呢！’

谁若想到这高山之上来寻找那个快乐者都不免落空，除了一些洞穴和洞穴中的洞穴以及隐藏者的藏身之处外，根本就找不到任何幸福的矿藏、藏宝的密室和幸福的崭新金脉。

幸福？一个人怎么可能在这些活埋与孤寂的人之中找到幸福呢？我是否还必须向遗忘之海外的快乐之岛上追寻那最后的幸福？

然而一切都相似，一切都没有价值，所有的追寻都无济于事，快乐之岛根本就不存在！”

那个预言者这么悲叹着。而当他诉完苦之后，查拉图斯特拉也已恢复了内心的平静，就像一个人走出幽深的洞穴而重见天日一样。“不！不！三次不！”他捻须大声疾呼，“这件事我比你还清楚！快乐之岛依旧存在而且从未消失！所以你这悲哀满怀的家伙也不必再伤感了！

你这满含水气的云不要再滴雨了！难道你没有看到我已被你的伤感弄得像浑身湿漉漉的狗一样吗？

现在我要抖落身上的水珠而离你远些，好让自己快干起来，你不必那么诧异！难道你认为我十分粗鄙无礼？但这里毕竟是属于我自己的宫廷啊。

至于较高等的人，好吧，我马上就到森林中去找他，他求救的呼声是从那里传来的，或许他正遭受到猛兽的攻击而处于极度的危险中呢。

我不希望他在我的土地上坠入任何陷阱之中！真的，在我四周有着许多的猛兽。”

查拉图斯特拉说完这话便转身离去，那预言者就说：“啊，查拉图斯特拉，你是一个无赖！

我很明白，你一直想躲避我，而宁可在森林中诱捕猛兽！

然而那有什么用呢？到了夜晚你还不是又得回到我这里来，我会坐在你的洞中，像个木头人似的痴痴地等你！”

“随你吧！”当查拉图斯特拉临去时回头大喊道，“我这洞中的一切也都是属于你的，我的贵客！

假如你这咆哮不已的熊还能找到一点蜜的话，那么就将它舔光吧！也使你的心灵甜美起来吧，因为我们今晚将有一番狂欢。

因为一日已经结束！你应当伴我起舞。

你不相信我的话？你在摇头？振作些吧，老熊！而我，我也是一个预言者呢。”

查拉图斯特拉如是说。

63　与国王交谈

一

查拉图斯特拉在山上与森林中走了一个小时，忽然他看到一个十分奇怪的行列。在他正要走向前去的路上，迎面来了两个头戴王冠、腰系紫带而身穿华服的国王——他们则驱赶着一只载有东西的驴。“这两个国王在我的土地上做什么？”查拉图斯特拉诧异地自忖，同时急忙跑到一个矮树丛后面躲起来。而当那两位国王走近时，他又自言自语地低声说道：“奇怪！奇怪！这怎么调和呢？我看见两个国王，而驴却只有一只！”

于是两个国王停下来，循声望去，然后相视而笑。“我们那里的人也都是这么想，”右边的那个国王说，“但是我们并不去点破。”

而左边的那个国王则耸耸肩说：“那大概是一个牧羊人，或者是一个在林野间隐居甚久的隐士。离群索居会使人失于礼数。”

“礼数？”另一个国王愤然而尖刻地回答，“我们究竟在逃避什么呢？不就是那些‘礼数’与我们的‘美好社会’吗？

真的，最好是生活在隐士和牧羊人当中，而不要与那些涂脂抹粉、浮华庸俗的群氓为伍，虽然他们称自己为‘优良的群体’。

虽然他们自称是‘贵族’，但那里的一切都是虚假而污秽的，尤其是血，真得感谢那些恶劣的宿疾和更恶劣的医者。

我觉得最好与最可爱的就是一个健康的农夫。粗俗、机警、固执与坚忍，凡此皆是目前最高贵的典范。

农夫乃是目前最好的，这一类人应当居于主宰的地位！然而现在却是那些庸俗群氓的天下，我不愿再受摆布，群氓意味着乌合之众。

乌合的群氓，一切都混杂在其中，圣人与骗子、绅士与奸商以及挪亚方舟上的一切野兽。

礼数！我们的一切都是虚假而污秽的。不再有人知道该如何表示尊敬，那正是我们所要逃避的。他们是一些贪得无厌的狗，甚至把棕榈叶都镶上金。

这种厌恶之情抑制着我，以致我们这些国王也都变得虚假做作。我们被包藏在往昔祖先已然褪色的荣光中，而成为目前最愚蠢、最狡诈与最有权势之人的勋章。

我们并不是第一等人，但却必须装作是第一等人。我们终于厌倦了这种骗人的把戏。

我们离群而去，逃避所有那些胡闹起哄与舞文弄墨之徒、奸诈的商人与志大心躁的家伙以及污浊的空气。呸！生活在庸俗的人群中。

呸！在庸俗的人群中故作第一等人状！恶心！恶心！恶心！我们这些国王还有什么尊贵可言呢！”

“你的老毛病又来了，”这时左边的那个国王说，“你又在发牢骚了，我可怜的兄弟。不过你要知道有人在偷听我们的谈话。”

已经耳闻目睹这一幕的查拉图斯特拉立即从藏身之处走出来，走向两位国王：“很高兴听到你们谈话的人，他的名字叫查拉图斯特拉。然而，这里是我的地方与辖区，你们要在我这里寻找什么呢？或许你们已经找到我也在寻找的——较高等的人。”

当那两个国王听了这话，便不禁顿足捶胸而异口同声地说：“我们被识破了！

你的语言之剑深深刺进了我们心灵的最暗处。你说中了我们的苦恼，我们确实正在寻找较高等的人。虽然我们是国王，但是那种人却比我们还高出一等。我们正要把这只驴赶去送他，因为最高等的人也该是大地上最高的主宰。

在人类的命运中，再也没有比大地的强者并非是第一等人这件事更不幸的了，那时一切都将变得虚假、歪曲与荒谬。

假如他们竟是那最后存在，而兽性多于人性的人类，则一般群氓的身价就会不断地提高，到最后，群氓的道德会说：‘看吧，只有我才是！’”

“我刚才听到了什么？”查拉图斯特拉答道，“那是属于国王的一种怎样的智慧啊！我实在兴奋，真的，我已想将这些话形诸诗句了，即使我的诗不合群氓之所好。我早就不去计较世俗的时尚，那么，写吧！”

然而，这时那只驴却开口了，它恶声恶气而清楚地说了一句“咿——呀”。

“有一回——想是正值我主降世的第一年，

不饮而醉的女巫曾这样说道：‘一切都是这么丑陋！腐化！腐化！这个世界从来没有如此堕落！整个罗马已经变成了妓院，皇帝变成野兽，而上帝则变成犹太人！’”

二

两个国王对那首诗赞赏不已。右边的那个国王说道：“噢，查拉图斯特拉，我们出来探望你真是不虚此行！

因为你的敌人曾在他们的镜中将你的相貌显现给我们看，在镜中你有着一副魔鬼冷嘲般的苦脸，所以引得我们十分害怕！

然而，那有什么用呢！你一直用你的警言刺激我们的心灵和耳朵，于是我们就说：他的相貌何足轻重呢！

我们必须听听他的言论。他曾说过：‘你们应当热爱和平，而将它当作未来战争的一种手段，并且应当热爱短暂的和平甚于漫长的和平！’

没有人说过如此好战的话：‘什么是好的？勇敢是好的。好的战争能使一切主张都变得无比神圣。’

噢，查拉图斯特拉，听到这番话，先人的血又在我们的脉管中沸腾起来，它有如春之声相对于老酒桶。

当刀剑如蛇吐红芯般地缠斗时，我们的先人才懂得珍惜生命。他们觉得，每个和平的太阳都是苍白而微温的，而漫长的和平则使他们感到万分惭愧。

当我们的先人目睹挂在壁上之雪亮的刀剑生尘时，是多么地百感交集啊！他们就像刀剑一样地渴望战争，因为刀剑极想饮血，并发出欲念的火花。”

当那两个国王正在兴高采烈地诉说他们先人的幸福时，查拉图斯特拉不由得很想嘲弄他们一番，因为眼前这两个年纪虽大却面貌姣好的国王必然是非常爱好和平的，但是转而却又打消了这个念头。“好了！”他说，“那里就是查拉图斯特拉的穴居之所，而这条路正是通往那里的。今日将有一个漫长的夜晚，而现在一个求救的呼声则在催我快去。

假如你们愿意在我的洞中坐候，那将蓬荜生辉。不过，要劳你们久等了！

好吧！那有什么关系呢！此刻还有什么地方比在宫廷里更适于学习等候呢？国王们也都还保持着他们的风度，那不是现在被称为‘等候之能耐’的美德吗？”

查拉图斯特拉如是说。

64　水蛭

查拉图斯特拉若有所思，走过森林和荒野。无意中他踩到一个人的身上，这是每个在想心事的人常会发生的疏忽，接着他发出一声惊叫、两句咒骂、一些粗话，在惊慌之中举起手杖，打被他踩到的人。不过，没有多久，他恢复了清醒的意志，为刚才的疯言疯行感到好笑。

“对不起，”他向那人道歉，那人怒气冲冲地爬起来，现在又坐下去，“请多原谅，并且先听我做个比喻吧。

一个梦想着远方的流浪者，在孤独的路上，因不小心而撞到一只正在太阳下酣睡的狗，就像这两个都受到惊吓并互相谩骂的人和狗，突然有如死敌般地对立、趋近，并且怒目相视，我们刚才就是那个样子。

不过，那只狗与那个人是多么需要一点能使彼此互相关爱的小东西啊！他们不是都很孤独吗？”

“不管你是谁，”那个被踩的人怒气未消，“你的比喻和你的脚都践踏了我！你看！我是一只狗吗？”接着，那个坐着的人站起来，抽出他隐藏在沼泽中的手臂，原先他是笔挺地躺在地上，同时像个猎人似的躲在沼泽旁。

“那么，你在这里做什么呢？”查拉图斯特拉害怕地叫嚷着，他看到那个人的手臂上有不少的血，“究竟是什么伤了你？难道你这个不幸者是被猛兽所咬伤的吗？”

那个人莞尔一笑，但是依然义愤填膺。“这关你什么事！”说完，他想继续上路，“此处是我的家园与故土，谁想问尽管问好了，不过我是不会答复一个傻子的。”

“你错了，”查拉图斯特拉十分同情地说，并且还紧紧握着他的手，“你错了，此处不是你的家园而是我的辖地，在这里谁都不应受到伤害。

随你怎么称呼我吧。我就是这样的一个人，我自称查拉图斯特拉。

好吧！沿着这条路上去不远，就是查拉图斯特拉的穴居之所，你不打算到我家里去处理一下伤口吗？

你这不幸者真是倒霉，先是猛兽咬了你，然后又被人踩踏！”

当那人一听到查拉图斯特拉说出自己的名字时，神情立即大变。“我到底是怎么了！”他叫道，“在我这一生当中，还有谁能像查拉图斯特拉这个人和靠血维生的这个动物——水蛭——使我如此倾心呢？

为了水蛭，我像个渔夫似的躺在这沼泽旁，伸出的手臂已经被咬了十次之多。而现在，一个更佳的水蛭又在吸我的血了，就是查拉图斯特拉其人！

噢，幸福！噢，奇迹！赞美指引我来到这沼泽旁的今日！歌颂目前所活着的最好的玻璃吸管！祝福这没有意识的大水蛭，查拉图斯特拉！”

那个被踩到的人这么说，查拉图斯特拉非常欣赏他高雅与虔敬的言辞。“你是谁？”查拉图斯特拉将手伸向他，并且问道，“我们之间有许多事必须加以澄清和解释，不过，我想天就要大亮了。”

“我是精神彻悟者，”那个人回答，“有关精神方面的事人概再也没有人比我更严谨而深刻的了，除了教我这些东西的查拉图斯特拉本人之外。

对许多事物一无所知总比半知半解好，宁可为自己而做一个疯子，也胜过因别人认同而成为一个圣人！我要深入根据地。

根据地的大或小有什么关系呢？称其为沼泽或天空又有什么关系呢？我只要有一个手掌大的根据地也就够了。假如这确实是根据地！

只要是一个手掌大的根据地，我们可立于其上。真正认知的知识并无大小之别。”

“如此说来，你大概是一个水蛭专家吧？”查拉图斯特拉问道，“你这认知者是在探究水蛭的根源吗？”

“啊，查拉图斯特拉，”那个被踩的人说，“那是一件很艰巨的事，我怎么敢妄想尝试呢！

我所知道而有把握的，不过是水蛭的头脑，那就是我的世界！

而这也真是一个世界！假如我在此显得有点骄傲，尚请原谅，因为在这方面还没有人是我的对手。所以我说‘此处是我的家园’。

我曾花费很长的时间去研究水蛭的头脑，那光滑的真理就不易从我手上溜掉！这里是我的辖地！

为了它，我将其余的一切弃之不顾，为了它我对其余的一切变得漠不关心，伴随知识的，是我的愚昧。

我的理智要我如此，我只要知道一件事就行，而不须知道其余的。我厌恶所有精神上的半吊子，懵懂者、迟疑者和空想者。

一旦我不再实事求是，就变得十分盲目，我也甘心如此。反过来说，只要我想探究，就非认真不可，非常严谨、一丝不苟。

噢，查拉图斯特拉，因为你曾说过‘精神乃是生命的自剖’，所以我才投入你的学说之中，真的，我学会了用自己的血来增长自己的知识！”

“事实就是如此。”查拉图斯特拉打断了那个人的话，因为他那被十只水蛭咬过的手臂依然在流血。

“噢，你这个怪人，这件事，也可说是你这个人，给了我多少启发啊！但是你那一丝不苟的耳朵，恐怕无法将我这些东西全部听进去吧！

那么，就在此分手吧！不过我仍希望能再见到你。沿着这条路上去可通往我的穴居之所，想来你应是我今晚最欢迎的贵客！

我很乐于弥补查拉图斯特拉践踏你给你造成的损失，我确实这么想。然而，现在有人在向我求救，我必须尽快赶去。”

查拉图斯特拉如是说。

65 魔法师

一

当查拉图斯特拉绕过一块岩石之后，他看到前路上有一个人像疯子般地在手舞足蹈，最后跌倒在地。“且住！”查拉图斯特拉心想，“他一定就是那个高等的人，那凄厉的求救声是他发出来的吧。我来看看能不能救他。”当他跑到那个人的身边，看到一个两眼呆滞而浑身颤抖不已的老人。

查拉图斯特拉怎么扶他都扶不起来，那个老人也似乎没感觉到旁边还有一个人在不停地游目四顾，并做出各种手势，有如一个与世隔绝的人。最后，经过一阵颤抖、痉挛扭曲，他开始哀叹悲歌道：

有谁使我温暖，爱我依旧？
给我热情的双手！
给我激扬的火炉！
我挺卧在地，颤抖不已，
犹如一个需要别人暖脚的濒死者
噢，莫名的高烧不停地折磨，
尖锐而冰冷的霜箭使我胆战心惊，
只因你在追我，我的幻梦！
你这不可名状、高深莫测、一触即发、
躲在云后的猎人！
你用雷电恐吓，
以嘲弄的眼，
暗中窥我。
我这样躺着。
我的身体在不住地蜷曲、扭转，
只因永无止息的打击与折磨，
来自你这最残酷的猎人、陌生的上帝……

重重地打击！

再来一次！

将我的心刺穿戳碎！

这雕花钝箭的折磨，

究竟意欲何为？

为何你那幸灾乐祸而圣洁明亮的双眼，

会看不厌人类的痛苦？

你并不想谋杀，

却要折磨，折磨？

为何要折磨我呢，

你这幸灾乐祸而陌生的上帝。

啊哈！

在这午夜的黯淡时刻，

你悄悄地接近，

说吧，你究竟意欲何为？

你向我挤来，

哈！实在太过接近！

你已听到我的呼吸，

以及心跳，

你这嫉妒者！

究竟在嫉妒什么？

走开！走开！

这梯子要做何用？

你是否要进来，

钻入我心中，

钻入我最秘密的思想中？

无耻！你这陌生人！窃贼！

你要偷取什么？

你在偷听什么？

你想知道什么？

你这拷问者！

你这刽子手——上帝！

我应当像狗一样

在你面前打滚？

并且得意忘形地，

向你摇尾示爱！

没有用！

刺得深些！

你这最残酷的刺棒！

我不是狗，只是你的猎物，

你这最残酷的猎人！

我是你最高傲的俘虏，

你这躲在云后的强盗！

还是说出来吧，

你要我身上的什么？你这强盗，

说吧，你这以雷电遮掩的陌生人！

你要什么，陌生的上帝？
什么？赎金？
要多少？
请开高价，我的高傲如是吩咐！
务必干脆，我的另一高傲如是吩咐！

啊哈！
你要我，
整个的我吗？……

啊哈！
你这一心想折磨我的疯子，
是否要把我的高傲完全解除？
请给我爱——有谁使我感到温暖如昔？
有谁爱我依旧？
给我热情的双手，
以及激扬的火炉，
给我这最孤独的人。
冰块，
冻结七层的冰使人渴望劲敌，
给我最残酷的劲敌，
你自己！

他已然远遁，
我最后仅有的一个同伴，
我最大的劲敌，
我不认识的，
刽子手——上帝！……

不！回来！
带着你的折磨，
回到我这最后的一个孤独者的身边，
噢，归来吧！
我的热泪汇聚成河
流向你！
一切最后的激情之火
也为你！
噢，归来吧，
我不认识的上帝！
我的痛苦，
最后的喜悦！

二

这时查拉图斯特拉再也听不下去，举起手杖用力猛打那个悲歌者。“不要唱了，”他怒笑地大喊，“不要唱了，你这歌手！伪币的制造者！不折不扣的骗子！我还不了解你吗？

我会尽快温暖你的脚，你这邪恶的魔法师，为你这种人的脚取暖，我很在行！”

“不要打了，”那老人说着从地上跳起来，“不要打了，查拉图斯特拉！我只是好玩罢了！

这一切原是我的把戏，我想用这个法子考验你，你果然识破了我！

但是你自己也露了些底，你这聪明的查拉图斯特拉原来是如此无情！你竟然以自己的‘真理’狠狠地打我，以棍棒从我口中逼出这一切真相！”

“不必说得那么动听，”查拉图斯特拉怒气未消，“你这地地道道的戏子！你真会虚情假意，怎么也谈起真理来了！

你这孔雀中的孔雀、虚幻的海，你在我面前究竟玩弄什么把戏？当你刚才煞有介事地悲歌时，是想要我把你当作什么样的人呢？”

“精神忏悔者，”那个老人随口回答，“我刚才所装扮的正是这样的一个人。你自己也曾发明过这个名词。

加在那些最后背叛自己的诗人和魔术师的身上，那些转变者终因良知与意识的败坏而冻死。

说实话吧，查拉图斯特拉，你并不是很快识破我的把戏！当你扶起我的头时，还真以为我没救了呢。我听到你在叹说：‘我们冷落了他，太不爱他！’我不禁窃窃自喜竟能瞒你到现在。”

“你还可以欺骗比我更聪明的人，”查拉图斯特拉冷冷地说，“我从不防人欺骗，我命定必不能有先见之明。

而你，非欺骗我不可。我认清了你！你必定还藏着多重暧昧！甚至连刚才所吐露的都不见得真实可靠！

你这拙劣的伪币制造者，除此还能做什么呢！你就是在医生面前脱去衣服，也还要遮掩自己的疾病。

所以，刚才你说‘我只是好玩罢了’，那也不过是你对我的一种掩饰！除了好玩之外，也有一些严肃的成分在内，其实你原本就近似精神忏悔者！

我猜得不错，你已成了整个世界的蛊惑者，但是却没有为自己留下任何疑问，你并未被自己所迷惑！

你把所获得的厌恶当作自己的唯一真理。你所说的话都不可靠，而你的嘴却相反，也就是说，它明显地露出厌恶的表情。”

“你究竟是谁？”这时，那个老人厉声断喝，“竟敢这样对我说话！我是世上最伟大的人呢！”他傲慢十足地看了查拉图斯特拉一眼，神情立即大变，充满哀伤：

“噢，查拉图斯特拉，我对自己的把戏感到十分厌恶，也早已倦于一切玩弄。其实我并不伟大，又何必这么装模作样呢！不过你也知道我曾追求伟大！

我曾想摆出一副很伟大的模样，并使大家都信以为真，然而我心余力绌，把自己累倒了。

查拉图斯特拉，我一直在自欺欺人，结果落得如此下场，这是假不了的！”

“你虽败犹荣，”查拉图斯特拉黯然环顾左右，“它曾因你追求伟大而引你走上尊贵之路，却也诱使你步入歧途。究其实情，只在于你原本就不伟大。

你这拙劣的老魔法师啊，你对自己的作为感到厌倦，并且明白地表示‘其实我并不伟大’，这才是你最可爱与最真诚的地方。

因此，我才把你尊为一个精神忏悔者。虽然只看了一眼，但那一瞬间却已见到你的真实一面。

不过，请告诉我，你究竟在我的林石中寻找什么呢？还有，你躺在我必经之路上，是要向我求证什么。

你要如何考验我呢？”

查拉图斯特拉两眼湛然如是地说道。老魔法师沉默了一会儿，反问一句：“我有试探你吗？我只是在找寻罢了。

噢，查拉图斯特拉，我正在寻找一个正直者、单纯者、清明者，一个绝对真实的人，一个智慧如海的人，一个知识的圣人，一个伟大的人！

噢，查拉图斯特拉，难道你不明白吗？我是在寻找查拉图斯特拉呀！”

接着他们两人都久久不语，而查拉图斯特拉则陷于沉思之中——所以闭上双眼。之后，他又回到现实里来，握住那个魔法师的手并很有礼貌、很有技巧地说：

“好吧，沿着这条路上去就是查拉图斯特拉的穴居之所，你可以在那里找到你所要找的人。

也不妨请教我的鹰与蛇，它们会帮你寻找，我的洞穴相当大。

我本身确实还不曾见过伟大的人物。现在即使最锐利的眼也无法认出伟大的一切，这是群氓当道的时期。

我发现有许多人在伸懒腰或打呼噜，群氓却高喊：“看啊，这是一个伟人！所有的风箱有什么用呢！结果，风还不是都跑掉了。

蛙腹鼓得太胀，终会爆破，气也因此而泄。去戳弄胖者的肚子，倒是一个很好的消遣。记住，孩子们！

今日是群氓时代，还有谁能辨明何者伟大，何者渺小呢？谁能真正找到伟大呢？大概只有疯子吧，也只有疯子才能真正找到伟大。

你这奇怪的疯子是在寻找伟大的人吗？谁教你找他的呢？现在是寻找他的时候吗？啊，你这拙劣的找寻者，为什么要试探我呢？”

查拉图斯特拉如是说，心中十分畅快，笑着继续赶路。

66 失去工作

查拉图斯特拉离开那个魔法师没有多久，又看到一个人坐在路旁。那个人身材高大，面色黝黑，脸颊瘦削，皮肤苍白。查拉图斯特拉感到一阵快慰。

“真倒霉，”他在心中自言道，“又是一个伪装的痛苦。我想他大概是属于传教士那一类型的，这些人究竟都在我这里做什么呢？

好不容易才摆脱了那个魔法师，现在却又碰到另一个招魂者，有点像做法事的巫师，又有点像依赖上帝恩宠而忧郁阴沉的奇迹制造者，像敷了圣油的世界毁谤者。希望魔鬼把他抓走吧！

然而魔鬼总是不在他该在的地方，那个该死的侏儒、跛子总是来得太迟！”

查拉图斯特拉在心中焦急地如此咒骂，盘算着如何掉头躲过这个黑人。然而，事实并不如他的意，这时那个人已经看到他了，喜出望外地立即站起来，走向查拉图斯特拉。

“不管你这个过路者是谁，请帮助一个迷路的老人吧，他在这里很可能遇到危险呢！

我对这里感到十分陌生、遥远，我也听到过野兽的吼声，那个曾保护我的人已经死了。

我正在寻找那最后一个虔诚的人，一个哲人，一个隐士，他独居在森林之中，还不晓得现在整个世界都已知道的那件事。”

“那是什么事呢？”查拉图斯特拉问，“会不会是昔日整个世界所曾信奉的那个上帝已经死了？”

“你说对了。”老人伤心地回答，“我服侍那个昔日的上帝，直到他咽下最后一口气。

现在，我失去了工作，没有了主人，却依旧感到很不自由：除了在回忆中追寻，我也不再有一分一刻的快乐。

我到这山上来，为的是想替自己举行一项仪式，有如自己终于成为一个教皇或教会之主般地庆贺一番。告诉你吧，我是最后一任教皇啊！我要举行一项庆祝虔诚回忆与神圣奉献的典礼。

而现在，他，那个最虔诚的人、住在森林中的哲人、常以高歌低唱来赞美上帝的人，已经死了。

当我找到他的茅屋时，没有发现他的踪影，却看见两只狼待在那里，它们正为他的去世哀号不已。所有的动物都爱他。我只得匆忙地离去。

难道这山上的森林之行就这样算了吗？我已决心要寻找另外一

些不信奉上帝者之中最虔诚的人，我已决心要寻找查拉图斯特拉。”

老人这么说着，并用一双锐眼紧紧地注视站在面前的人。查拉图斯特拉则握住昔日教皇的手，以仰慕的态度看了一会儿。

“看啊！你这可敬者，这是一双多么精巧而修长的手啊！这双手常常施福与人，现在它却紧握着你所要寻找的人——查拉图斯特拉。

我就是那不信神的查拉图斯特拉，也曾说过‘有谁比我更不信神，好让我分享他的学说？’这句话。”

查拉图斯特拉的眼光看穿了昔日教皇的想法，看穿了藏在教皇心中的意念。最后，昔日教皇说：“凡最信爱与占有上帝者也最得不到他。看吧，我确信自己比你更不信神，但是这有什么好得意的呢！”

“你服侍他到最后一刻？”一阵深长的静默之后，查拉图斯特拉若有所思地问道，“你知道他是怎么死的吗？人们都说他是被同情所害，真的是这样吗？

他目睹人类横遭吊挂十字架上的痛苦而无法忍受，以致他对人类的爱反而成了他的地狱，最后踏上死亡之途，是不是这样呢？”

那个昔日教皇怯怯地四顾不答，显出一副十分痛苦阴郁的神情。

“让他去吧，”查拉图斯特拉想了许久，两眼依然注视着昔日教皇，“就让他去吧，他已死了。虽然你只是一味赞美死者而令人非常钦佩，然而你和我一样都清楚他是怎样的一个人，同时他也死得颇不寻常。”

“在三只眼看来，”瞎了一只眼的昔日教皇兴奋地说，“对上帝的事，我比查拉图斯特拉还要清楚，也应该比他清楚。

我的爱服侍了他多年，而我的意志也始终以它的意志为依归。不过，一个好的侍者应该明了所有的事情，甚至包括隐藏在主人心中的一切。

他是一个心中藏着许多秘密的上帝。真的，他以上帝之子的化身临世也是一种秘密。在他的信仰门前，明摆着不贞的奸情。

凡赞颂他是爱的上帝的人，必定对爱的本身不够崇敬。难道上帝就不想当法官？狂热者却完全不在意任何赏罚和报复。

在来自东方的上帝的年轻时代，性情极为冷酷，睚眦必报，他还造了一个地狱以供他宠爱的人取乐。

到后来，他终于变得老迈、柔弱而慈悲，不像父亲，反倒像个祖父，尤其像一个步履蹒跚的老祖母。

他坐在炉旁逐渐萎顿，为自己的一双弱脚而闷闷不乐，而且厌倦了这个世界和意志，某日终因自己的过度怜悯而窒息无救。”

“教皇，”查拉图斯特拉打断他的话，“你是亲眼目睹这一切的吗？当时的情形可能是如此，也可能不是如此。诸神死的时候，总会有许多种死法。

好吧，不管以什么方式死去，总之，他是死了！他与我并不投缘，我实在不愿再深责他了。

我喜爱简单明了的一切，而他，这个老上帝却十分暧昧含糊，你这传教士是知道的，他与你是属于同一类型。

再者，他也是不甚分明的。只因我们对他太不了解，这个盛怒者是多么地生气！但是他又为何不对我们明说呢？

假如错在我们的耳朵，那他为什么要给我们一双听不懂他所说的一切的耳朵呢？如果说我们的耳朵里有垢物，那些东西又是谁放进去的？

他什么事都做不好，这个陶器匠还没有学成！但是他却迁怒于自己的陶器和作品不成材，这是一种不懂品味与审美的罪过。

即使在怜悯之中也有一种好的嗜趣，而这嗜趣终于开口：‘把这样的上帝请走吧！我们宁可没有上帝；宁可自己承担自己的命运；宁可变成疯子；宁可自己做上帝！’”

“这是什么论调啊！”昔日教皇非常震惊，“查拉图斯特拉，你的不信比所信还虔诚呢！你心中有个神使你皈依自己的无神论。

难道不是你的虔诚使你不再去信奉上帝吗？而你那过度的诚心最终会把你引到超越于善恶之外的境地！

看吧，他所留给你的是什么呢？你有眼、有手、有口，这些都是注定做永恒祝福用的，人并不只用手祝福。

虽然你自认是最不信神者，我却在你身上嗅到一种强烈的长久祝福以及它的芬芳，这使我感到且喜且忧。

噢，查拉图斯特拉，让我在你这里做一晚客人吧！世上还有什么能比和你在一起更令我感到愉快的呢！”

“阿门！就这样吧！”查拉图斯特拉非常诧异，“沿着这条路上去，就是查拉图斯特拉的穴居之所。

真的，我很乐意亲自为你这可敬者带路，我喜爱所有虔诚的人。但是现在有人在呼救，我不得不尽快离你而去。

在我的土地上，谁都不应该受害。我的山洞是一个良好的避难场所。最重要的是，我很愿意帮助每个悲伤者重新挺立于坚固的土地上。

然而，有谁能将你的郁闷从你肩上卸下？我则过于体弱而办不到！真的，我们还得等待一段很长的时间，直到有人使你的上帝复活。

只因昔日的上帝已经不在了。他真的死了。”

查拉图斯特拉如是说。

67　最丑陋的人

查拉图斯特拉再度跑过高山和森林，两眼不停地搜索，但是始终不见他所要寻找之人的踪影，此人正是陷于危险中的呼救者。不过，这一路上，他内心十分高兴，充满感激之情。“今天我的收获着实不错，”他说，“足以弥补坏的开始！我遇到几个非常怪异的对话者！

我现在会将他们所说的话，当作好米一般慢慢咀嚼一番，我的牙齿要把它们咬得稀烂、磨得粉碎，以便最后能像乳汁一样流入我的心灵！”

然而当他又转过一块岩石之后，眼前的景象陡然大变。查拉图斯特拉仿佛到了死亡的国度。这里各种或黑或红的陡岩林立，既没有花草树木，也听不到飞鸟鸣啼。此处是一个所有动物，甚至连猛兽都唯恐避之不及的山谷，只有一种丑陋粗硕的绿蛇，当其衰老时就来此等死。所以放牧的人就称这里是“蛇亡谷”。

但是，查拉图斯特拉竭力回想，他觉得自己仿佛曾经来过这里。他的心情变得沉重，脚步也慢了下来，最后终于停止不动。就在这时，他猛一抬头，看见有个东西在路旁。那东西有点像人，但似乎又不像，说不出究竟是何物。

查拉图斯特拉蓦地感到一阵羞惭，只因他一直在盯着那个东西。他急忙撇过头举足继续前进，想尽快离开这个不祥之地。突然，这死寂的荒野发出一种声响，一种有如夜间水管阻塞不通的咕噜咕噜声从地下冒出来，最后变成人的话音：

“查拉图斯特拉！查拉图斯特拉！猜猜我的谜题！你说，你说！什么才算是对目击者的报复呢？

我劝你回转，因为那里有一层光滑的冰！小心，别让你的高傲在此摔断了腿！

高傲的查拉图斯特拉，你自以为很聪明，那就猜猜我出的这个谜题吧！你说，我是谁？”

然而，当查拉图斯特拉听到这番话之后，你们认为他的心里是怎么想的呢？他油然兴起怜悯之情，立即跌倒在地，有如久经伐树者的劈砍而霎时沉重地倾倒的一棵橡树，连那些伐树者都被吓坏了。但他旋即从地上站起，而且显出一副十分严肃的神情。

“我对你非常熟悉，”他的语气非常坚硬，“你就是那个杀害上帝的凶手！让我过去吧。

你一定不能忍受一个将你看得很清楚的人。你这最丑陋的人会对他施与报复的！”

查拉图斯特拉如是说，并想走过去，但是这个莫名的东西拉住他的衣角，又开始叽哩咕噜地搜集他的语句：“请留步！

不要过去！我已猜出是什么刀斧将你砍倒在地。恭喜你，查拉图斯特拉，你又能站起来了！

我了解你也想象得到那个杀害上帝的凶手是什么感受。

不要走，请坐在我的身边，我并不是随便把你留。

除了你，我还能去向谁就教？不要走，坐下来吧！不过，别看我！请尊重我的丑陋！

他们都在迫害我，现在，你就是我最后的庇护之所。他们并非以憎恨或执法人员对我施展毒手。我会嘲弄这种迫害，而且以此为荣，以此为乐。

所有的成就迄今不都是归于那些受尽迫害的人吗？凡工于迫害者很快就学会如何随从，他总是跟在受迫害者的后面！而他们的怜悯，我躲开他们的怜悯而逃向你。

查拉图斯特拉，请保护我，你是我最后的庇护之所，你这唯一识破我的人。

你已忖测出那个杀害上帝之凶手的感受。不要走！假如你非走不可，你这沉不住气的人就别走我的来路，因为那条路寸步难行。

你是否厌恶我说话期期艾艾不顺耳？或是嫌我太啰唆？但是你也应该了解我这最丑陋的人。

我有着一双最大最重的脚，因此我所走过的路都会残破无遗，我把所有的路都踏坏了。

我也十分清楚你因为曾想偷偷地从我这里溜过去而感到羞惭，所以我才认出你是查拉图斯特拉。

别人都会以言辞或眼光对我施舍或表示同情。而你已经看出，我根本就不像个乞丐。

因为我原本就很富裕，富于那巨大、可怕、最丑陋而难以形容的东西。啊，查拉图斯特拉，你的羞惭让我感到非常荣耀！

我历尽千辛万苦而逃离那群充满同情心的人，为的是想找寻那唯一能教授‘怜悯是有碍的’这种学说的人。那就是你，查拉图斯特拉！

不管那怜悯是出自上帝或人类，总是对谦逊的侮辱。而拒施援手比滥施援手的作风要高贵多了。

然而，现在一般人都把这怜悯称为一种道德，他们对种种了不起的不幸、丑陋和失败丝毫不懂得尊重。

我看得比他们高远，就像牧羊犬的眼光一定高出拥挤羊群的背部之上。他们只是一些弱小、多毛、温驯而灰白的人类。

有如一只扭头向下看着浅沼的鹭鸶，我也是以同样的神情注视那群灰白的小波浪、小意志和小心灵。

往昔我们一直认为那些小人物是对的，把权力也都交给了他们；而现在，他们却大肆宣称‘只有小人认为是善的才是善’。

目前所谓的真理多半出自那些小人师承的训示，那个奇特的哲人与小人的护法却自称‘我就是真理’。

狂妄者一向使那些小人物个个都趾高气扬，当他宣称‘我就是真理’时就犯了大错。

一个狂妄者是否会令人更以礼相待呢？

啊，查拉图斯特拉，你曾从他面前经过，并且说：‘不、不、不！’

你也曾提醒大家留意他所犯的错误，首先要留意的就是怜悯，你的话非为任何人，而是为自己与相投的人而发。

你因耻于身为不凡的受苦者而感到惭愧，真的，你说，怜悯会生乌云，小心，人类！

当你说：‘所有的创造者都是无情的，一切大爱均超越了其中的怜悯之情。’啊，查拉图斯特拉，我觉得你真熟悉天气的征候！

但是你也留意你自己的怜悯吧！因为有许多受苦者、怀疑者、失望者、沉溺者、挨冻者都已纷纷往你这里来了。

我还要提醒你留意我。你已猜出我最好与最坏的谜题。我是谁以及我所犯的罪行。我也知道你是被什么样的刀斧砍倒的。

不过，上帝还是非死不可，因为他是用透视一切的双眼观察，他看进人类的内心深处和根底，也看清了人类的耻辱和丑陋。

他的怜悯不懂得羞怯，甚至爬到我身上最不洁的幽暗一隅。最爱窥伺、多管闲事而滥施同情的人一定得死。

他一直在看我，因此我要予以报复。不是他死，就是我亡。

看清一切与人类的上帝，非死不可！人类绝不能让这个目击者活着。”

最丑陋的人如是说道。

查拉图斯特拉则站起来准备继续赶路，他觉得自己的五脏都凝结成一块了。

“你这莫名其妙的家伙，”他说，“你劝我别走你的来路，我倒要建议你走我的来路，聊表我对你的感谢之意。看吧，沿着这条路上去就是查拉图斯特拉的穴居之所了。

我的山洞非常深广，而且有不少僻暗的角落，即使是最隐秘的人也可以在那里找到他的藏身之处。山洞附近还有成千上百个供飞禽走兽和爬虫潜伏的地方。

你这自遗的被弃者，难道不想生活在人群和人群的怜悯之中吗？那么就向我看齐吧！如此，你还可以从我这里学到一些只有践行者才能学到的东西。

你不妨先和我的鹰与蛇交谈，那两个最高傲与最聪明的动物大可做我俩绝佳的顾问！”

查拉图斯特拉如是说，然后继续走他的路，脚步比刚才更慢，心思也更重——因为他向自己提出许多问题，却都不知该如何回答。

“人类是多么可怜与丑陋，”他心里想，“而且还有满腔的怨恨和难言的羞辱啊！

甚至这个人对自己的爱也和他对自己的恨没有什么两样。我想他应是一个兼具大爱与大恨的人。

我还没有遇到过一个比他更完全轻蔑自己的人。哎呀，他会不会就是那个向我呼救的较高等的人呢？

我喜爱这个不凡的轻蔑者。人类是必须被超越的。”

68　自愿当乞丐者

查拉图斯特拉离开那个最丑陋的人之后，顿时感到十分凄清、孤独，只因心头不由得兴起一股落寞和凉意，以致连他的四肢都变得格外冰冷。然而他仍继续前进，时而上坡，时而下坡，或经青青的草原，或越荒凉多石的河床，那河床从前可能是一条急流。于是他又恢复了温暖和畅快。

“我到底是怎么了？”他自问，”好像是什么暖和而有生气的东西唤醒了我，它一定就在这附近。

我已不再孤独，冥冥中仿佛有许多同伴和兄弟在我左右走动，他们温热的气息触动了我的心灵。”

可是当他举目四顾而搜寻他的孤独的慰藉者时，只看到有一群牛聚集在一个高丘上，原来就是它们发出的气息温暖了他的心。不过，那些牛似乎在倾听一个人的演说，而丝毫没有注意到走近的查拉图斯特拉。当查拉图斯特拉到了那里，他很清楚地听到有个人在牛群中间讲话。显然它们都面向那个演说者。

查拉图斯特拉迅速跑上前去，并挥赶着牛群，他怕那个人会受到什么伤害，那将是牛的怜悯也难以弥补的。但是他想错了，因为，看吧，那个人坐在地上，仿佛在劝慰牛群不要怕他。那是个平易近人的高山说教者，眼中充满了祥和。

“你在这里寻找什么？”查拉图斯特拉十分惊讶地叫道。

“我在寻找什么吗？”他回答，“和你所要找的一样呀，你这扫兴的年轻人，不就是在寻找大地的幸福吗？

所以，我要向这些牛学习。你知道，我已对它们诉说了将近半个上午的时间，它们也正要回答我的问题。你为何要骚扰它们呢？

除非我们变得跟牛一样，否则我们永远无法进入天国。我们必须向它们学一件事：反刍。

真的，一个人就算得到了整个世界，而不懂得反刍，那又有什么用呢！他还是不能摆脱他的痛苦呀！

他的痛苦就是现在所谓的厌恶。现在谁的耳朵、眼睛和嘴巴不都是充满了厌恶呢？你也一样！但是看看这些牛啊！”

那个山上的说教者如是说。他回过头来看着查拉图斯特拉（因为他刚才一直把眼光放在牛群身上），脸色却突然大变。“刚才我对他说话的人是谁呢？”他害怕地惊叫一声，同时从地上跳了起来。

“这就是那个无所厌恶的查拉图斯特拉本人，厌恶的征服者。这是他的眼睛；这是他的口；这是他的心。”

他说着并含泪亲吻查拉图斯特拉的手，有如一个突然捡到天降礼物与珠宝的人。那些牛则在一旁非常诧异地看着整个情景。

“不必谈我，你这奇怪而又和蔼可亲的人！”查拉图斯特拉制止他的激动情绪，尽量克制情绪，“先说说你自己吧！你不就是那个曾经抛弃巨大财富而自愿当乞丐的人吗？

你不是耻于身为富者并为自己的财富感到羞惭，遁入最穷者之中将自己的心与一切奉献出来吗？可是那些人并未接受你。”

“他们的确没有接受我，”自愿当乞丐的人很坦然，“你应早已知道。所以我最后只得投入到牛群中来。”

“这样你才知道适当的施与比适当的接受更难，”查拉图斯特拉说，“施与乃是一种艺术，最善、最极致、最微妙的主要艺术。”

“尤其是现在，”那个自愿当乞丐者回答，“这个低下的一切都变得十分排斥、叛逆而高傲的时候，完全是庸俗群氓的作风。

其实你也知道，群氓与奴隶长期缓慢地大肆破坏的时候已经来到，而且正在不断地扩展渗透！

现在，一切恩惠和微不足道的施与，都已引起低下群氓的反感，过于富有的人最好小心一点!

凡是眼前还像腹大颈细的瓶涓滴而流一样的人，一定会让人拧断细颈子。

欲望的贪婪、不平的嫉妒、过度的怨恨、群氓的傲慢，凡此都让我触目惊心。贫者已不再有福，天国已落在牛群。”

“为何天国不与富者同在呢？”查拉图斯特拉故意问道，同时还阻止牛群亲昵地嗅触这个和蔼可亲的人。

“你为什么要套我呢？”那个人质问，“你自己比我更明白这道理。查拉图斯特拉，是什么使我投入最贫者的怀抱中？不就是我对最富者的那份厌恶吗?

不就是我对那些财富罪犯的厌恶吗？他们鄙俗的冷眼从所有垃圾，从臭气冲天的卑贱群氓之中，捡拾残余利益。

不就是我对那些镀金的虚伪群氓的厌恶吗？他们的先人都是些扒手、乌鸦或捡破烂者，而其配偶则都非常柔顺、淫荡而健忘，简直与娼妓相去不远。

那些在上的群氓与在下的群氓，无论是贫或是富，又能怎么样呢!我早已忘了其中的差别，所以我愈逃愈远，直到投入这牛群之中。”

那个和蔼可亲的人如是说道，同时情绪十分激动，使他气喘吁吁、汗流不止。于是那些牛又诧异起来。不过，查拉图斯特拉则一直笑着注视他的脸孔，并静静地摇头不已。

“你这山上之说教者啊，当你厉声抨击时，无异于跟自己过不去。因为你的嘴巴和眼睛并不是为了做这种不平之鸣的事才生的。

我想你的胃也应该不是，因为它不喜欢这些愤怒和怨尤。你的胃需要较柔软的东西，而你不是一个屠夫。

我觉得你比较像一个素食者。或许你偶尔会咀嚼一下稻谷，但绝不会喜欢肉类，而且最喜欢蜜。”

“你说得很对，”自愿当乞丐者欣然应答，“我喜欢蜜，偶尔也吃些稻谷，因为我在找寻所有可口而又清香的一切，以及需要一日或一月的时间以让那些懒散者与游手好闲者工作的一切。

的确，这些牛在这方面特别在行，它们发明了反刍，发明了在日光下高卧。同时它们也懂得抑制一切使心灵不胜负荷的沉重思想。”

“好吧！”查拉图斯特拉说道，“你也应该来看看我的鹰与蛇，它们和时下的一般动物有所不同。注意看，沿着这条路上去就是我的穴居之所，今晚就来作客吧。在我还未回到家之前，你不妨先和我的鹰与蛇谈谈有关动物的幸福之类的事。因为现在有人在向我呼救，所以我不得不离你而去。当然，如果你在我的山洞里找到冰凉而金黄的鲜蜜时，请尽情享用！

而现在，离开牛群吧，你这奇怪而和蔼可亲的人！虽然要告别你这些最热情的朋友和导师并不容易！”

“还有一个我更亲爱的人，”那个自愿当乞丐者答道，“你也不错，查拉图斯特拉，甚至比牛还要好！”

“走开，走开！你这邪恶的谄媚者！”查拉图斯特拉促狭地大喊，“你为什么要用这种赞美与奉承之蜜来宠坏我呢？”

“走开，走开！”他又喊道，并举起手杖要打那个祥和的乞丐，而乞丐则敏捷地跑掉了。

69 影子

那个自愿当乞丐者一跑掉，查拉图斯特拉又恢复了孤独。这时，他听到身后有一个陌生的声音在叫他："不要走！查拉图斯特拉！等等我！是我呀，查拉图斯特拉，我是你的影子啊！"可是查拉图斯特拉并不等候，因为他正在为这些蜂拥到山上的人而感到一阵突如其来的不快。

"我的孤独到哪里去了呢？"他说。

"这山上挤满了人，对我而言，实在是太多人了。这里已不再是我的国度，我得另找新的山去。

我的影子在叫我？我的影子又如何！就让他在后面追赶吧！至于我，我要躲开他。"

查拉图斯特拉在心中如是自忖着，并且提脚就跑，后面的影子也紧追不舍。于是，形成三个奔跑的人，一个追一个，那个自愿当乞丐者居前，接着是查拉图斯特拉，最后则是他的影子。不过，他们并没有追逐多久，查拉图斯特拉就感到自己的疯狂，所以抖抖身子，挥掉所有的不快与厌恶。

"你看！"他说，"最可笑的事不是也常发生在我们这些老隐士和哲人的身上吗？

真的，我在山上变得太疯狂了！现在我听到有六条发疯的老脚在一对接一对地噼啪乱响。

然而查拉图斯特拉会怕他的影子吗？况且我想他的脚比我的

还长。”

查拉图斯特拉如是说，同时从心里笑了出来。他停下脚步，然后迅速地转一个身。看啊，他几乎将跟在其后的影子撞倒在地上，只因这影子跟得非常近，而且又是那么地羸弱。查拉图斯特拉看了他一眼，就仿佛见到鬼一般惊恐万分。这影子是那么瘦削、黝黑、空洞而衰颓。

“你是谁？”查拉图斯特拉情绪激动地说，“在这里做什么？为何自称是我的影子？你是无法讨好我的。”

“请原谅，”影子答道，“我就是你的影子，假如你不喜欢我，那么，查拉图斯特拉，就让我喜欢你和你的美好风格吧。

我是一个跟随你很久的流浪者，永远在不停地奔波，却毫无目的，也没有一个栖身之所。真的，要不是我既非长生不死，亦非犹太人，我几乎要成为一个永远流浪的犹太人。

怎么？难道我必须奔波不息吗？必须被风吹动、挪移而不得安定吗？噢，地球，你实在是太圆了！

我在大地的每一处都停留过，有如倦乏的灰尘，我酣睡在所有的镜子与玻璃上。我对万物只有付出而没有收取，因此日渐消瘦，几乎变成了一个影子。

啊，查拉图斯特拉，我跟着你最久。虽然我始终躲着你，但仍是你最佳的影子，只要有你的地方就有我。

我曾跟着你走遍最遥远与最寒冷的地方，有如一个喜欢在冬雪覆盖的屋顶上出没的幽灵。

我曾跟着你深入一切最黑暗的禁地，如果我还有什么可取的长处，那就是我从不畏惧任何禁令。

我曾因为跟着你而粉碎了我所崇敬的一切。我推倒了一切界碑和雕像，只追求最危险的愿望。真的，我曾历经各种罪恶。

我曾因为跟着你而失去了对语言、价值和名衔的信仰。而当魔鬼脱去他的外壳，他的名衔不是也跟着掉落吗？名衔也是一具空壳，或许魔鬼本身只是一具空壳罢了。

‘无物不假，一切皆可。’我对自己这么说，并将整个头和心都投入最冷的水中。啊，多少回，我为此而裸体站在这里，就像一只红虾！

啊，所有我的善良、羞惭和对善良者的信任都到哪里去了？！啊，还有从前那种说谎的天真、善良的天真以及他们高贵谎言的天真都到哪里去了呢？！

真的，我总是紧跟着真理亦步亦趋，它却打我耳光。有时我原本想说谎，结果却道破了真理。

现在我已了解太多，因此不再患得患失。我所深爱的一切都已消逝，我怎能还对自己依恋不舍呢？

‘如我所愿地去生或死。’我如是期望，最神圣者亦是。然而，我怎么还会有意欲之念？

我是否仍有目的？我的小船要航往哪个港口？

顺风吗？啊，只有那知道要驶向何方的人才会懂得什么是顺风。

我还有什么呢？一颗倦乏而放肆的心、一个游移不定的意志、一双只能低飞的翅膀和一条折断的脊骨。

查拉图斯特拉，你知道我对栖身之所的找寻，已经成了我的一种思乡之病，它在啃蚀我。

‘何处是我的家呢？’我不断地自问，不断地寻找，却一无所获。噢，永远四海飘泊；永远无家可归；永远徒劳无功！”

那个影子如是说道，而查拉图斯特拉听到这番话之后就拉长了脸。“原来你就是我的影子！”他终于感慨而言。

“自在的流浪者啊，你的处境实在非常危险！你已度过险恶的一日，且留意更加险恶的夜晚！

像你这样不安定的人，最后也会觉得即使是一个囚犯亦是有福的。你是否见过囚犯的睡相？他们静静地睡着，充分享受另一种安全。

千万小心，不要被一个褊狭的信念或无情的幻想所网获！因为，此刻褊狭而固定的一切正在引诱你。

你已失去了自己的目的，看你将如何放弃它并忘掉这个损失？因此，你也已然迷途！

你这可怜的游荡者、疲惫的蝴蝶！今晚想要有一个栖身与休息的地方吗？

那么到我的山洞里去吧！

沿着这条路上去，就是我的穴居之所。现在我得立即离你而去，因为我已经感到有个影子压在我身上。

我要一人独自飞奔，好让我的四周再度呈现光明。因此，我还有一段很长的路要劳动我的双腿。不过，今晚我将有一场舞会！”

查拉图斯特拉如是说。

70　正午时分

查拉图斯特拉一路上不停狂奔，却发现并没有人跟来，依旧是只有自己一人而已。于是他又重享孤独的乐趣，并想了几个钟头的好事。将近中午的时候，太阳正烈，查拉图斯特拉经过一棵歪斜多瘤的老树，这棵树整个被葡萄藤的热情覆盖，上面还悬挂着许多金黄色的葡萄以飨行人。

他想摘一串暂解干渴。但当他伸手要去摘时，心中却兴起一股更强烈的欲念，他要在正午时分躺到树下，好好睡一觉。

查拉图斯特拉立即付诸行动而卧倒在充满一片宁静与神秘的草地上，不久便忘了干渴，沉沉入睡。正如查拉图斯特拉所说的“这件事比另一件事急迫”，所以他的眼睛依然张着未闭，他永远看不倦也赞不厌那树与葡萄藤的爱。

在快进入梦乡时，查拉图斯特拉心中自言道：

“嘘！噤声！现在这个世界不是完成了吗？我到底是怎么了？

就像一阵和风隐然在镶地板的海面上翩翩起舞——睡魔也在我身上轻舞。

它不合上我的双眼，而让我的心灵保持清醒。真的，它非常轻盈，有如鸿毛。

我也不知道是怎么回事，竟然十分听从它，它那充满关爱的手轻抚着我的内心，完全控制了我。真的，我已身不由己，以致灵魂都伸直了腰我那奇异的灵魂是多么疲惫！难道它的第七日之夜正巧就是这正午时分吗？它是否已在成熟而美好的一切中悠游得太久？

它一直在伸懒腰，伸得更长了！我那奇异的灵魂依旧静静地躺在那里。它已尝过太多美好的事物，这金色的悲哀挤压着它，使它的嘴都扭曲了。

就像一只驶入平静港口的船，在经过漫长的风浪之倦怠后终于靠岸。这陆地岂不更为忠实？

若是要拖拉一只这样的船靠岸，只要一根蜘蛛丝就绰绰有余，用不着更粗的绳索。

有如一只疲惫的船停泊在平静的港口，我也依傍着大地憩息，而我俩之间只系着一根忠实、信赖和等待的细线。

噢，幸福！幸福！我的灵魂啊，你躺在草地上，是否想高歌一曲呢？然而，这正是牧笛神秘而庄严的时刻。

小心！炎热的正午已在原野上睡着。不要唱歌！不要出声！这世界就要完成。

我的灵魂啊，你这草原之鸟，不要唱吧！也不要呢喃低语！嘘！那过去的正午睡着了，它的嘴在蠕动，那不正是在啜饮点滴的幸福吗？

点滴金色的幸福与金色的美酒？它那含笑的幸福正在接近。上帝也如是笑着。

嘘——

‘幸福，只要有那么一点点就够了！’我曾这样说过，而且自以为非常智慧。然而那是一种冒渎——现在我知道了。其实，聪明的疯子说得还要好听。

最微小、温顺、轻盈的一切，蜥蜴的微响，一口呼吸，一个手势，一道秋波，只要少许就构成最佳的幸福。嘘！

我到底是怎么了？听啊！时光已经流逝了吗？我不是正在坠落吗？听啊！我不是正向永恒之井坠落吗？

我到底是怎么了？噤声！糟糕，我的心受到刺伤了吗？是的！我的心啊，破碎吧，在经过这种幸福、这种刺痛之后！

怎么？这个世界不是刚刚才完成而变得十分滚圆成熟吗？啊，这个金环要飞到哪里去呢？我来追它！快！

嘘——”这时查拉图斯特拉伸了一个懒腰，觉得自己是睡着了。

“起来！”他对自己说，“你这睡虫！你这午睡者！起来，你们这两只老腿！时间到了，现在正是时候了！漫漫长路正在等着你们呢？

你们已经睡够了吧，睡了多久呢？有半个永恒之久吧！好了，现在起来，我老迈的心！你这样睡着之后要多久才会清醒过来呢？”

然而他又睡着了，他的灵魂在反抗他并采取自卫的行动，于是再度躺下。

“不要吵我！嘘——这世界不是刚刚才完成吗？噢，那个金球！”

“起来，”查拉图斯特拉说道，“你这小偷，懒鬼！什么！你仍然在伸懒腰、打呵欠、叹大气，以及向深井下坠吗？

噢，我的灵魂，你究竟是谁啊！”这时，一线阳光照在他的脸上，他害怕起来。

“噢，在上的天啊，”他叹着坐起来，“你在注视着我吗？你是否在聆听我那奇异的灵魂？

要到何时你才会啜饮这滴在世间万物上的露水呢？要到何时你才会啜饮这奇异的灵魂呢？

究竟是何时呢，你这永恒之井！你这欢悦而可怕的正午之渊！要到何时你才会将我的灵魂吐出来呢？”

查拉图斯特拉如是说，并且从树旁的草地上起来，就像从奇妙的沉醉中清醒一般。看啊，烈日依旧在他头上未动，因此我们大可断定查拉图斯特拉并没有睡多久。

71 致敬

经过一番徒劳无功的寻找和奔波之后，太阳快要下山了，查拉图斯特拉才回到他的穴居之所。但当他走到山洞前还不及二十步时，一件想不到的怪事竟然发生了：

他又听到那求救的呼声。奇怪的是，这次的呼声来自他的山洞。那是一个抑扬有节、拉长而怪异的呼声，查拉图斯特拉能很清楚地辨出它由许多声音组成。虽然从远处听来，仿佛是出自一个人口中。

于是查拉图斯特拉急忙冲进他的山洞，吓！接着序曲之后，是一个多么壮观的场面在等着他啊！

今日一整天他所遇到的人都端坐在那里：两位国王，魔法师、教皇、自愿当乞丐者、影子、求道者、忧虑的预言者和驴，而那个最丑陋的人则头戴王冠、身系紫带，他和其他长得丑陋的人一样，总是喜欢将自己装扮成英俊的人物。而查拉图斯特拉的鹰则忐忑不安地立于这群悲伤的人之中，它必须回答许多其高傲无法回答的问题；那条聪明的蛇却悠然地绕在鹰的脖子上。

查拉图斯特拉对眼前的情景感到非常诧异，接着他小心翼翼地详察他们的灵魂而迷惑不已。这时，他们都起立恭敬地等候查拉图斯特拉的发言。

查拉图斯特拉不无感叹：

“你们这些绝望者！你们这些怪人！我听到的就是你们的求救声吗？现在我已经知道该去哪里寻找我今日遍寻不着的人，较高等的人，那个人就坐在我的山洞里！为什么我始终没有想到呢？我不是已经用蜜的献礼和幸福的钓饵将他引来了吗？

我觉得你们并不相投。你们这些求救者聚集一处时，就显得心烦气躁，不是吗？总要有人先来，一个会使你们再度开怀大笑的人、一个逗趣的小丑、一个舞者、一阵风、一个顽童、一个老疯子，你们认为应该是谁呢？

请原谅我对你们这些绝望者尽说些不值你们一闻的废话！不过你们绝想不到是什么使我那么放纵？

对不起，就是你们这些人和你们的外貌！因为，只要是见过绝望者的人就会变得勇敢起来，而每个人又自以为有足够的能力去鼓舞绝望者。

我可敬的贵客啊，你们已把这种能力转赠给我，这真是一件很好的礼物！那么，当我也有所回赠时，还请你们不要介意。

这里是我的国度与辖境。今晚这里的一切都是你们的。我的鹰与蛇将为你们服务。且让我的山洞作为你的休憩之所吧！

在我这里谁都不应绝望，在我的势力范围之内，我会保护每个人免遭野兽的伤害，而这就是我要回赠给你们的第一件礼物——安全！

第二件礼物乃是我的小手指。一旦你们有了它，也就等于拥有我的整只手，还有我的心！非常欢迎你们到我这里来，我的贵客！”

查拉图斯特拉说着，并发出热情而促狭的微笑。致语之后，他的客人再度默然恭敬地向他鞠躬行礼，而其中的一位国王则代表大家向他说：

“噢，查拉图斯特拉，从你招呼我们与赠予的作风上，我们已经知道你就是查拉图斯特拉。你在我们面前如此自抑，以致几乎伤了我们对你的敬意。

然而还有谁能像你这样以高傲的心来表现自己的谦卑呢？这种作风必能提升我们，并使我们的双眼和心灵振作起来。

只为了能一睹此景，即使要我们攀登比这更高的山峰也在所不惜。因为我们来此是想大开眼界，要看看能使迷眼发光的一切。

看啊！我们的求救呼声都已消逝，我们的感官和心灵也敞开而兴奋不已，我们的精神几乎要为所欲为。

查拉图斯特拉，世上再也没有什么能比崇高而坚强的意志更振奋人心了。那是一种最佳的植物。整个风景会因为有这样的树而生色不少。

查拉图斯特拉，像你这样成长的人，我认为可比作一棵松树，高大、沉默、坚硬、孤独、庄严。

是最佳的木材，最后伸出坚强的绿干来掌握自己的枝叶，同时，向风暴和在高处的一切提出有力的问题。

也以一个胜利者姿态更有力地回答问题！噢，有谁不想攀登高山去看这种植物呢？

查拉图斯特拉，看到你。那忧郁者和残缺者也会感到振奋不已。你的风采能坚定犹疑者的心。

真的，今日许多眼睛都转向你的山与树，大家都已知道热切地询问：‘谁是查拉图斯特拉？’

那些曾经听过你的歌、尝过你的蜜的人，以及独自或结伴隐居的人都不约而同地自问：

‘查拉图斯特拉还活着吗？活着实在没有意义，一切都没什么两样，都无济于事，除非和查拉图斯特拉在一起！’

‘他早就预告要来，为何迟迟不见他的人？’许多人都在问，‘难道他被孤独吞没了吗？或是应当由我们去找他？’

现在孤独自身变得十分脆弱而迸裂了，就像一个撑破的坟墓，再也无法容纳死者，到处都看到复活者。

查拉图斯特拉，山下的潮水不断高涨，无论你住得多高，那些人仍会爬上来，你的船不能再在陆地上多停留片刻了。

而现在我们这些绝望者既已来到你的洞里，就不再绝望，这表示还有比我们更好的人也往你这里来了。

那些人是上帝在人世的残存者，是具有大渴望、大厌恶与大满足的人。

查拉图斯特拉，那些人除非再度向你学习如何怀抱伟大的希望，否则，就是他们不想活了！”

其中一个国王如是说着，并抓住查拉图斯特拉的手想要亲吻它。但查拉图斯特拉婉拒了他的敬意，惶恐地后退，仿佛想要赶快悄悄地躲远一点。没过多久，查拉图斯特拉又与客人打成一片。

他炯炯有神地望着他们说道：

“你们这些较高等的人，我的贵客，我要用浅显的语言对诸位说，我在这山上殷切等待的并非你们这些人。”

“‘浅显的语言？’感谢上帝！”这时另一个国王说道，“可见他还不认识这些优秀的西方人和这位东方的哲人！

不过我想他的本意是指‘粗俗的语言’，这也不算是最差的说法！”

“你们或许都是较高等的人，”查拉图斯特拉继续说道，“然而我觉得你们实在既不够高，也不够强。

我说我觉得，讲的是我那无情的意志觉得，虽然它现在沉默不语，但总会开口。假如说你们附属于我，却又不如我的右臂。

因为，凡是像你们一样用病弱细腿站立的人，特别希望博得别人的姑息，不管他是有意或无意的。

但是我绝不对我的手脚和我的战士姑息。否则你们怎能为我赴战呢？

或许胜利会葬送在你们手上，你们当中有许多人会因为听到我那震天的鼓声而被吓倒。

此外，你们也不够美，出身更不好。我需要明净光滑的镜子作为我的学说。我的形象在你们的镜中会被扭曲。

许多重荷和回忆都压在你们肩上；许多促狭的侏儒蹲在你们的各个角落里，而在你们的内心还藏着庸碌的群氓。

虽说你们是属于较高等类型的人，但在许多方面仍然歪斜不成形。在这世上，没有一个铁匠能替我将你们打正拉直。

你们只是一座可供比你们更高等者跨越的桥！你们就是阶梯，不要因为有人借着阶梯攀登到高处而生气！

或许有一日，你们的种子会为我造就一个真正的儿子与完美的继承人。不过这日子还遥远得很。你们根本无法继承我的遗产和名字。

我在这山上殷切等待的并非你们这些人。我也不会和你们一起做最后一次的下山。你们不过是来向我传信，告诉我有更高等的人往我这里来了。

而不是那些具有大渴望、大厌恶和大满足，并被你们称为‘上帝之残余’的人。

不！不！不！我在这山上是为了等待别人，他们没来之前我绝不离开。

我在等待更高等者、更坚强者、更成功者、更欢悦者以及身心皆方正者，笑狮必然会来！

啊，我的客人，难道你们没有听说过我的孩子吗？他们也已经往我这里来了？

谈谈我的花园、我的快乐之岛、我那崭新而美丽的种族——你们为什么不谈这些呢？

我请求你们拿出爱心来谈谈我的孩子，以尽作客之谊。我既为他们而富，也因他们而穷，我已让出一切。

所不曾让出的只有一样：就是这些孩子、这些活的植物、这些我的意志与最高希望的生命之树！”

查拉图斯特拉如是说。突然他静了下来，因为这时心中油然升起一股欲望，他闭上眼，合上嘴，极力抑制内心的激动。而客人们也都默不作声地站在四处，只有那个年老的预言者在做着各种手势。

72　晚宴

这时，那个预言者打断了查拉图斯特拉和客人们的谈话，迫不及待地抓住查拉图斯特拉的手大喊：“但是，查拉图斯特拉！你自己说过‘这件事比另一件事急迫’，现在我这里有一件事比其他所有的事都急迫。

说句应该说的话：你不是邀请我来吃晚餐的吗？况且这里还有许多远道而来的人，你难道不想以畅谈来让我们大快朵颐吗？

此外，你们也都太过注重受冻、沉溺、窒息以及其他种种肉体上的危险，而没有人顾虑到我的危险，我快饿死了。”

那个预言者如是说道，而查拉图斯特拉的鹰与蛇听到这话之后，立即惶恐而逃。因为它们这才知道白天所搜寻回来的食物，还不够填饱预言者一个人的肚子。

“也快渴死了，”那个预言者继续说道，“虽然我在这里听到了有如在倾吐智慧之语的流水声，流水虽然不竭不休，而我却要酒！

并非每个人都像查拉图斯特拉一样天生是个喝水者，同时水也不适于倦乏与衰弱的人。我们要的是酒，只有酒才能使我们迅速恢复体力并增进健康！”

当那个预言者在讨酒喝的时候，一个国王说话了：

“我和我的兄弟，另一个国王，带了酒来，我们的酒足够大家饮用，一头驴所载的都是。因此眼前只缺面包。”

“面包，”查拉图斯特拉笑着答道，“那正是隐士所没有的。然而人不仅是靠面包而活，也要靠羔羊的鲜肉。我倒有两只羔羊，我们马上将那两只羔羊杀了，然后用山艾叶烹调，我喜欢这样的煮法。还有蔬菜和水果，都足供贪食者与吃客享用。胡桃和其他待解的谜团也都不虞匮乏。

一会儿之后，我们就有一顿丰盛的食肴。不过想要吃的人就必须动手帮忙做菜，两个国王也不能例外。因为，和查拉图斯特拉在一起，国王也得下厨。”

大家都赞成这个提议，只有那个自愿当乞丐的人反对吃肉喝酒，反对加香料。

“听听这个贪吃的查拉图斯特拉！”他讽刺道，“大家来到这高山的洞里，难道就是为了大吃大喝？

现在我才真正明白以前他所说的‘适度的贫穷是有福的’这

句话的含义，和他为何要袪除乞丐的用心。”

“像我一样地开怀行乐吧，”查拉图斯特拉说道，“依自己的所好吧，你这卓然不群的人，吃自己的谷、喝自己的水，并夸赞自己的烹调手艺，假如能让你吃得畅快！

对属于我的人而言，我就是他们的法律。对其他的人则不是。凡是属于我的人都必须具有坚强的骨骼和轻快的双脚，乐于战斗和赴宴，既不愁眉苦脸，也不耽于空想，健康而豪迈，随时准备执行艰巨的任务有如赴宴一般。

最好的一切均属于我的同伴和我，假如人们不给，我们就自己去拿，最鲜美的食物、最清明的天空、最强大的思想、最美丽的女人！”

查拉图斯特拉如是说。然而一个国王则回答：“奇怪！我们是否曾从某个智者口中听到过这种感人的话？

真的，智者最令人不解的就是他说什么都很有理，而不像驴那么蠢。”

那个国王如是说，显出一副十分迷惑的样子。一旁的驴则促狭地回以一声：“咿呀。”史书上称之为“晚宴”的那个漫长的餐会就这样开始了。在席上，大家所谈的都是关于高等人的事。

73 高等的人

一

当我初次来到人群中时，就做了一件极为荒唐的事：我跑去市场里面。

当我向大家说话时，却没有一个人来听。到了晚上，只有一些走绳索者和尸体陪伴着我，而我自己也差不多成了一个死人。

不过，翌日清晨，我发现了一个真理，然后才知道：“市场、群氓以及群氓的叫嚣与长耳跟我有什么关系呢？！”

你们这些高等的人应该从我这里得知：在市场中，没有人会相信高等人。假如你非要在市场中说话不可，那请便！但群氓会眨眨眼说：“我们都是平等的。”

“你们这高等的人啊，”群氓仍眨着眼，“告诉你们，根本就没有什么高等人。我们都是平等的，人就是人，上帝面前，人人平等！”

在上帝面前！不过，现在这个上帝已经死了。而在群氓之前，我们是不会平等的。你们这些高等的人啊，还是离开市场吧！

二

在上帝面前！然而现在这个上帝已经死了！而他曾经是你们这些高等人的最大危险。

直到他躺进棺材之后，你们才又复活。现在那伟大的午后时分即将降临，唯有高等的人才能成为主宰！

噢，我的兄弟，你们明白我所说的话？你们十分惶恐，你们已经感到头晕目眩了吗？那深渊是否正张开大口等着你们？那地狱之犬是否正在向你们狂吠不已？

如此，振作一点！你们这些高等的人啊！人类未来之山即将诞生。上帝已死，现在我们要超人活起来。

三

那最忧虑者现在问道：“人类将如何活下去呢？”而查拉图斯特拉却问道：

“如何超越人类呢？”他是第一个，也是唯一提出这个问题的人。

我所念念不忘的是超人而非人类，不是邻人、最贫穷者、最痛苦者、最优秀者……

噢，我的兄弟，我之所以能爱人类，正因为人类只是一个跨越的过程，一种存在的完结。也是超人的开始。而在你们身上，也有许多使我产生爱与希望的东西。

你们这些高等人啊，你们的轻蔑反而使我产生希望，一个不凡的轻蔑者也就是不凡的敬仰者。

你们的绝望也着实可敬，你们既没有学到屈服，也没有学到诡诈。

只因今日的小人都成了主宰，他们四处宣传着认命、谦卑、取巧、勤劳、世故等，以及一大堆琐碎的道德。

凡是阴性、奴性，尤其是乌合之属的一切，这些都想控制整个人类的命运，都恶心！恶心！恶心！

那些人喋喋不休地问：“人类要如何才能活得最好、最久与最舒适？”而他们都是今日的主宰。

我的兄弟，要超越这些今日的王宰，这些小人物才是超人的最大危险！

你们这些高等的人啊，要超越那些小道德、小聪明、面面俱到的世故、成群结党的劣根性、可怜的安逸以及“大多数人的幸福”！

宁可绝望，决不屈服。真的，高等的人啊，我爱你们，因为你们不知道今日该怎么活。而唯有这样，你们才能活得最好！

四

噢，我的兄弟，你们勇敢吗？刚强吗？我并非指在见证人面前所表现的勇气，而是连上帝都不临视的隐士与老鹰的勇气。

冷漠的人、盲目的人、酒醉的人、顽固的人都不够刚强。真正刚强的人虽也知道恐惧，却会克服它，他总是傲然望着深渊。

凡是以鹰眼望渊、以鹰爪攫渊的人必有勇气。

五

“人性本恶”——大智者曾如是安慰我。但愿这话在今日仍正确无误就好了！因为恶乃是人类最佳的力量。

“人类必然变得更好与更坏”。现在我如是宣称，极恶对超人的至善是不可缺少的。

承受痛苦与人类的罪恶，对那些为小人说教的人来说固然不错，不过，我还是喜欢大恶。

这些话并不是说给长耳朵听的，而每个字也不是一张口就能说得出来的。这一切都很遥远而美好，绝非羊脚所能企及。

六

高等的人啊，你们认为我来此是为了矫正你们所犯的错误吗？

或者是我希望能使你们这些痛苦者今后能有更舒适的睡眠？

或者是为你们这些迷失方向者指出一条较为平坦的新路?

不！不！不！你们那一类型的佼佼者应当多死掉一些，因为你们的日子会日益艰难。唯有如此，也唯有如此，人类才能长到可以被雷电击得粉碎的高度，高得足以承受雷击!

我的心灵只向往稀有的人与久远的事，那也是我所追求的，至于你们那许多微不足道的一时不幸又算得了什么呢?

我觉得你们所承受的痛苦还不够！因为你们只为自己受苦，而不曾为人类受苦。假如你们否认，那就是自欺欺人！因为你们从来没有承受过我所曾受过的痛苦。

七

只是雷电不再肆虐还不可以，我不希望它转移到别处，我还要它学着为我工作。

我的智慧蕴积了很久，它像云一样地愈来愈静，也愈来愈暗。一切将来会发出雷电的智慧，莫不如此。

我不愿做今日人类的光，或被称为光。我要使他们什么都看不见，我的智慧之雷电啊，击瞎他们的眼吧!

八

绝对不要做自己力所不及的任何事，勉为其难者多半有几分虚假。

尤其是当他们奢望伟大事物时！因为那些狡猾的伪币制造者和戏子会使人对伟大的事物起疑，直到最后，他们也以虚假对待自己、以斜眼顾视自己，甚至以种种强烈的字眼、夸耀的德行和浮华的作为来诠释自己。

你们这些高等的人啊，务必小心！因为再也没有比诚实更珍贵而难得的品性。

今日不是属于那些庸俗群氓的吗？而他们根本就不懂得什么是伟大、什么是渺小、什么是正直、什么是诚实。他们总是天真地趋于歪斜，永远在自欺欺人。

九

你们这些高等的人、刚强的人啊，不要相信今日的一切！也不必说出你们的理由！因为今日是属于庸俗群氓的。

庸俗群氓学到的毫无理由的信仰，有谁能以讲理的方式来将它驳倒呢？

在市场上，人们可以用手势取得信任，然而庸俗的群氓却不相信理由。

一旦真理获胜，你们就会怀疑地自问："是怎样强大的错误在为真理奋战呢？"

小心提防那些学者！他们对你们十分憎恨，只因他们自己无法创造！在他们那冷漠而干枯的眼神中，每只鸟都没有羽毛。

那些人都以诚实不欺自夸，但是在不说谎与爱真理之间还有一段很大的差距。千万留意！

从脱离昏迷状态到清醒还很遥远！我不相信冻结的心灵。不会说谎的人不懂得什么是真理。

一〇

假如你们想登上高处，就用自己的脚吧！绝对不要让人抬上去或背上去！

现在你是否骑着马向目的地飞驰而去？那么，我的朋友！你的跛脚也悬在马上呢！

当你到达目的地而跃身下马时，高等的人啊，你会从你的高处摔倒！

一一

你们这些高等的人、创造者啊！人只能孕育自己的孩子。

千万不要受欺或欺人！谁会是你们的邻人呢？即使你们表现得好像是“为邻人着想”，但毕竟不是为他创造！

请你们这些创造者忘掉这个“为......”吧，你们的道德希望你们不要去管什么“为了......”“因为......”“由于......”之类的名堂。你们根本就不必听这些鬼字眼。

“为邻人着想”只是那些小人的道德，奴性的道德。虽说“物以类聚”“手以手洗”，但他们却没有你们这种为自己着想的权力和能力！

在你们这些创造者的自我着想之中，必然有着怀孕者的洞察与先见之明！无人见过的果实，由于你们爱心的呵护而日益滋长。

你们将所有的爱心与道德都放在孩子的身上！唯有你们的工作与意志才是你们的“邻人”。不要让虚假的价值欺骗了你们！

一二

你们这些高等的人、创造者啊！凡是将生产的人都不免于病，生产过后的人则多半不洁。

去问女人吧，生产绝不是为了享受快乐，阵痛使得母鸡和诗人叫个不停。

在你们这些创造者体内有许多污秽，因为你们非做母亲不可。

啊，多少秽物随着新生的婴儿来到这个世界！走开！刚产毕的人应洗一洗她的灵魂！

一三

不要德不胜力！不要向自己期求不可能的事！

遵循先人所遗留的道德足迹而前进吧！假如先人的意志不带着你们一起上升，你们又如何上升呢？

凡是想得第一的人必须小心自己也很可能落到最后！凡是先人的罪恶所在之处，就不要使自己表现得像个圣者！

假如一个人的先人喜爱女人、烈酒与山猪肉，而他却要求自己禁欲，那算什么呢？

那会是一件非常荒唐的事！真的，如果这个人只是两三个女人的丈夫，我就说他很了不起了。

假如他建了一些修道院，而在正门入口处写上“通往神圣之路”。我还是会说：这有什么用呢！不过是徒然增添一件荒唐之举罢了！

假如他建的是忏悔屋或避难所！这会比前者好多了，不过我还是会抱持怀疑的态度。

凡是被引进孤独中的一切，都会在那里得到滋长，人性中的兽欲亦然。

因此，孤独对许多人而言是不适合的。

世上还有什么会比那些荒野中的哲人更不洁的呢？在他们四

周，不仅魔鬼得以摆脱束缚，甚至连猪也可随意走动。

一四

我常常看到你们这些高等的人有如扑空的老虎般羞惭而窘迫地悄悄溜走，你们所做的孤注一掷失败了。

然而，玩骰子的人啊，这有什么关系呢！谁都会掷骰子和嘲弄，只是你们还没学到罢了！我们不一直都是坐在一张嘲弄与赌博的大桌上吗？

假如你们在某件大事上失败了，难道你们自己也失败了吗？就算你们失败了，难道人类也失败了吗？假如人类果真是失败的，那么，不要管它！

一五

凡格调愈高者，其成功的机会便愈少。你们这些高等的人不都是失败者吗？

要打起精神，失败有什么关系呢？不少事仍然大有可为！学学笑自己吧，你们本来就应该开怀畅笑的！

你们这些功亏一篑的人啊，失败有什么好疑惑的！人类的未来不是正在你们的身上挣扎与奋斗吗？

人类那最远、最深、最高的生命和惊人的力量，不都是从你们的锅中溢出来的吗？

假如许多的锅都破裂了，那又有什么好疑惑的呢！学学笑自己吧，你们本来就应该开怀畅笑的！高等的人啊，不少事仍然大有可为呢！

真的，想想已有多少事成功了！这大地仍充满着各种多么完善而美好的小东西啊!

你们这些高等的人啊，不妨在自己的四周放置一些完善而美好的小东西。它们那金黄的成熟可以抚慰我们的心灵，完美则启示我们无穷的希望。

一六

迄今为止，世上最大的罪恶是什么呢？不就是他所说的“现在还笑得出来的人多么不幸啊！”这句话吗？

难道他认为这世界上没有什么值得一笑的吗？那他实在不会找乐趣。连小孩子都懂得如何寻找。

他实在爱得不够，否则他也会爱我们这些开怀畅笑的人！然而他憎恨并奚落我们，总是对我们摇头叹息或咬牙切齿。

一个人若是不能去爱，难道就非诅咒不可吗？我认为那是很没有格调的。而这个绝对者正是如此，因他来自庸俗的群氓。

他就是爱得不够，否则即使人们并不爱他，他也不会那么愤怒。所有的大爱并不寻求爱，它只想扩增。

不要去接近那些绝对者！他们乃是属于一种病态的类型或庸俗群氓的类型，他们以不怀好意的眼光来看这个生命，甚至对大地施咒。

不要接近那些绝对者！他们的脚步沉重、心头黯然，他们根本不懂得跳舞。这些人怎么会觉得大地是轻盈曼妙的呢!

一七

所有美好的事物均非一蹴而就，达到目的。它们像猫一样弓着背，低声地诉说自己即将到来的幸福，所有美好的事物都在笑。

从一个人的步法可以看出他是否已经走上自己的路。看看我怎么走的吧！不过，接近目的的人多半会飞舞。

真的，我并没有变成一座雕像，也不像一根柱子似的呆板地立在原处不动。我热爱奔驰不休。

虽然大地到处是沼泽和荆棘，然而谁若有双轻盈的脚，依旧可以舞过泥泞，有如在洁净的冰上一般。

兄弟们，要不断提升你们的心灵！同时别忘了脚！你们这些优秀的舞者，将脚举高，最好能站立于自己的头上！

一八

这顶含笑的玫瑰花冠是我自己戴上去的。我自视我的笑是神圣的。现在我还找不到再有谁配戴这顶花冠。

查拉图斯特拉这个舞者、轻盈者在拍动他的翅翼。一个精神奕奕的栖息者正招呼所有的鸟准备起飞。

查拉图斯特拉这个预言者、含笑者，他并不是一个急躁者、绝对者，而是一个喜爱飞跃跳舞的人。我亲自戴上这顶花冠！

一九

兄弟们，要不断提升你们的心灵！同时别忘了脚！你们这些优秀的舞者，将脚举高，最好是能站立于自己的头上！

有生来就畸足的动物，也有笨重而幸福的动物。它们在拼命使劲，就好像一头力图倒立的大象。

与其不幸而痴狂，不如幸福而痴狂：笨拙地跳舞总比一瘸一拐地走路好。所以，你们这些高等的人啊，学学我的智慧吧——

即使最坏的事物也会有好的一面。

即使最坏的事物也会有善舞的脚。所以，你们这些高等的人啊，学学如何挺立不倒吧！

所以，请你们忘掉悲叹与世俗的感伤吧！唉，今日我觉得那些世俗的小丑是多么地悲哀！然而今日却是属于世俗的一般群氓的。

二〇

效法破山而出的风，它总是按着自己的节奏呼啸而舞，于是大海便在它的脚下踊跃颤抖。

赞美那为驴添翼、替狮挤奶的善良、任性的精神吧，只因它有如一阵旋风般席卷所有今日与世俗的一切！

赞美那敌视一切枯枝败叶的善良任性的风暴精神吧，它在泥沼和荆棘上狂舞，有如在平坦的草地一般！

赞美那憎恨庸碌众生与病弱种族的自由精神吧，它有如含笑的风暴，将灰尘吹进生疮者与忧郁症患者的眼中！

你们这高等的人最遗憾的事，就是你们当中竟然没有一个人学会如何舞到忘我的境界！失败又有什么关系！

还有多少大有可为的事！所以，学学忘我地笑吧！你们这些优秀的舞者，要不断地提升你们的心灵！同时别忘了开怀畅笑！

兄弟们，我现在就把这顶含笑的玫瑰花冠掷给你们！我已将笑奉献出来，你们这些高等的人，笑吧！

74 忧郁之歌

一

查拉图斯特拉原本是站在他的穴居之所的入口处向客人们说话，说完之后，他便走到外面逗留了一会儿。

“噢，四周洋溢着纯洁的芳香和幸福的宁静！

但是我的鹰与蛇到哪里去了呢？

到我这里来吧，我的鹰与蛇！

鹰与蛇啊，告诉我，所有这些高等人的气味都不好闻吧？噢，这里的空气多么芳香！现在我才发觉与感到我是多么地爱你们呀，我的鹰与蛇。”

查拉图斯特拉又说了一遍：“我爱你们，我的鹰与蛇！”当他这么说时，那鹰与蛇都靠拢过来，并仰头望着他。他们三个就这样默默地聚集在一起呼吸着清新的空气，因为这里的空气要比那些高等人所在处的空气好多了。

二

就在查拉图斯特拉刚走出洞口之际，那个老魔法师便立刻站起来游目四顾，然后说道：“他走了！

你们这些高等的人啊，请让我像查拉图斯特拉一样用这褒奖与奉承的名衔来使你们高兴一下吧，我已被自己骗人的魔法所困，而我那忧郁的魔鬼，他根本就与查拉图斯特拉背道而驰。请勿见怪。

他现在要在你们的面前施展法术，此刻正是他当道的时候，我斗不过他。

无论你们想要多么尊荣的名衔，也不管你们称自己是‘自由者’‘求道者’‘精神忏悔者’‘解脱者’或‘不凡的渴望者’，还有，凡是与我一样受着厌恶之苦，并认为昔日上帝已死而新的上帝尚未出生的人。总之，我那邪恶的精灵和法术中的魔鬼对你们都是有利的。

高等的人啊，我了解你们，也了解他，了解这个我不得不爱的邪魔查拉图斯特拉，我总觉得他像是一副美丽的哲人面具，也像一副我的邪恶精灵与忧郁魔鬼所爱装扮的怪模样。我总觉得，我是为了我那邪恶精灵才爱查拉图斯特拉的。

但是，这忧郁的精灵、黄昏的魔鬼已经将我困住。真的，高等的人啊，他还在渴望，睁大你们的眼睛吧!

他渴望着能以裸体现身。我不知道他究竟是男是女，然而他仍将困住，天啊！开启你们的智慧吧!

白日已经过去了，现在夜幕笼罩着万物和最美好的一切。你们这些高等的人且听且看，这个夜晚的忧郁精灵是一个怎样（男或女）的魔鬼啊！”

那个老魔法师这样说着，并游目四顾，拿起他的竖琴。

三

在夜晚清新的空气中，

慰藉的露珠，

乃悄悄，

滴落于大地。

只因慰藉的露珠，
也如一切温柔的慰藉者，
穿着软鞋。
炽热的心啊，你可记得，你可记得，
你曾多么渴望
上天慈悲的雨泪和滴露。
就在枯草遍布的小径，
你是否曾急切而疲惫地渴望，
那恶毒的夕阳余晖，
以其刺眼的光芒，
透过阴暗的森林，
戏弄你？
你是真理的追求者吗？
它们如此嘲弄着你。
不！你只是一个诗人而已！
一头伺机掠夺的狡猾野兽，
必须不断地使诈，
为了寻觅猎物，
必须刻意伪装：
戴上五彩缤纷的面具将自己掩藏。
自己是自己的猎物者，
他，
会是真理的追求者吗？

不！他只是一个疯子、一个诗人！
戴着疯子的面具，胡言乱语，
在杜撰的语言之路和炫目的彩虹上打转；
在虚幻的天地之间，
绕着我们游走狂舞，
他只是一个疯子、一个诗人！
他，是真理的追求者吗？
既不静默、僵硬，也不光滑、冰冷，
却变成一种形象。
一尊庄严的雕像。
放在庙前，
当作上帝的守护。
不！
反对一切在荒漠中比在庙宇前亲切的真实雕像，
像猫一样放肆，
跳跃穿梭于门窗之间，
然后迅速投入机会中。
在原始森林中，
贪婪地嗅着。
而你，身处原始森林里斑斓的野兽群中，
咬紧欲望的嘴唇，
以极端嘲弄、饥渴而骇人的态势，
去掠夺、逃避、欺诈，逡巡，

或是如兀立的鹰隼，
一直凝视着千仞绝壁。
此刻，它们在回旋，
并逐渐飞低！
然后突然俯冲，
两翼摇摆地，
扑向羔羊。
它们是如此急欲染指羔羊，
痛恨一切羔羊的气质，
以及如羊眼、羊毛般的灰色柔顺！
诗人的欲望，
就是这样地如鹰似豹。
而在你那千百种伪装下的欲望也是如此，
你这疯子！你这诗人！
你这整个人类的临视者，
既像上帝，又像羔羊，
撕破这人类中的上帝。
像人类中的羔羊，
而在动手中大笑，
那就是你的幸福！
也是鹰与豹的幸福！
诗人与疯子的幸福！

在夜晚清新的空气中，
当一弯新月，
在落日的余晖中，
暗暗放出嫉妒的绿芒。
这白昼的敌对者，
以悄悄的脚步，
走向五彩缤纷的晚霞，
直到它们都沉落、消失于夜色之中……
我也曾从自身对真理的狂热，
和对白昼的渴望中如此沉沦过。
倦于白昼和阳光，
向着夜晚与暗影坠落：
被一个仅有的真理烧得枯竭，
炽热的心啊，你可记得，你可记得，
那时你是多么地干渴？
而我却被逐出，
一切真理之外！
唉，都是疯子！都是诗人！

75　学问

那个魔法师这么唱着，在场的所有人都如鸟一般不觉投入巧妙忧郁的迷人之网中。

只有那个精神上的求道者仍然十分清醒，他当即夺下魔法师手中的竖琴并大声喊道："空气！让清新的空气进来吧！让查拉图斯特拉进来吧！你这恶劣的老魔法师将洞中的空气弄得闷热、混浊！

你这虚伪者、狡猾者，将大家引入一些未知的欲望和荒漠里。像你这样的人竟然还要大谈真理，并且为之鞠躬尽瘁，真是我们的不幸！

不幸的是那些自由者竟然不知道提防这个魔法师！他们即将失去自由，你诱使他们归返囚室。

你这忧郁的老魔鬼，你的悲叹仿佛是一种诱饵，你就像那些借赞美禁欲之名而暗地导人放荡的人一样！"

求道者如是说，那个老魔法师却志得意满地看着求道者，不理会求道者对他所做的指责。"静下来吧！"他委婉地说，"动听的歌曲要为绕梁余音留点余地，因此曲终之后暂时不宜出声。

所有在场的高等人都正是如此，而你，或许对我的歌还不怎么了解吧？你太欠缺魔法的心灵了。"

"你不把我引为你的同类是太看得起我了，"求道者说，"那固然不错，但是，我又知道什么呢？你们这些人依旧坐在那里，还带着贪婪的眼光。……

你们这些自由者啊，你们的自由都到哪里去了？！

我觉得你们就像是看多了浪荡女孩的裸舞，整个心也跟着起舞了！

在你们这些高等人的心中，必定有更多那个魔法师所谓的魔法的邪恶精灵，因此我们确实不同。

真的，在查拉图斯特拉返回他这个穴居之所以前，我们一起所谈与所想的已充分让我明白到我们之间都不一样。

你我即使在这高山之上，所要寻求的也各不相同。我是为了寻求更加安全起见，所以才来找查拉图斯特拉，因为他还是最坚固的城堡与意志。

今日，当一切都处于动荡不安的时候，我却从你们的眼里发现你们似乎还在寻求更大的不安，更大的恐惧、危险和震撼。

你们仿佛在企望（请原谅我如此揣测），你们在企望有使我寒心的最恶劣与最危险的生活（野兽的生活），企望那森林、洞穴、崇岭和迷谷。

你们最喜欢的不是那些将你们带出险境的人，而是将你们引离正路的诱惑者。假如你们果真有这种企望的话，我认为那是不可能实现的。

恐惧乃是人类原始而基本的感觉。透过恐惧，一切事情都可得到解释，包括原罪与道德。恐惧也造就了我的道德，也就是我的学问。

对野兽，包括潜伏在人类内心的野兽，查拉图斯特拉称之为‘内在之兽’的恐惧，乃是人类最早就有的感觉。

这种长久以来古老的恐惧最后变得十分灵敏，而又富于精神性和知识性，我想这就是现在所谓的学问。”

求道者这样说着，而查拉图斯特拉正好在这个时候回到洞里来，而且也听到了后面的这一段话。他将一把玫瑰掷给求道者，并对其所说的“真理”莞尔一笑。

“哎呀！”他叫道，“我刚听到了什么呢？真的，我觉得你疯了，不然就是我疯了。我要立即将你的真理倒过来。

恐惧感不过是我们的殊例，而勇敢、冒险与对未知事物的热衷。总之，就是勇气，我觉得这才是人类整个原始的历史。

人类曾经嫉羡过最野蛮与最勇敢的动物，继而将它们的一切精神据为己有。

就这样，他们成了人。

这种勇气最后变得十分灵敏，富于精神性和知识性，将这人类的勇气再增添鹰的翅翼和蛇的智慧，我想这就是现在所说的东西。”

“查拉图斯特拉！”在场的人都异口同声地叫了起来，同时大笑不已，而在他们当中，忽然有个乌云样的东西站了起来。就连那个魔法师也笑了，他机巧地说：“好了！我的邪恶精灵走了！

而刚才当我说它是一个欺骗者、一个说谎的精灵时，我不就是在警告你们要提防它吗？

尤其是当它赤裸裸地现身时。但是我对它的诡诈又有什么办法呢？！难道它和这个世界是我一手造出来的吗？

好了！让我们和好如初、高高兴兴地吧，虽然查拉图斯特拉正以不怀好意的眼光看着我们。瞧他好像不喜欢我们的样子，在夜晚来临之前，他又会学着爱我与赞美我。若是不这样疯疯癫癫的话，他，活不长久。

他爱他的敌人，他也是我所知道的最懂得这种艺术的人，而他却用这种艺术来报复朋友！”

那个老魔法师如是说完之后，所有在场的高等人都纷纷向他鼓掌喝彩。查拉图斯特拉在洞里四处走动，并促狭而亲切地与朋友们握手，就好像他对每个人都感到万分歉疚而想有所补偿似的。但当他走到洞口时，不禁又想到外面的清新空气和他的鹰与蛇，于是打算再溜出去。

76 在荒漠之女当中

一

“不要走！”那个自称是查拉图斯特拉影子的流浪者说道，“与我们在一起吧，否则那个古老阴郁的苦难又会降临到我们的身上。

现在那个老魔法师已经对我们说出他自己的邪恶之处，而这善良、虔诚的教皇则含着眼泪又沉浸在忧郁之乡。

至于那两个国王固然可以在我们面前显出一副十分轻松的样子，他们二人目前在我们这些人当中领悟最多！但是我敢打赌，只要没有人注意的时候，他们的情况就会开始恶化。

如飘逝的云朵、沉闷的忧郁、阴晦的天空、被遮掩的太阳、悲鸣的秋风等种种凄惨局面，以及我们在哀号求救的局面！

查拉图斯特拉，与我们在一起吧！这里还有许多暗藏的不幸、黑夜、浮云和湿气想要吐露它们的衷曲呢！

你用适于人类的强壮的食物和有力的格言来培养我们，不要让懦弱的女性精神又把我们拿去当作餐后的甜点心食用！

只有你才会使自己周遭的空气保持强壮而清新！难道我还在哪里遇到过像你洞中这样好的空气吗？

我曾见过许多地方，我的鼻子已经学会了测试与评估各种不同的空气，然而我的鼻孔却在你这里享受着最大的喜悦！

除非是、除非是请原谅一个陈旧的回忆！请原谅一首古老的餐后之歌，那是我以前和荒漠的少女们在一起时所作的。

因为她们那里也有同样清新而富有东方味的好空气，而且我还可以远远避开那多云、潮湿而忧郁的古老欧洲！

我深深地爱上了这种东方少女，以及其他无忧无虑而清明的蓝天。

你们一定无法相信，当她们不舞而悠然无思地端坐时，有多迷人，那就像许多个小秘密、缀饰缎带的谜团，和点心中的胡桃……

真的，她们就像是许多奇妙瑰丽、晶莹剔透的谜团。因此，我就作了这首餐后颂曲以娱乐她们。”

那个自称查拉图斯特拉影子的流浪者这么说道。而不等别人答话，他已拿起那个魔法师的竖琴，将两腿交叉，同时平静地环顾左右，不过他也深深地吸了一口气，仿佛刚到一个新的地方而要品尝一下那新的空气似的。然后他开始以一种吼叫的声音引吭高歌。

二

荒漠在不断地延伸，想要将它藏起来的人是可悲的！

哈！

庄严！真庄严！

一个不凡的开始！

非洲风格的庄严！

可与雄狮或啸猴相媲美。

然而这并非对你们而言，

亲爱的少女们，

在你们的脚底，

我是第一个许以坐在棕榈树下的欧洲人，席拉。

着实奇妙！

此刻我竟坐在这里，

虽紧邻荒漠，

心却远在荒漠，

甚至无所遗弃，

我已被这小小绿洲吞没，

只因它刚刚张开可爱芳香的小口，

打着呵欠，

我失足，

直直跌落到你们当中。

你们这些可爱的少女！席拉。

万岁！万岁！

向那鲸鱼欢呼致敬，

假如它是为客人着想的话！
我想你们都明白我这深刻的暗示吧？
向它的肚子欢呼致敬，
假如它果真有这样一个可爱的绿洲之腹。
然而我却怀疑，
只因我来自古老的欧洲，
那个肚子比任何结发多年的妻子，
更会猜疑。
愿上帝能将它妥予改善！
阿门！

此刻我竟坐在这里，
在这小小的绿洲。
有如一颗枣椰子，
色棕味甜，流着金汁，
想望少女的樱唇，
更想望其沁凉、雪白、犀利的贝齿。
这一切都是热情的枣椰子所衷心爱慕的，席拉。

此刻我有如那些南方的果实般，
躺在这里，
四周尽是小虫在乱飞乱嗅，
还有更微小、更荒唐与更想犯罪的愿望和幻想，以及你们这些可人而文静如猫的少女。
嘟嘟和苏立卡——如斯芬克司般的谜题，
我可以将许多感觉全部概括在一个字里面。
噢，上帝，请原谅我的信口捏造吧！
我坐在这里呼吸最好的空气，
那是天堂乐园的空气，
晶莹缥缈，仿佛来自月球。
这究竟是不期然发生的，
抑或是傲慢情由所造成，
像昔日诗人的描述？
而我这怀疑者不禁要问
只因我来自古老的欧洲，
这一切比任何结发多年的妻子，
更会猜疑，
愿上帝能将它给予改善！
阿门！

啜饮这最好的空气，
我的鼻孔胀得有如高脚杯，
没有未来，也无回忆，
就这样坐在这里。
亲爱的少女们，
请看那棵棕榈树，

它的臀部迎风摇曳，
多像一个款款曼舞的女郎，
只要谁多看几眼，就会不由得跟着起舞！
我觉得它仿佛是一个，
永远以独脚挺立，
而忘了自己还有另一条腿的舞女！
在它那曼妙轻飘，
而神圣的舞裙下，
我始终找不到那珍贵的另一条腿。
是的，美丽的少女们，
若是你们愿意深信我的话，
那我告诉你们：很不幸，她已失去了那条腿！
永远，永远失去了，
另一条腿！
噢，多可怜，最可爱的另一条腿！
究竟它会被弃置在哪里，
那条孤独的腿？
或许它正在一个卷着金毛的狮样怪物前，
惊恐得不知所措，
也可能已被吞食嚼烂。
太悲惨了，不幸！实在不幸！席拉。

噢，温柔的心不要哭泣！

你们这些枣椰子的心不要哭泣！
还有你们这些产奶之胸和甘草之心！
苍白的嘟嘟不要再哭了！
要像个男子汉。苏立卡！提起勇气！
或者是否最好来一些强心壮身的补品？
一些启发性的金玉良言？
一些严肃的告诫？

哈！上来！荣耀！
道德的荣耀！欧洲的荣耀！
道德的风箱，不停地鼓吹吧！
哈！再发出道德的怒吼吧！
有如道德的雄狮般，
向那些近身的荒漠之女怒吼——
只因道德在一切呼啸之上。
最亲爱的少女们，
我原比任何欧洲人还要热情、饥渴，
然而我现在站在这里，
却与欧洲人无异，
愿上帝助我一臂之力！
阿门！

荒漠在不断地延伸，想要将它藏起来的人是可悲的！

77 觉醒

一

那个影子流浪者唱完之后，洞中顿时扬起一片喧哗和笑声，因为客人们同时七嘴八舌地议论纷纷，甚至连驴也受到了感染而不甘沉默。

虽然查拉图斯特拉对他们的笑闹感到好笑，但仍然有些厌恶。他觉得这未尝不是一个病愈的征兆，因此他又悄悄地走到外面，又找他的鹰与蛇谈话。

“现在他们的一切苦难都到哪里去了呢？”他说道，这时他已将刚才的些许不惮抛诸脑后。“我想他们大概已经忘了自己的求救之呼声！虽然他们还没有忘掉呼叫。真可悲！”

说到这里，查拉图斯特拉用手将耳朵掩起来，因为驴的答腔和那些高等人的嘈杂声混在一起显得很刺耳。

“他们是很快乐，”他又说，“但是有谁知道那或许会对他们的主人有害。假如他们向我学会了笑，那仍旧不是我的笑。

不过，那有什么关系呢！他们都是旧日的人物，他们会以自己的方式复原或发笑。我的耳朵还曾忍受过更刺耳的东西而一点也不生气呢。

今天是一个胜利的日子，我的劲敌，那个严肃的精神，已经屈服而逃跑了！这个以阴郁沉闷开始的一天，将会有个多么美好的结束啊！

这天就要结束了，夜幕已经低垂。这个优秀的骑士跨着马正越海向这里飞奔而来！

这个有福者、归客在紫色的鞍鞯上还一路摇晃不已呢！

天清地幽，啊，你们这些来到我洞中的陌生人，只要与我在一起生活过就已经算不错了！”

查拉图斯特拉如是说。

洞中又扬起那些高等人的呼声和笑声，然后查拉图斯特拉继续说：

“他们上钩了，我的诱饵毕竟有效。那严肃的精神、他们的敌人，已经离他们而去。现在他们正在学习如何笑自己。我没有听错吧？

我给他们的补品，那些馥郁有力的金玉良言都发挥了作用。真的，我并没有以硕大的蔬菜，而以战士与征服者的食物奉养了他们。我唤醒了新的希望。

他们全身都充满了新的希望，心灵也扩大了。他们找到了新的语言，不久其精神就会振作起来。

这种食物着实不适于小孩和充满幻想的女人。他（她）们的肠胃要以不同的方式来诱导，我也不是他（她）们的医生与教师。

这些高等的人不再厌恶一切，这可算是我的胜利。在我的势力范围内，他们都十分笃定，所有愚昧的羞怯感都已消失无踪，他们在倾诉自己。

他们倾诉着自己的心，又恢复了往日的美好时光。他们一边在庆祝，一边在反刍，他们变得知道感恩。

他们懂得感恩，我想这是最佳的兆头。不久，他们就会制定一些节日庆典，并为他们往日的欢乐建造纪念碑。他们都是大病初愈者。”

查拉图斯特拉如是高兴地自语，举目远望，而他的鹰与蛇则紧靠着他，以对他的幸福和沉默表示敬意。

二

查拉图斯特拉的耳朵突然害怕起来，因为他那原本一直充满着笑闹之声的山洞霎时变得一片死寂；接着他嗅到一阵仿佛是烤松子的甜香气味。

“怎么回事？他们在做什么？”他自问道，然后偷偷地走近洞口以窥视他的客人。然而真是怪事！他简直不敢相信自己所目睹的一切！

“他们又在虔诚地祷告了。他们疯了！”他说着，同时感到难以形容的惊讶。

真的！所有这些高等的人：两个国王、已不在位的教皇、邪恶的魔法师、自愿当乞丐者，流浪者的影子、老预言者、求道者以及最丑陋的人，他们都像小孩和无知的老太婆般地跪在地上向那头驴膜拜。

而这时，那个最丑陋的人正在发出叽哩咕噜的浊音，仿佛有什么话想说似的，最后他竟一字一句地吐了出来。听吧！那竟然是一篇赞美那头受人崇敬与膜拜之驴的虔诚而奇异的祷词。祷词的大意是这样的：

“阿门！让荣耀、美誉、智慧、恩典、褒扬和力量永远属于我们的上帝！”

这时，那头驴叫了一声“咿呀”。

“他承受了我们的重担，并扮演着仆人的角色。他有相当的耐心而从不拒绝任何事物，凡是爱上帝者都会对他施加惩罚。”

这时，那头驴叫了一声“咿呀”。

“除了肯定自己一手所创造的世界之外，他什么都不说。这就是他对这个世界的赞颂。沉默不语乃是他聪明的地方，因为如此比较不会犯错。”

这时，那头驴叫了一声“咿呀”。

“他化身遍游这个世界，而以灰白的颜色染饰自己的道德。假如他有精神，必然深藏不露，但是大家仍相信他的长耳朵。”

这时，那头驴叫了一声“咿呀”。

“那戴着一双长耳朵，只肯定而不否定一切的智慧是一种多么讳莫如深的智慧啊！他不是以自己的想象，不是尽可能愚昧地，创造了这个世界吗？”

这时，那头驴叫了一声“咿呀”。

“你只是一味走自己的路，而不管人类的是非曲直。你的天地是在善恶之外。你的天真就是你根本不知何谓天真。”

这时，那头驴叫了一声“咿呀”。

“看啊，你不对任何人嗤之以鼻，既不冷落乞丐，也不排斥国王。你接纳每个小孩，而当有顽童欺骗你的时候，你只是应一声：是的。”

这时，那头驴叫了一声“咿呀”。

“你喜爱雌驴和新鲜的无花果。你对食物并不挑剔。当你偶尔遇到饥饿时，一根蓟草也能使你垂涎三尺。这就是上帝的智慧。”

这时，那头驴叫了一声“咿呀”。

78　驴之节日

一

听到这里，查拉图斯特拉再也抑制不住，而大喊一声“咿呀”，其音响甚于驴叫，然后他跳到那些发疯的客人当中。“你们这些已经长大成人的孩子究竟在做什么呢？”

他一边喊着，一边将那些跪在地上祷告的人都拉了起来，“啊，幸好只有查拉图斯特拉在，若是被别人看见的话，一定会以为你们是自身新信仰的大不敬者或最愚昧的老太婆！

还有你，昔日的教皇，你怎么能把驴当作上帝一样来崇拜呢？”

“噢，查拉图斯特拉，”那个昔日的教皇回答道，“请原谅我。不过，关于上帝的事，我想我比你更清楚。眼前这件事做得并没有错。

以这种形式来崇拜上帝，总比不以任何形式崇拜上帝好！我高贵的朋友，不妨三思这句话，你会很快了解到话中所含的智慧。

说‘上帝只是一种精神’的人便已朝不信神迈进了一大步，而这句话也确是不易之论！

我那老迈的心依旧在跳动，因为世上还有一些可以让人崇拜的东西。查拉图斯特拉，请原谅一颗老迈而虔诚的教皇之心吧！”

“而你，”查拉图斯特拉对流浪者的影子说道，“你自认是一个自由者吗？你也在这里干这种崇拜偶像的勾当吗？真的，你在此所做的事比在放荡的棕发女郎那儿所做的事还要差，你这拙劣的新信徒！”

“这真遗憾，”那个流浪者的影子回答，“你说得对。但是我有什么办法呢：昔日的上帝复活了。查拉图斯特拉，随你怎么说吧！

这完全应该怪那个最丑陋的人，因为是他使上帝复活的。假如他说他曾杀死上帝，那么上帝之死也永远只是他个人的看法罢了。”

“而你，”查拉图斯特拉说道，“你这恶劣的老魔法师，看看自己做了什么！在这自由的时代里，假如你还相信这种崇拜驴的玩意儿，那么谁又会再相信你呢？

你做的这件事真是愚不可及，像你这样聪明的人怎么会做出这种愚昧透顶的事呢！”

“噢，查拉图斯特拉，”那个机巧的魔法师说，“你说得很对，那的确是一件愚昧透顶的事，同时也为我所厌恶”。

“至于你，”查拉图斯特拉对那个求道者说，“将手指放在鼻子上，好好想一想吧！难道这件事不影响你的修悟吗？你的心灵不是太过明净，以至于无法忍受这种祷告与那些信徒的香火吗？”

“在眼前这一幅景象中，”那个求道者把手指头放在鼻子上说道，“总有可以帮助我修悟的东西。

或许我自己不相信上帝，但是我觉得以这种形式现身的上帝应是最值得信仰的。

照那些最虔诚的人说来，上帝是永恒的。他们最充分的时间可以好整以暇，尽可能慢吞吞而笨拙地行动，而这种人从容不迫，一样可以走得很远。

纵然是绝顶聪明的人也会陷于愚昧和疯狂之中。查拉图斯特拉啊，想想你自己吧！

真的，连你自己都很可能由于智慧太高而变得像一头驴。

真正的哲人不是也喜欢走旁门左道吗？

事实如此，查拉图斯特拉，你自己就是一个最佳的证明！”

“最后，还有你，”查拉图斯特拉转身向那个最丑陋的人说，而他仍然倒在地上，手臂则伸向那头驴（因为他正端酒给它喝），“你这莫名的东西究竟在搞什么？！

我觉得你好像有所改变。你的两眼发光，庄严的斗篷遮住了你的丑陋。你究竟做了什么事？！

你是否真如他们所说的使上帝复活过来了呢？为什么？他不是该死了吗？

我觉得你自己也复活了。你究竟做了什么事呢？为什么会改变自己的心意而又皈依上帝呢？说吧，你这莫名的东西！”

“啊，查拉图斯特拉，”那个最丑陋的人回答，“你真是一个滑头！

上帝究竟是仍然活着，复活了，还是真正死了。这事我俩之中谁最清楚？我问你。

不过，有一件事我很明白，这是你以前教我的，查拉图斯特拉，那就是：凡是想大开杀戒者一定会笑。

‘我们不以愤怒而以笑杀人，’你曾如是说。查拉图斯特拉，你这神秘者、温和的破坏者、危险的哲人，你真是一个滑头！”

二

查拉图斯特拉对这些戏弄的回答感到非常惊讶，于是他一跃而至洞口，用洪亮的声音对着他的客人们喊道：

“噢，你们这些诙谐的小丑！为什么要在我的面前掩饰与隐藏自己呢？！

你们的心又因喜悦和邪恶而震颤不已，由于你们终于又变得像小孩子一般、十分地虔诚，只因你们又像小孩一般地双手合十，并开口祷告说‘亲爱的上帝！’

但是，现在请你们离开这托儿所，离开我这挤满小孩的山洞，到外面去使你们那孩子般喧闹与激动的心冷静下来吧！

说实在的，也除非你们变得像小孩一般，否则你们便无法进入天国。

查拉图斯特拉还用手向上指了一指。

不过我们根本不想进入天国，因为我们已经是成人了，我们要投向大地。”

三

查拉图斯特拉又说话了。

“啊，我的新朋友，”他说，“自从你们这些奇异的人、高等的人又变得兴高采烈之后，现在我感到无限的快慰！

真的，现在你们都开花了，我觉得像你们这样的花朵，需要一些新的节目来庆祝。

一个大胆的小胡闹，以及某种礼拜式与驴的节日、某种像欢悦的查拉图斯特拉似的老疯子、某种吹散心中阴霾的狂风。

你们这些高等的人啊，千万别忘了今夜与这个驴的节日！这节日是你们在我这里制定的，因此我认为这是一个好的兆头，像这种事只有大病初愈者才做得出来！

假如你们想再庆祝这个驴之节日，那么就为爱你们自己与爱我，也为纪念我而庆祝吧！”

查拉图斯特拉如是说。

79　醉歌行

一

在此同时，大家已鱼贯出洞，走进深沉的凉夜中。查拉图斯特拉则牵着那个最丑陋者的手，带他观看属于自己的夜世界、大大的圆月和离山洞不远的银色瀑布。

最后他们并肩伫立，两人虽然都已上了年纪，可是却显得十分悠然无惧，甚至还惊讶于自己在世上竟是如此地适意。然而夜的神秘也逐渐笼罩了他们的心灵。

查拉图斯特拉暗自寻思：“啊，这些高等的人现在使我多么快慰！”但是他不明说，因为他不想破坏他们的欢悦和静默。

接着，在这非比寻常的一天中最意外的事发生了：那个最丑陋的人又开始发出叽哩咕噜的声响，当他最后终于说清楚时，听吧！从他的口中竟然也会吐出一个令人感动的深刻而明白的好问题。

“我的朋友，”他说，“你们觉得怎么样呢？由于今天，我才第一次感到不虚此生。

虽然我对生活体验很多，可是仍旧觉得不够。大地毕竟值得我们去生活，和查拉图斯特拉一起度过今天这个节日之后，我已知道要热爱这大地了。

这就是生命吗？我将对死亡说：‘那么，请再来一次！’

我的朋友，你们认为怎样？是否也会像我一样对死亡说：‘这就是生命吗？那么请看在查拉图斯特拉的分上，再来一次吧！’”

那个最丑陋的人如是说道。

这时约是午夜的光景。

你们猜想结果怎样？当那些高等的人一听到最丑陋的人所提出的问题，便蓦地意识到自己的转变和康复，以及这一切的促成者。他们都冲到查拉图斯特拉的面前，一边亲吻他的手，一边以各人的方式向他表示感激和崇敬之意，有的展颜而笑，有的抱头痛哭，那个老预言者却高兴得手舞足蹈。

虽然他当时或许已经灌饱了甜酒，但仍然无碍于感受生命的甜美，同时也忘了疲惫。甚至还有人说，那时那头驴也跟着手舞足蹈起来。因为那个最丑陋的人拿酒给它喝的缘故。这大概就是当时的情况，也许不是。但是假如那夜，那头驴果真没有手舞足蹈的话，事情就更怪了。总之，诚如查拉图斯特拉所说的："那又如何！"

二

当这一切发生的时候，查拉图斯特拉站在那里像喝醉酒似的，眼光呆滞、口舌吐字不清，两腿颤抖不已。

有谁知道查拉图斯特拉的心里在想什么呢？很显然地，他的灵魂已经飞快地回到从前某个十分遥远的地方，那仿佛是他曾描写过的："在两海之间的一座高山上漫游，有如一块沉重的乌云在过去和未来之间飘动。"

不过，当那些高等的人纷纷拥抱他时，他渐渐清醒过来，将这感激且敬爱的一群人推开。但是他仍然不作声。突然，他转过头来，因为他好像听到了什么，接着他把手指放在嘴上说了一句："来了！"

四周随即又陷入安静与神秘的气氛中，只有从远处传来缓缓的钟响，而查拉图斯特拉和那些高等的人一样在倾耳聆听，然后他又把手指放在嘴上说道："来了！来了！午夜快到了！"

他的语音有些变调。然而他依旧站着不动，使得原本安静与神秘的气氛更为加重。此刻，万物都在倾听，包括那头驴和查拉图斯特拉的高贵之鹰与蛇，以及查拉图斯特拉的山洞、大大的冷月与黑夜本身。

查拉图斯特拉第三次将他的手放在嘴上说道：

“来吧！来吧！来吧！让我们一起携手漫步！时候到了，就让我们徜徉在夜色之中吧！”

三

你们这些高等的人啊，午夜就要到了，我要向你们附耳说几句话，就像那个老钟向我附耳所说的一样，就像那个阅历比任何人都丰富的午夜之钟一样，神秘地、不安地、诚挚地诉说。

就像那个曾经数算过你们先人的心跳之夜钟一样——噢！噢！这老迈而深沉的午夜正在叹息，正在它的梦中发笑呢！

嘘！嘘！现在我们可以听到许多白天无法听到的声籁，就在这凉夜，甚至连你们的心跳声也趋于寂静的时刻——

——现在它们出声了，也被听到了。它们悄悄进入彻夜不眠的灵魂中——噢！噢！这午夜正在叹息，正在它的梦中发笑呢！

——难道你这老迈而深沉的午夜没有听到它们正在神秘地、不安地、诚挚地向你诉说吗？

啊！人类，千万小心！

四

我真是不幸！时间都到哪里去了呢？我不是掉进深井里去了吗？这世界兀自沉睡。

噢！噢！明月当空，狗在吠叫，我宁死也不愿对你们说出我的午夜之心在想什么。

我已死去，一切都结束了。蜘蛛，为什么你还要在我的周围织网？你想取血吗？噢！噢！露水已降，时候到了，我冰冻的时候到了，而它接二连三地在问：“谁有勇气接受这个？谁将主宰这个世界？谁会说‘你们这些大大小小的河水都得如此流逝？’”

时候快到了，你们这些高等的人小心吧！这番话是说给你们的好耳朵听的！！这深沉的午夜究竟在诉说些什么呢？

五

我的灵魂飞舞着将我带走了，工作！工作！谁将主宰这个世界呢？

风静月寒，噢！噢！你们飞得够高吗？你们曾以一条腿而非一只翅膀飞舞。

你们这些优秀的舞者，现在一切欢乐都已结束：酒已变酸，每个杯子也都变脆，荒冢在喃喃低语。

你们飞得不够高，所以现在荒冢埋怨了：“使死者得到解脱吧！为何黑夜如此漫长呢？不是月亮将我们迷醉了吧？”

你们这些高等的人啊，打破荒冢，唤醒那些死尸吧：噢，为何蛆虫仍在蠕动不已呢？时候快要到了。钟声已响，心依旧在跳，蚀心的蛀虫依旧在动。噢！噢！这世界是深沉的！

六

美妙的竖琴啊！我爱听你那醉人的音调，你的音调从老远的爱池中传到我们这里！

你这古老的钟、美妙的琴啊！先人的一切痛苦都使我伤心欲绝，而你的声调却已成熟。成熟得有如金黄的秋日与午后，也像我的一颗隐者之心。此刻你说："这世界本身也成熟了，葡萄都已变作褐色，现在它只想死，死于幸福之中。"

你们这些高等的人难道都没有感觉到吗？某种香气正在暗中四溢，一种永恒的芳香，一种属于古老的幸福金酒般的馥郁气味。

午夜之死陶然地吟唱：这世界是深沉的，而且比白天所能见到的还深！

七

不要吵我！不要吵我！对你来说，我太过纯洁了。不要碰我！我的世界不是刚刚才完成吗？

我的皮肤对你的手来说，也太过纯洁了。

不要吵我，你这沉闷、无聊而愚昧的白日！午夜岂不比你更为光明？

最纯洁者将主宰这个世界，那最强、最不为人所知的午夜灵魂比任何白日更为光明与深沉。

噢，白日，你是否在摸索着找我？你是否在感受我的幸福？你认为我是富有而孤独，有如一座金库或宝矿吗？

噢，世界，你是否要我？你认为我是属于大地的、精神层面的吗？认为我圣洁吗？然而，白日与世界啊，你们都太过粗俗了，愿你们有一双比较乖巧的手，去抓住那更深刻的幸福与痛苦、抓住某个上帝，而不要抓我，你这奇异的白日啊，我的幸福与痛苦都是深刻的，然而我既非上帝，亦非地狱。其不幸也是深刻的。

八

你这奇异的世界啊，上帝的痛苦是更加深刻的！所以去抓取上帝的痛苦，而不要抓我吧！我算什么！不过是一张已然酩酊美妙的竖琴。

一张午夜之琴、一只鸣蛙，没有人能听得懂，却又不得不对聋子诉说。你们这些高等的人实在不了解我！

已矣！已矣！噢，青春！噢，正午！噢，下午！现在黄昏、晚间和午夜都陆续降临。

狗和风都在叫嚣。

风不也是一只狗吗？它在哀鸣、吠叫、咆哮。噢！噢，午夜在叹息、在发笑、在喘气、在悸动呢！

这酩酊的女诗人刚才还多么冷静地说话！

也许，她已被自己的醉态所迷住了？

她清醒了吗？

她在深思吗？

这老迈而深沉的午夜，正在梦中回味着它的痛苦，更回味着它的欢乐，因为，痛苦虽深，欢乐却比痛苦还要深。

九

葡萄树啊，你为何要赞美我呢？我不是曾在你身上切割吗？我十分残酷，而使你流血，你赞美我醉后的残酷又有什么意义呢？

“凡成熟与圆满的一切都希望死去！”你如是说道。

祝福那收割葡萄者的剪刀！而不成熟的一切则都想活下去，唉！

痛苦说：“出去！走开！你这痛苦！”然而受苦的一切却都想活下去，好让自己能趋于成熟而有生气与希望。

希望能达到更高、更远和更光明。

“我要继承人，”受苦的一切这样讲，“我要孩子，而不要自己。”

但是，欢乐却不要继承者，它不要孩子而要自己，而且还要永恒轮回、循环不息，以及永远与自己相似的一切。

痛苦说：“心啊，你破碎吧、滴血吧！

脚啊，你流浪吧！

翅翼啊，你飞吧！

痛苦啊，你往上前进吧！”

那么。振作一点！我老迈的心，痛苦说：“走吧！走吧！”

一〇

高等的人啊，你们觉得怎么样呢？看我像一个预言者吗？或者像一个梦游者？一个醉鬼？一个解梦者？抑是一个午夜之钟？

或者是一滴露水？一种永恒的芳香气味？难道你们没听到或嗅到吗？我的世界刚刚才完成，午夜亦是正午。

痛苦也就是一种欢乐。

诅咒也就是一种祝福。

黑夜也就是一种白昼。

走吧！不然你们会明白，哲人也就是一种疯子。

我的朋友啊，你们是否曾经肯定过一个欢乐呢？那么你们无异也同时肯定了所有的痛苦。一切原本就是纠缠难分的。

如果你们曾经希望发生过的事重现

如果你们说过“幸福啊，你令我喜悦！请等一下！”这种话，那么你们无异于希望一切能再来一次！

若是你们曾祈求所有永恒而连结在一起的一切都能重新来过，那就表示你们曾经爱过这个世界。

你们这些永恒者一直爱着这个世界，并且会永远爱它。而你们也对痛苦说：“去吧！不过要记得回来！因为所有的欢乐都希望永远存在！”

——

所有的欢乐都希望万物也永远存在。欢乐也需要蜜、酒渣、酩酊的午夜、汇汇的荒冢、悲伤之泪的慰藉和黄昏时西天的彩霞。

有什么是欢乐所不要的！它比痛苦还要饥渴、还要想望、还要可怕、还要神秘。它只要自己，并且咬住自己不放。缠绵的意志在它自己身上翻腾着，欢乐也要爱与恨。

它自身非常富裕，既勇于施舍，也常恳请别人收受；它很感激接受它施舍的人，更甘于不虞的嫉恨。

就因为欢乐是如此富裕，以致它转而渴求痛苦、地狱、憎恨、羞耻、残缺与这个世界。我想你们都很清楚！

高等的人啊，这不能自已而幸福的欢乐一心渴望着你们这些失败者的痛苦！因为，永恒的欢乐也渴望失败！

就因为所有的欢乐都只要自己，所以也要痛苦！噢，幸福！噢，痛苦！一颗破碎的心！你们这些高等的人啊，学着点吧，欢乐希望自己永远存在呢。

欢乐也希望万物永远存在，要幽深地永远存在！

一二

现在，你们是否都已经记住了我的歌呢？你们猜得出它是在诉说什么吗？那么，你们这些高等的人啊，提起精神唱唱我的这首小调吧！

现在由你们自己来咏唱，曲名是“再来一次”，其意为“达于永恒之境”。唱吧，你们这些高等的人！

噢，人啊！注意听吧！
这深沉的午夜究竟在说些什么？
“我早已睡着，
却被人从好梦之中唤醒，并告以：
这世界是深沉的，
且比白日所见者为甚。
深沉的痛苦是深的，
欢乐却比痛苦更深。
痛苦说：去吧！去吧！
然而，欢乐希望永远存在，
永远幽深地存在！”

80 预兆

第二天早晨，查拉图斯特拉从床上一跃而起，束好了腰带，然后神采奕奕、红光满面地走出洞外，有如自阴暗山头上初升的旭日一般。

“你这伟大的星球啊！”他以昔日的口吻说道，“你这深邃的幸福之眼，假如没有被你照耀的人们，对你的幸福又有什么关系！

设若你已醒来，而正要施与和奉献，但是他们却仍在屋里高卧，则你那高傲的谦逊将会感到多么地丧气！

那么，当我醒来时，这些高等的人都还在酣睡之中的话，他们就不是我的好同伴！我在这高山并不是为了等他们。

我要开始做我一天的工作，而他们却不明白我是如何预知我的早晨已经降临。我的足音并非为惊醒他们而响。

他们仍在我的洞中高卧未起，兀自在他们的梦中回味着我的酩酊之歌。

我觉得这些听众的耳朵、顺从的耳朵，还缺少羽翼。”

当太阳出来时，查拉图斯特拉在心中如是说道。然后他不解地抬头向上看了一眼，因为这时天空传来一声他的鹰啸。“很好！”他仰天叫道，“这才使我快慰，也正合我的心意。只因我醒了，我的鹰与蛇便跟着醒了。

我的鹰醒了，它也同我一样崇敬太阳。它以其利爪去攫取新的光明。你们真是我的好宠物，我爱你们。

不过，我依旧缺少志同道合者！”

查拉图斯特拉如是说。突然，他发觉有许多东西纷纷落在他的身上，就像有无数的鸟围着他的头部拍动翅膀似的，由于声响太大，以致他紧紧将眼闭上。

真的，那些东西落在他的身上，有如一阵乱箭落在新敌身上，但是仔细一看，不过是一团撒落在新友身上的爱罢了。

“我是怎么啦？”查拉图斯特拉十分诧异地自忖，并缓缓地坐在靠近他洞口的一块大石上。

当他正在上下挥手以驱散那些小鸟时，看，更奇怪的事发生了：由于他的手在胡乱挥舞时，无意中碰到一团厚暖而毛茸茸的东西，同时那东西便发出一声号叫，一声悠扬的狮吼。

“那兆头已现。”查拉图斯特拉说，于是他的内心跟着起了变化。

事实上，当他看清楚那东西时，才知道原来是一头金毛的庞然巨兽躺在他脚下，而它的头则靠在他的膝盖上。它就像一只找到旧主的狗，恋恋地不舍得离去。而那些鸽子也是一样。当一只鸽子掠过狮子的鼻头时，狮子不禁摇头而笑了。

对这种种的一切，查拉图斯特拉只说了一句话，“我的孩子快来了，我的孩子啊。”

然后又转为缄默。这时他的心得以宽解，欣喜的泪水也不觉夺眶而出，滴落在他的手上。他浑然忘我地坐在那里，也不再管身外的动物。

于是鸽子四处飞动，并栖在他的肩上，频频抚弄他的白发，乐之不疲。至于那头雄狮则不住地在舔查拉图斯特拉滴落在其手上的泪水，并不安地低吼。

它们就是这样，也不知过了多久，因为真正说来，这种事在大地上是没有时间性的。不过在这期间，那些高等的人都已在查拉图斯特拉的洞中醒来，然后排成一列向查拉图斯特拉问候早安，因为当他们醒来时，就发觉查拉图斯特拉不在洞内了。

但当他们刚走到洞口，而脚步声已先传到洞外，那头狮子便霍然起身撇开查拉图斯特拉，大声吼叫着跃向洞口。

那些高等的人一听到狮子的吼叫声，乃纷纷尖叫着扭头就跑，霎时逃得一个人都不见了。

这时，查拉图斯特拉若有所惊地站了起来，环顾一下四周，然后非常诧异地自问："那是什么声音呢？刚才究竟发生了什么？"

不过，他很快地就恢复了记忆，并且想起昨日到今日之间所发生的一切。"就是这块石头没错，"他捻须说，"我昨天早上还在这里坐过，接着有一个预言者向我走来，也就是在这里，我第一次听到像刚才所呼叫的那种求救声。

噢，高等的人啊，原来昨天早上那个老预言者对我所说的就是你们的灾难。他想怂恿我去搭救你们。'啊，查拉图斯特拉，'他对我说，'我是来引诱你去犯最后一项罪行的。'

"我的最后一项罪行吗？"查拉图斯特拉怒笑道，"我的最后之罪行是什么呢？"

接着，查拉图斯特拉又坐在那块大石上，并陷入沉思之中。

蓦地，他跳了起来。

“怜悯，是对那些高等的人的怜悯！”他大声叫道，而且整个脸都变得铁青，“那么，这事不会再发生了！”

我的痛苦和怜悯都关他们什么事！难道我是在追求幸福吗？我只是在尽自己的责任罢了！

好了！狮子来了，我的孩子们也近了，查拉图斯特拉已经成熟，我的时刻到了。

“这是我的早晨，是我一天的开始。起来，你这伟大的午刻！起来！”

查拉图斯特拉如是说，然后告别他的穴居之所。

他神采奕奕，步履坚定，有如旭日自阴暗的山头冉冉升起。

尼采年谱

1844年

10月15日　生于普鲁士萨克森州的洛肯镇。

几代先祖及父亲皆为路德教派的牧师。外祖父也是牧师。

1846年

2岁 妹妹伊丽莎白出生。

1848年

4岁 2月，弟弟约瑟夫出生。

1849年

5岁 7月30日，父亲因脑软化症去世。

1850年

6岁 1月，弟弟约瑟夫夭折。4月，举家迁往塞尔河畔的瑙姆堡。入小学读书。

1854年

10岁 初试作曲。

1856年

12岁 初次出现头痛与眼疾的征候。

1858年

14岁 10月，进入瑙姆堡近郊普福塔高等学校读书。开始与研究印度哲学的保尔·德伊森交朋友。

1860年

16岁 在瑙姆堡为文学与音乐的小团体“日耳曼尼亚”开始写作各种研究性质的作品。这一年，叔本华逝世。

1861年

17岁 初次接触瓦格纳的音乐。爱读莎士比亚、荷尔德林、席勒等人的作品。

1862年

18岁 常为头痛所苦，怀疑是父亲的遗传所致。在“日耳曼尼亚”的集会上发表论文《命运与历史》。创作了《意志的自由与命运》一文。

1863年

19岁 读爱默生的作品。

1864年

20岁 9月，从普福塔高等学校毕业。毕业论文是《关于梅卡拉的特欧古尼斯》。写作诗歌《给不知的神》。10月，进波恩大学，专攻神学与古典语文学。古典语文学是向里敕尔教授学习的。

1865年

21岁 10月，追随里敕尔教授转学到莱比锡大学。初次读到叔本华的著作《作为意志和表象的世界》，颇受感动。12月，听里敕尔的建议成立古典语文学会。

1866年

22岁 1月，在《古典语文学》上发表《关于第欧古尼斯的最后版》，受到里敕尔的赞赏，决心要成为语文学家。开始与同为里敕尔门下弟子的厄尔温·罗德交往。普奥战争爆发，虽接到两次召集令，但因深度近视延期入伍。

1867年

23岁 10月，应召参加瑙姆堡炮兵部队。《关于狄俄尼索斯的典据》获得大学征文奖，开始写作《论叔本华》一书。

1868年

24岁 3月，执勤中从马上摔下。10月，退伍。在莱比锡大学复学。11月，经里敕尔夫人的介绍结识瓦格纳。

1869年

25岁 2月，经里敕尔教授的推荐，受聘为巴塞尔大学的古典语文学助教。3月，未经考试获得莱比锡大学颁授的学位。4月，依据大学任职规定，脱离普鲁士国籍成为瑞士人。5月27日，初访琉森近郊托里普森的瓦格纳家。5月28日，在巴塞尔大学发表就职讲演，题目为“荷马与古典语文学”。与布克哈特缔交。

1870年

26岁 以《希腊之音乐剧》为题，举行公开讲演。3月升为正教授。7月，普法战争爆发，志愿从军担任医护兵，写《狄俄尼索斯的世界观》。不久，因患赤痢及白喉退伍，10月回巴塞尔。与神学家奥瓦贝克开始交往。

1871年

27岁 2月因病请假，和妹妹一起住在鲁卡诺六周，此时开始创作《悲剧的诞生》。

1872年

28岁 1月，出版《悲剧的诞生》。以《德国教育设施的前瞻》为题，连续举行五次讲演。4月，在托里普森最后一次（第23次）访问瓦格纳。5月，参加拜罗伊特祝祭剧场的开工典礼。此时与迈森布克相识。

1873年

29岁 从这一年开始，有严重的头痛。自前一年秋天开始写作《希腊悲剧时代的哲学》。出版《不合时宜的思想》第一部《信徒及作家的大卫·施特劳斯》。

1874年

30岁 出版《不合时宜的思想》第二部《历史对生命的利弊》，第三部《教育家叔本华》。初读法国作家司汤达的小说《红与黑》，颇受震动。

1875年

31岁 患眼疾与胃病。初识音乐家彼得·加斯特。写《科学与莫知的斗争》。

1876年

32岁 健康恶化，2月中旬停止授课。4月，在日内瓦向荷兰女音乐家玛蒂尔德·特兰贝达求婚遭拒。读迈森布克的《某理想主义者的回忆》而感动。7月，出版《不合时宜的思想》第四部《在拜罗伊特的瓦格纳》。赴拜罗伊特参加拜罗伊特剧场第一次演出。9月与心理学家保罗·李缔交。病况继续恶化，辞去大学的一切职务。与保罗·李等人一起留居意大利。与瓦格纳进行最后的交往。撰写《人性的，太人性的》备忘录。

1877年

33岁 1月，瓦格纳题献尼采一部歌剧《帕西法尔》。5月，出版《人性的，太人性的》。尼采送瓦格纳《人性的，太人性的》，与瓦格纳的友谊终结。9月回巴塞尔，在大学恢复上课。瓦格纳在杂志上发表攻击尼采的文章，尼采感到很受伤。

1879年

35岁 出版《人性的，太人性的》第二部上卷《各种意见与箴言》。因病重辞去巴塞尔大学教席。读俄国作家果戈理、诗人莱蒙托夫、美国作家爱伦·坡、马克·吐温等的著作。当年病痛达118天，自称是“我一生中最黯淡的冬天”。

1880年

36岁 出版《人性的，太人性的》第二部下卷《漂泊者及其影子》。常梦到瓦格纳。在日内瓦过冬。

1881年

37岁 1月完成《曙光》，6月出版。7月到9月，住在瑞士。8月，构思“永恒轮回”学说的主要观点。11月27日，在日内瓦初次欣赏法国作曲家比才的歌剧《卡门》。

1882年

38岁 4月，受迈森布克的邀请去罗马，认识罗·莎乐美。5月，向莎乐美求婚遭到拒绝。8月，完成《快乐的知识》并出版。为莎乐美与母亲及妹妹的不和而伤透脑筋。为莎乐美作诗《寄放生》，后改名为《生的赞歌》出版。《查拉图斯特拉如是说》第一部的构想成熟。从这一年到1888年写了很多以“权力的意志”为题的《八十年代遗稿》。

1883年

39岁 自2月3日到13日，用十天的时间完成《查拉图斯特拉如是说》第一部，完成之日，瓦格纳去世，6月出版这部书的第一部。7月完成《查拉图斯特拉如是说》第二部。在尼斯过冬。

1884年

40岁 1月，完成《查拉图斯特拉如是说》第三部，4月同时出版第2、3两部。8月施坦因拜访尼采。尼采此时读到陀思妥耶夫斯基的小说《罪与罚》，深受感动。

1885年

41岁 2月，在尼斯完成《查拉图斯特拉如是说》第四部。执笔写作《善恶的彼岸》。

1886年

42岁 5~6月，在莱比锡与厄尔温·罗德作最后一次的晤面。8月自费出版《善恶的彼岸：未来哲学序曲》。秋天完成《快乐的知识》第五卷《我们是不知恐惧的人》。将《悲剧的诞生》的副标题改为《希腊精神与厌世主义》出新版。

1887年

43岁 《曙光》与《快乐的知识》出新版。7月，完成《道德的系谱》。出版《生的赞歌》。

1888年

44岁 1月，经布兰德斯的介绍，才知道有克尔恺郭尔其人。

4月，布兰德斯在哥本哈根大学开德国哲学家弗里德里希·尼采讲座。7月，完成《瓦格纳事件》，9月出版。《狄俄尼索斯颂歌》脱稿。8月，完成《偶像的黄昏》。9月完成《反基督》。在10月15日生日那一天开始写《瞧！这个人》，11月4日完成（死后的1908年出版）。12月完成《尼采反对瓦格纳》。完成诗作《狄俄尼索斯醉歌》。12月末，在给朋友们的信中，已看出有精神错乱的症状。

1889年

45岁 1月上旬，在托里诺昏倒，患严重中风，出现精神分裂现象，被送进耶拿大学医学院精神科，母亲赶来照顾。1月末出版《偶像的黄昏》，私人出版《尼采反对瓦格纳》。

1890年

46岁 5月13日，由母亲带回瑙姆堡。妹夫自杀，妹妹由巴拉圭回国。

1891年

47岁 妹妹开始干涉尼采作品的出版，尤其企图阻止《查拉图斯特拉如是说》出版（据说，她是担心《驴祭》一章）。

1894年

50岁 尼采的病情持续恶化，不能在户外散步。年初，妹妹阻止卡斯特出版《尼采全集》，2月在母亲家编纂《尼采文库》并自己编撰哥哥的全集。

1897年

53岁 母亲去世，与妹妹移居魏玛。

1899年

55岁 经妹妹的手出版第三版的十九卷全集。妹妹的友人汉斯·奥尔德为《尼采文库》创作尼采望日落的肖像画。

1900年

56岁 8月25日中午，在魏玛去世。8月28日，葬于故乡洛肯镇的父母坟墓旁。逝世后与柏拉图、亚里士多德、斯宾诺莎、康德、叔本华、黑格尔并列为世界哲学史上不朽的思想家。